Logistics

Management

现代物流管理系列教材

丛书主编 谢家平

· · · ·

仓储与配送管理

（第二版）

何庆斌 主编

復旦大學 出版社

图书在版编目(CIP)数据

仓储与配送管理/何庆斌主编. —2 版. —上海:复旦大学出版社,2015.7(2024.1 重印)
(现代物流管理系列教材)
ISBN 978-7-309-11496-6

Ⅰ. 仓…　Ⅱ. 何…　Ⅲ.①仓库管理-高等学校-教材②物流配送-物资管理-高等学校-教材
Ⅳ. F253

中国版本图书馆 CIP 数据核字(2015)第 115274 号

仓储与配送管理(第二版)
何庆斌　主编
责任编辑/王雅楠　岑品杰

复旦大学出版社有限公司出版发行
上海市国权路 579 号　邮编:200433
网址:fupnet@ fudanpress.com　http://www.fudanpress.com
门市零售:86-21-65102580　团体订购:86-21-65104505
出版部电话:86-21-65642845
浙江临安曙光印务有限公司

开本 787 毫米×960 毫米　1/16　印张 23.25　字数 318 千字
2024 年 1 月第 2 版第 8 次印刷
印数 41 101—45 200

ISBN 978-7-309-11496-6/F·2155
定价:49.00 元

总　序

工业革命以来,决定企业产品竞争力的因素主要经历了由基于"价格、质量、品种"的传统竞争向基于"货期、服务和环保"的现代竞争转变,这些因素在不同历史时期对企业竞争力的影响是不同的。在工业化发展初期,居民消费水平较低,产品只要便宜、可用,就有市场,决定竞争力的主要因素是价格,竞争策略主要集中在降低生产过程和流通过程的成本方面。于是,大规模生产成为主流的生产方式,推动式物流运作模式开始采用。后来,随着技术进步和经济发展,人们的消费水平日益提高,质量和品种成了影响产品竞争力的关键因素,日本企业的全面质量管理和精细生产方式成为这一时期的竞争典范,拉动式物流的运作模式应运而生。自 20 世纪 90 年代以来,随着世界范围内全球市场的形成,人们的消费观念发生了深刻的变化,多样化和个性化的市场需求成为主流,企业经营环境的不确定性增加,竞争优势逐渐转移到了交货时间和客户服务上,谁能迅速适应市场环境的变化,谁就能赢得市场,敏捷化的物流运作成为这一时期的主要模式。进入 21 世纪,环保和低碳成为社会主流,物流运作模式向绿色物流和回收物流转变。正是在需求拉动、技术推动和竞争驱动综合作用下,企业经营理念和竞争策略不断调整,生产方式随之变革,最终带来了物流运作模式相应的不断更新。

经济全球化条件下,中国作为"世界制造中心"的地位进一步确立,企业单纯考虑内部资源的重新组合已经不能适应全球化竞争的需要,必须充分利用和虚拟整合外部资源,既要关注企业内部所有职能部门之间的密切联系,又要强调构建企业之间的战略联盟。也就是说,企业取得竞争优势不仅取决于企业内部的资源利用效率,还取决于该企业与上下游企业和客户构成的供应链体系的资源利用效率。企业竞争的组织模式由企业之间的竞争转变为企业供应链之间的竞争。构建一条高效的供应链,将为企业在市场竞争中占据主动地位提供保障,而有效的物流运作,被认为是供应链高效运行的基础。国际跨国公司的成功实践充分说明了这一点。沃尔玛正是成功构建了一条以高效的信息系统支撑的先进物流运作模式,才使其整条供应链的资源利用率大大提高,进而提高了其竞争力。

正是由于物流职能在供应链竞争中的主导作用,物流作为企业新的利润源泉和取得核心竞争优势的手段越来越受到重视,物流业在社会经济中的作用也越来越重要。以企业物流为对象,以发挥企业的核心竞争力为立足点,研究供应物流、生产物流、分销物流和回收物流的协调组织管理就变成了现代物流管理的主要侧重点,以求快速响应客户的需求并降低物流总成本。物流业作为现代服务经济的重要支柱,必将成为中国经济一个重要的发展引擎和增长点。

经过20多年的发展,物流热潮持续升温:国内许多企业都已开始介入物流行业;各地政府也支持建立了物流园区;众多运输仓储公司纷纷转向现代物流公司;各类院校也开始设立与物流相关的专业,并投入大量的科研力量开展物流理论和实践应用方面的研究。这都推动了我国的物流产业迅速崛起,物联网络不断壮大。随着网购等网络商业模式的发展,对快递物流子领域的需求也越来越旺盛。物流不论在学术层面还是在实践层面都欣欣向荣。

但是,我国的物流人才资源结构不合理却成了物流行业发展的“短板”,低端的物流操作人员过剩,中高端的物流管理人才严重不足。这种物流人力资源结构的不合理,急切需要提高我国物流教育水平,为企业提供具有全球化视野,同时掌握国际先进物流理念的中高端人才。物流管理专业知识作为现代管理理论的前沿内容,在物流管理和工商管理专业学员的学习中具有重要的地位。

这套现代物流管理系列教材正是为了培养中高端物流人才而设的。教材中没有堆砌复杂的理论模型,而是基于对现代物流管理直觉的经验判断,结合形象的图形和案例分析,以适合的深度和广度全面生动地描摹了物流管理的理论和方法;在关注对大专生基本理论知识培养的同时,积极探索"重视基础,拓展视野"的创新特色;力图实现教材体系完整,内容丰富新颖,每章设有教学要点、导引案例、教学内容、本章小结、复习思考题和案例分析;重点建设"多媒体课件演示""网上习题解答""网上案例讨论""网上试题测验""前沿文献共享"等在线功能。因此,无论从内容还是结构上,更具系统性和逻辑性,在普及理论知识的同时突出了实践性,从内容广度和深度而言,相比国内同类教材更具有商科类的应用性特色。

系统的理论和逻辑构架、完整翔实的知识点、深入浅出的表达方式、简洁流畅的行文风格,使这套现代物流管理系列教材受众面较广,既可以作为物流管理专业的大专生教材,也可以作为工商管理、市场营销、国际贸易、财务管理等各商科专业学生的参考书,还可以供理工科大专生自学使用。我愿意向商科的物流管理和工商管理类相关大专学生的教学推荐这套系列教材。

上海财经大学物流管理博士生导师 谢家平
2011 年元月于上海财经大学

前　言

　　现代物流业伴随世界经济全球化和信息技术的迅速发展,正在世界范围内广泛兴起,并已成为21世纪我国国民经济中新的增长点,在我国存在着巨大的市场潜力和广阔的发展前景。仓储与配送作为物流活动的重要环节,其内涵以及人们对它的认识也正在发生着变化,许多传统的仓储作业和配送作业正在向物流中心或配送中心转化。传统的货物储存与流通的概念遇到了挑战,同时随着高新技术和信息化时代的来临以及现代物流的出现,此概念也得到了补充和修正。即时生产、即时配送和零库存已经成为当代物流业追求的目标。

　　本教材面向物流管理专业专科层次学习者,侧重于介绍仓储和配送的业务活动与作业管理,力求在理论知识上简明扼要,在实践操作上详细实用。本教材的编写体例和内容叙述具有以下特色:

　　强调引导性和启发性——在每一章的内容安排上,正文前有"学习目标"和"引入案例";正文每章后均有"本章小结"和"复习参考题"。该结构安排能充分调动学习者的兴趣,并引导其主动思考、深入分析,培养和提高学习者的自主学习能力,适应学习型社会的发展要求。

　　突出实践性和应用性——在内容上紧密结合当前国际、国内物流领域的实践,重点介绍仓储与配送管理各重要环节的实际操作和实用技术。本教材从强化与培养操作技能角度出发,较好地体现了物流专业最新的实用知识和操作惯例,对提高物流从业人员基本素质和基本能力有直接的帮助和指导作用,以满足国内市场对物流应用型技术专门人才的需求。

　　兼顾通俗性和严谨性——在对基本概念和基本理论的叙述上力求严谨、规范,而在具体展开叙述上则追求通俗易懂,同时也加入了一些简短的事例和图表,以帮助学习者理解。

另外,为了给学习者提供更多的学习和发展机会,帮助学习者在接受学历教育的同时,能通过相关物流证书考试,本教材还根据相关物流证书课程的内容和要求,补充了大量考证理论知识和操作技能,以方便学习者取得相关物流证书。

本教材由上海财经大学谢家平教授担任主审,负责对全书框架结构和内容的指导与把关。由何庆斌担任主编,负责确定编写大纲,并对全书进行审阅和修改。参加编写的情况如下:何庆斌编写第一章、第二章;冯彦辉、何庆斌编写第三章、第四章、第五章;尹君编写第六章、第七章;陈莉鸿、何庆斌编写第八章;李浦编写第九章;孔 炜编写第十章。

在编写过程中,我们参考了大量同行及专家的相关著作、教材及案例,利用了不少相关的网络资源和一些公司的案例资料,在此对这些文献作者和公司致以崇高的敬意和诚挚的谢意。

由于物流业正处于变革和发展中,仓储和配送管理的理论与操作方法还有待于进一步探讨。另外,由于编者水平有限,书中难免存在疏漏之处,敬请广大读者批评指正。

我的电子邮箱是 heqingbin@yahoo.com.cn。

何庆斌
2011 年 1 月于上海

目　录

Contents

第一章

仓储管理概述

学习目标

- 掌握仓储的概念和功能
- 理解仓储的种类
- 掌握仓储经营方式及各种方式的特点
- 掌握仓储管理的概念和内容
- 理解仓储管理的意义
- 了解仓储管理的原则
- 了解仓储业的发展

引入案例

美国某药品和杂货零售商的混合仓储管理模式

美国某药品和杂货零售商成功实现其并购计划之后销售额急剧上升,需要扩大分拨系统以满足需要。一种设计是利用 6 个仓库供应全美约 1 000 家分店。公司以往的物流战略是全部使用自有仓库和车辆为各分店提供高水平的服务,因而此次公司计划投入 700 万美元新建一个仓库,用来缓解仓储不足的问题。新仓库主要供应匹兹堡附近的市场,通过配置最先进的搬运、存储设备和进行流程控制来降低成本。管理层已经同意了这一战略,且已经开始寻找修建新仓库的地点。

然而,公司同时进行的一项网络设计研究表明,新仓库并没有完全解决仓储能力不足的问题。这时,有人建议采用混合战略——除使用自建仓库外,部分地利用营业型租赁仓库,这样做的总成本比全部使用自建仓库的总成本要低。于是企业将部分产品转移至营业型仓库,然后安装新设备,腾出足够的自有空间以满足可预见的需求。新设备的成本为 20 万美元。这样,企业成功地通过混合战略避免了单一仓储模式下可能导致的 700 万美元的巨额投资。

仓储有多种类型,发展营业仓储有何重大意义?

(案例选编自《企业物流——供应链的规划、组织和控制》,

机械工业出版社 2002 年版)

第一节 仓储的含义

一、仓储的概念

仓储是商品流通的重要环节之一,也是物流环节的重要支柱。仓储的概念有狭义和广义之分。狭义的仓储是指商品离开生产领域但在进入消费领域之前,处于流通领域时所形成的"停滞";广义的仓储不仅存在于从生产进入消费的过程中间,而且也存在于生产过程的中间和消费流通过程的中间。概括地说,仓储是指利用仓库存放暂未使用的物品的行为,是物品在供需之间转移中存在的一种暂时滞留。这种供需之间转移可以是生产过程中上下游工序之间的转移,可以是流通各环节之间的转移,当然也可以是生产进入流通的过程中商品的转移。仓储的特性可以归结为:仓储是物质产品的生产过程的持续,物质的仓储也创造着产品的价值;仓储既有静态的物品储存,也包含动态的物品存取、保管、控制的过程;仓储活动发生在仓库等特定的场所;仓储的对象既可以是生产资料,也可以是生活资料,但必须是实物动产。

仓储活动是随着社会化大分工和商品交换而逐步产生和发展的。人类社会自从有了剩余产品,就有了储存行为,即将多余的、暂时不消费的商品存起来以备再用的活动。早期储存的目的,仅仅是为了保存好产品的数量和所有权,储存方式和保管方法都非常简单。经过长期发展,现代的商品储存已经从附属于某部门、某企业的状况,逐渐分离为一个独立的行业——仓储业。仓储业的形成,使储存商品的仓库不再是生产企业、流通企业的附属部分,而成为一个独立的经济组织,专门从事商品的储运业务。这就使商品储运管理水平提高到了一个更高的阶段。

随着现代科学技术和生产力的进一步发展,仓库已由过去单纯的作为"储存、保管商品的场所",逐步向"配送中心""物流中心"发展。仓库不但在建筑场所的外貌上焕然一新,而且内部的空间、设施和货物都发生了根本的变化,更有功能和管理的进化。现代仓储和物流中心已经形成了围绕货物的以存储空间、储存设施设备、人员和作业及管理系统组成的仓储系统,功能也延伸到包括运输、仓储、包装、配送、流通加工和信息等一整套的物流环节。

总之,为了满足现代社会市场的需求,仓储的概念发生了根本性的变化。商品物流配送中心,不仅储存、保管商品,更重要的是担负着商品的分类、检验、计量、入库、保管、包装、分拣、出库及配送等多种功能,并配有计算机实行自动化管理。

二、仓储的功能

(一) 仓储的基本功能

1. 存储功能

存储是指在待定的场所,将物品存放并进行妥善的保管,确保被存储的物品不受损害。存储保管是仓储最基本的功能,是仓储产生的根本原因。存储的目的是确保存储物的价值不受损害,在存储过程中存储物所有权属于存货人。

2. 调节功能

仓储在物流中起着"蓄水池""火车站"的作用。一方面,仓储可以调节生产和消费的平衡,使它们在时间和空间上得到协调,保证社会再生产的顺利进行;另一方面,由于不同的运输方式在运向、运程、运力和运输时间上存在着差异,一种运输方式一般不能直接将货物运达目的地,需要在中途改变运输方式、运输路线、运输规模、运输工具,而且为协调运输时间和完成物品倒装、转运、分装、集装等物流作业,还需要在物品运输的中途停留。通过仓储的调节,实现了物品从生产地向销售地的快速转移。并且,当交易不利时对物品先进行存储,等待有利的交易机会。调节控制的任务就是对物品进行仓储还是流转作出安排,确定存储时间和存储地点。

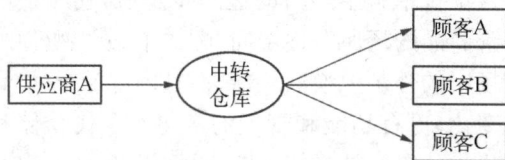

图 1-1　仓储的调节功能

3. 保管检验功能

仓储保管一方面是对存货人交付保管的仓储物的数量、质量进行保管,尽量保持与原保管物一致;另一方面是按照存货人的要求分批收货和分批出货,对储存的货物进行数量控制,配合物流管理的有效实施,同时向存货人提供一定数量的服务信息,以便客户控制存货,提高物品的效用。为了保证仓储物的数量和质量,分清事故责任,维护各方面的经济利益,对仓储物必须进行严格的检验,以满足生产、运输、销售以及用户的要求,仓储为组织检验提供了场地和条件。

4. 养护功能

根据收货时仓储物的质量交还其存货人是保管人的基本义务。为了保证仓储物的质量不变,保管人需要采用先进的技术、合理的保管措施,妥善地保管仓储物。仓储物发生危险时,保管人不仅要及时通知存货人,还需要及时采取有效措施减少损失。

(二) 仓储的增值服务功能

仓储的增值服务功能是指利用物品在仓库的存储时间,开发和开展多种服务来提高仓储附加值、促进物品流通、提高社会效益的功能。

1. 流通加工功能

仓储期间可以通过简单的制造、加工活动来延期或延迟生产,提高物品附加值。加工本是生产环节的任务,但随着消费的个性化、多元化发展,许多企业将产品的定型、分装、组配、贴商标等工序留到仓储环节进行。通过流通加工,可以缩短生产时间、节约材料、提高成品率,保证供货质量和更好地为消费者服务,实现产品从生产到消费之间的价值增值。

2. 配送功能

随现代科技的发展,商家、消费者订货可以通过网络等途径完成,但产品从生产者到消费者手中必须经过物流环节。通过仓储配送可以缩短物流渠道,减少物流环节,提高物流效益,促进物流的合理化,实现物品的小批量送达。因此,配送是商流与物流的结合体,是拣选、包装、加工、组配、配发等各种活动的有机组合,一般配送点设置在生产和消费集中的地区。仓储配送业务的发展有利于生产企业降低存货,减少固定资金的投入;有利于商业企业减少存货,降低流动资金使用量,并能保证销售。

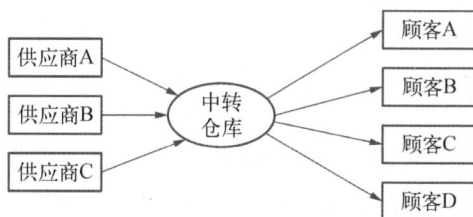

图 1-2　仓储的配送功能

3. 集散功能

仓储把制造企业的产品汇聚起来,形成规模,然后根据需要分散到消费地去。配载和拼装是对使用相同运输工具和运输线路的货物进行合理安排,使少量的货物实现整车运输,是仓储活动的一个重要内容。通过配载和拼装实现一集一散,衔接产需,均衡运输,提高物流速度。大多数仓储都提供配载和拼装的服务,来自多个制造企业的产品或原材料在仓库(这类仓库一般被称为整合仓库)集中,按照运输的方向进行分类仓储,当运输工具到达时出库装运。通过对运输车辆进行配载和拼装,确保配送的及时和运输工具的充分利用,也可以减少由多个供应商向同一个客户供货带来的拥挤和不便。

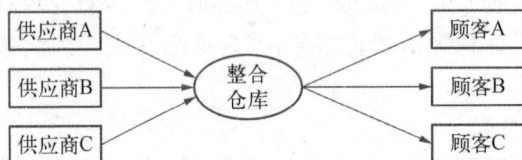

图 1 - 3 仓储的集散功能

4. 交易中介功能

仓储经营人利用大量存放在仓库的有形物品,以及与各类物品使用部门在业务上的广泛联系,开展现货交易中介,充分利用社会资源,扩大货物交易量,加速仓储物的周转和吸引新的仓储业务,提高仓储效益。同时,在大批量的实物交易中,购买方可以到仓库查验货物,由仓库保管员出具的货物仓单是实物交易的凭证,可以作为对购买方提供的信用保证。因而,交易中介功能的开发是仓储经营发展的重要方向。

三、仓储的种类

仓储是利用仓库储存、保管物品的行为。由于现代科学技术和生产力的发展以及市场经营的多方面需要,决定着仓储活动不能只有单一的主体和功能,不能只采用一种经营方式,存储一类物品,而是必须以多种类型满足不同的社会需求。因此,仓储活动可以从不同角度区分为多种类型,不同的仓储类型具有不同的特性。

(一) 按仓储经营主体分类

1. 自营仓储

自营仓储主要包括生产企业仓储和流通企业的仓储。生产企业为保障原材料供应、半成品及成品的保管需要而进行仓储保管,其储存的对象较为单一,以满足生产为原则。流通企业自营仓储则为流通企业所经营的商品进行仓储保管,其目的是支持销售。

自营仓储不具有经营独立性,仅仅是为企业的产品生产或商品经营活动服务。相对来说规模小,数量众多,专业性强,仓储专业化程度低,设施简单。

2. 营业仓储

营业仓储是仓储经营人以其拥有的仓储设施,向社会提供仓储服务。仓储经营人与存货人通过订立仓储合同的方式建立仓储关系,并且依据合同约定提供仓储服务并收取仓储费。

营业仓储面向社会,以经营为手段,实现经营利润最大化。与自营仓储相比,营业仓储的仓库使用效率较高。

3. 公共仓储

公共仓储是公用事业的配套服务设施,为车站、码头提供仓储配套服务,其运作的主要目的是为了保证车站、码头等的货物作业和运输,具有内部服务的性质,处于从属地位。

对于存货人而言,公共仓储有经营性质,但不独立经营,不单独订立仓储合同,而是将仓储关系列在作业合同、运输合同之中。

4. 战略储备仓储

战略储备仓储是国家根据国防安全、社会稳定的需要,对战略物资进行储备。战略储备仓储特别重视储备品的安全性,且储备时间较长,所储备的物资主要有粮食、油料、有色金属等。

(二)按仓储功能分类

1. 储存仓储

储存仓储是为物资提供较长时期储存和保管的仓储。储存的物资较为单一,品种少,但存量较大。这种仓库一般选在较为偏远的地区,存储费用较低廉。由于物资存放时间长,储存仓储特别注重对物资质量的保管和维护。

2. 物流中心仓储

物流中心仓储是以物流管理为目的的仓储活动,是为了实现有效的物流管理,对物流的过程、数量、方向进行控制的环节,是实现物流的时间价值的环节。一般在一定经济地区的中心、交通较为便利、储存成本较低处进行。物流中心仓储品种较少,通常以较大批量进库,以一定批量分批出库,整体上吞吐能力强。

3. 中转仓储

中转仓储是衔接不同运输方式的仓储,主要设置在生产地和消费地之间的交通枢纽地,如港口、车站等进行的仓储。是为了保证不同运输方式的高效衔接,减少运输工具的装卸和停留时间。中转仓储具有货物大进大出的特性,储存期限短,注重货物的周转作业效率和周转率。

4. 配送仓储

配送仓储也称配送中心仓储,是商品在配送交付消费者之前所进行的短期仓储,是商品在销售或者供生产使用前的最后储存,是商品保管和加工相结合的仓储活动。配送仓储一般在商品的消费经济区间内进行,主要职能是根据市场需要,对商品进行拆包、分拣、组配等流通加工活动,并迅速地送达消费和销售。配送仓储物品品种繁多、批量少,需要一定量进货、分批少量出库操作,主要目的是为了支持销售,注重对物品存量的控制。

5. 保税仓储

保税仓储是指使用海关核准的保税仓库存放保税货物的仓储行为。保税仓储所储存的对象是暂时进境并还需要复运出境的货物,或者是海关批准暂缓纳税的进口货物。保税仓储受到海关的直接监控,虽然所储存的货物由存货人委托保管,但保管人要对海关负责,入库或出库单据均需要由海关签署。保税仓储一般在进出境口岸附近进行。

(三) 按仓储的保管条件分类

1. 普通物品仓储

普通物品仓储是指不需要特殊条件的物品仓储。其设备和库房建造都比较简单,使用范围较广。这类仓储只需要一般性的保管场所和设施,常温保管,自然通风。

2. 特殊物品仓储

特殊物品仓储是在保管中有特殊要求和需要满足特殊条件的物品

仓储。如危险品、粮食、冷藏物品仓储等。这类仓储必须按照物品的物理、化学、生物特性，以及相关法规进行仓库建设和实施管理，通常要配备有防火、防爆、防虫等专门设备。特殊物品仓储一般为专用仓储，即专门用来储存某一类（种）的物品仓储。

（四）按仓储物的处理方式分类

1. 保管式仓储

保管式仓储也称为纯仓储，是以保管物原样保持不变的方式所进行的仓储。存货人将特定的物品交由保管人进行保管，到期保管人原物交还存货人。保管物除了所发生的自然损耗和自然减量外，数量、质量、件数不发生变化。保管式仓储又分为仓储物独立保管仓储和将同类仓储物混合在一起的混藏式仓储。

2. 加工式仓储

加工式仓储是保管人在仓储期间根据存货人的要求对保管物进行一定的加工的仓储方式。保管物在保管期间，保管人根据委托人的要求对保管物的外观、形状、成分、尺度等进行加工，使仓储物发生委托人所希望的变化。

3. 消费式仓储

保管人在接受保管物时，同时接受保管物的所有权，保管人在仓储期间有权对仓储物行使所有权。在仓储期满，保管人将相同种类、品种和数量的替代物交还给委托人所进行的仓储。消费式仓储特别适合于保管期较短的（如农产品）、市场供应（价格）变化较大的商品的长期存放。这种仓储具有一定的商品保值和增值功能。

第二节　仓储经营方式

随着各企业购、销、存等经营活动连续不断地进行，货物的仓储数量和仓储结构也在不断变化。为了保证货物的仓储趋向合理化，必须采用一些科学的方法，对货物的仓储及仓储经营进行有效的动态控制。因此，如何确定科学的、先进的、有效的仓储经营方式是仓储企业搞好经营管理的关键。仓储经营方式根据仓储目的不同可分为保管仓储经营、混藏仓储经营、消费仓储经营、仓库租赁经营等。

一、保管仓储经营

(一) 保管仓储的概念

保管仓储是指仓储经营者根据与存货人的合同约定,提供储存保管其仓储物的服务并收取仓储保管费的一种仓储经营方式。

(二) 保管仓储的特点

1. 保管仓储的对象是特定物

保管仓储中保管的是存货人交付的特定的货物。一般情况下,存货人交付仓储经营者保管的都是数量大、体积大、质量高的大宗货物,例如食品、工业制品、水产品等。

2. 保管仓储的目的在于保持仓储物原状

存货人交付仓储物于仓储保管人(即仓储经营者),其主要目的在于保管。也就是说,存货人将自己的货物存入仓库,仓储保管人必须采取必要的措施对货物进行有效保管而最终达到维持仓储物原状的目的。仓储经营者与存货人之间是一种提供劳务的关系。所以在仓储过程中,仓储物的所有权不转移到仓储过程中,仓储企业没有处理仓储物的权力。

3. 保管仓储是有偿服务

仓储经营者为存货人提供仓储服务,存货人必须支付仓储费。仓储费是仓储经营者提供仓储服务的价值表现形式,也是仓储企业盈利的主要途径。仓储保管费与仓储物的数量、仓储时间和仓储费率三者密切相关。

4. 仓储经营者在保管仓储中投入较多

由于保管仓储经营的整个过程均由仓储保管人进行操作,需要动用大量的人力、物力和财力,所以仓储经营者的投入较多。

(三) 保管仓储的经营

在保管仓储中,仓储经营者应以追求最高仓储保管费收入为经营目标,尽可能多地吸引客户,争取仓储委托,并采取合理的价格策略,在仓储保管中不断降低仓储成本和支出。

保管仓储企业要加强仓储技术的科学研究,不断提高仓库机械化、自动化水平,组织好物资的收、发、保管保养工作,掌握库存动态,保持物资的合理储备。建立和健全仓储管理制度,加强市场调查和预测,与客户保持联系,不断提高仓储工作人员的思想政治水平和业务水平,培养一支业务水平高、技术水平高、管理水平高的仓储工作队伍,以此树立企业形象,吸引仓储客户,并建立起与客户的信赖关系,促进保管仓储业务的长期发展。

二、混藏仓储经营

(一) 混藏仓储的概念

混藏仓储是指存货人将一定品质、数量的种类物交付保管人储藏,而在储存保管期限届满时,保管人只需以相同种类、相同品质、相同数量的替代物返还的一种仓储经营方式。

(二) 混藏仓储的特点

1. 混藏仓储的对象是种类物

混藏仓储是一种特殊的仓储方式,适合针对有通行的品质标准,并可以准确计量的种类物,如农产品、建筑材料、五金材料等。因为可以混藏的种类物有限,混藏仓储的适用范围也就受到一定的限制。

2. 混藏仓储以物的价值保管为目的

混藏仓储的目的并不是完全在于原物的保管,有时存货人仅仅需要实现物的价值的保管即可,保管人可用相同种类、相同品质、相同数量的替代物返还,并不需要原物返还。因此,当存货人基于物的价值保管的目的而免去保管人对原物的返还义务时,保管人减轻了义务负担,保管人以种类物为保管物,在保存方式上失去各保管物特定化的必要,所以将所有同种类、同品质的保管物混合仓储保存。

3. 混藏仓储的保管物并不随交付而转移所有权

混藏保管人只需为存货人提供保管服务,而保管物的转移只是物的占有权转移,与所有权的转移毫无关系,保管人无权处理存货的所有权。例如:农民将小麦交付给专业粮食仓储企业保管,约定仓储企业可以混藏小麦,仓储企业将收存的多个存货人的小麦按其品质混合储存于自己的小麦仓库,各存货人对该混合保管物按交付保管时的份额,各自享有所有权。在农民需要时,仓储企业从小麦仓库取出相应数量、相应品质的存货交还给农民。

(三) 混藏仓储的经营

混藏仓储在物流活动中发挥着重要的作用。通过混藏的方式,可以减少仓储设备投入,提高仓储空间利用率,从而降低仓储成本。另外,在提倡物尽其用、发展高效物流的今天,混藏仓储还具有更新的功能,它能配合以先进先出的运作方式,使得仓储物资的流通加快,有利于减少耗损和过期变质等风险。

与其他仓储方式相比,混藏仓储的成本最低,但若存货品种增加,则会使仓储成本增加。所以,在混藏仓储经营中应尽可能开展少品种、大批量的混藏经营。

混藏仓储经营人的收入依然来自仓储保管费,存量越多、存期越长收益越大。因而,混藏仓储经营中应充分挖掘混藏方式的优势,不断开发新的服务品种,引导和吸引客户。

三、消费仓储经营

(一) 消费仓储的概念

消费仓储是指存货人将一定数量、品质的种类物交付仓储管理人储存保管,并与保管人相互约定,在仓储期间将储存物的所有权也转移给保管人,到合同期届满时,保管人以相同种类、相同品质、相同数量替代品返还的一种仓储经营方式。

(二) 消费仓储的特点

1. 消费仓储的对象是种类物

在这一点上和混藏仓储的特点相同。

2. 消费仓储在仓储期间转移货物所有权于保管人

在消费仓储中,存货人将保管物交付保管人时,同时将仓储物的所有权转移给保管人,仓储期间保管人可以自由处理保管物。这是消费仓储最为显著的特征。在保管物返还时,保管人只需以相同种类、相同品质、相同数量的物品代替原物返还即可。

3. 消费仓储以物的价值保管为目的

在这一点上也和混藏仓储的特点相同。

（三）消费仓储的经营

在消费仓储中不仅转移保管物的所有权，而且必须允许保管人使用、收益、处分保管物。即将保管物的所有权转移于保管人，保管人无需返还原物，而仅以同种类、品质、数量的物品返还，以保存保管物的价值即可。保管人通过经营仓储物获得经济利益，通过在高价时消费仓储物，低价时购回，如建筑材料仓储经营人直接将委托仓储的钢材用于建筑生产，在保管到期前从市场购回相同品质的钢材归还存货人；或者通过仓储物市场价格的波动进行高卖、低买，获得差价受益，合同到期前再购回同品质物品归还存货人。

消费仓储经营的收益主要来自对仓储物消费的收入。当该消费的收入大于返还仓储物时的购买价格时，仓储经营人获得了经营利润。反之，如果预计消费收益小于返还仓储物时的购买价格时，就不会对仓储物进行消费，而依然原物返还。在消费仓储中，仓储费收入是次要收入，有时甚至采取无收费仓储。由此可见，消费仓储是仓储经营人利用仓储物停滞在仓库期间的价值进行经营，追求利用仓储财产经营的收益。消费仓储的开展使得仓储财产的价值得以充分利用，提高了社会资源的利用率。消费仓储对于仓储经营人的经营水平有极高的要求，现今在期货仓储中广泛开展。

四、仓库租赁经营

（一）仓库租赁经营的概念

仓库租赁是指仓储经营者将仓库或仓库设备租给存货人使用，由存货人自行保管货物的一种仓储经营方式。

（二）仓库租赁的经营

进行仓库租赁经营时，最主要的一项工作是签订一个仓库租赁合同，在法律条款的约束下进行租赁经营，取得经营收入。其中，租用人的权利是对租用的仓库及仓库设备享有使用权，并保护仓储设备设施,按约定的方式支付租金。出租人的权利是对出租的仓库及设备设施拥有所有权,并享有收回租金的权利,同时必须承认租用人对租用仓库及设备设施的按约定的使用权,并保证仓库及设备设施的完好性能。

仓库租赁经营可以是整体性的出租,也可以采用部分出租、货位出租等分散方式进行。在分散出租形式下,仓库所有人需要承担更多的仓库管理工作,如环境管理、保安管理等。例如,目前正迅速发展的箱柜委托租赁保管业务。

第三节　仓储管理的内涵

一、仓储管理的含义

仓储管理是指对仓库和仓库储存物料所进行的管理,是仓储机构为了充分利用自己具有的仓储资源提供高效的仓储服务所进行的计划、组织、指挥、控制和协调的过程。具体来说,仓储管理包括仓储资源的获得、经营决策、商务管理、作业管理、仓储保管、安全管理、人事管理、经济管理等一系列管理工作。这种管理工作,是随着储存物料品种的多样化和仓库结构、技术设备的科学化而不断变化、发展的。随着仓储管理在社会经济领域中的作用不断扩大,其内涵从单纯意义上对物料存储数量和质量的静态管理,已转变成为动态管理,它的功能已不再是单纯的物料存储,而是兼有包装、分拣、整理、简单装配等多种辅助性功能,其目标是实现仓储合理化。

仓储合理化的含义,就是用最经济的仓储管理来实现仓储的功能,仓储的功能是满足物品的储存需要以实现储存物品的"时间效用"等。因此,仓储管理中降低成本以满足客户需求的仓储量是衡量仓储管理中合理化的一个原则。仓储合理化主要以下列标志体现,如表 1-1 所示。

表 1 - 1　仓储合理化标志

标志类型	仓 储 合 理 化 内 容
质量标志	仓储管理中对物品科学的保管保养,保证物品具有使用价值,这是实现仓储合理化的基本要求。为此,应通过仓储质量控制和管理来保证仓储质量。
数量标志	仓储管理中的物品数量控制体现出整个仓储管理的科学化与合理化程度。一个合理的仓储数量应该是满足需求并做到成本最低。
时间标志	在保证仓储功能实现的前提下,寻求一个合理的储存时间。要求仓储管理中,物品的管理应该处于动态的、不断周转状态下。资金的周转率高,运作的成本就低。因此,仓储的时间标志反映出仓储的动态管理程度。
结构标志	存储物品之不同品种、不同规格、不同花色的仓储数量的比例关系,可以对仓储合理性进行判断。
费用标志	仓租费、维护费、保管费、损失费、保险费和资金占用利息支出费用等,都能从实际费用上判断储存的合理与否。
分布标志	指不同地区仓储的数量比例关系,反映满足需求的程度和对整个物流的影响。

二、仓储管理的内容

仓储业作为社会经济活动中的一个行业,其管理既具有一般企业管理的共性,也体现出其本身的管理特点。以物流系统功能的整体观念来看,仓储管理不仅是对仓储业务活动与作业过程的管理,也包括仓储的战略规划和以仓库定位为中心的物流网络设计与物流结点布局。具体涉及以下方面的内容。

仓储网点的布置和选址,仓储设施的选择,仓库规模的确定,仓储商务管理,特殊物品的仓储管理,库存货源组织,仓储计划,仓库作业,货物包装和养护,仓库治安、消防和生产安全,仓储经济效益分析,仓储货物的保税制度和政策,库存控制与管理,仓储管理中信息技术的应用以及仓储系统的优化等。

本书侧重介绍仓储业务活动与作业过程的管理内容。

三、仓储管理的意义

（一）科学的仓储管理是顺利实现社会再生产过程的必要条件

仓储是以改变"物品"的时间状态为目的的活动。仓储活动保证社会再生产过程的顺利进行可以从以下方面体现：① 衔接生产与消费的时间差。商品从生产到最终实现消费，这之间存在着时间差：有的商品是季节生产，常年消费，如粮食商品等；有的商品是常年生产，季节消费，如冬季消费的羽绒商品等。因而，绝大部分的商品从生产到消费都需要仓储活动，而且现代仓储还能通过流通加工环节满足消费者不断增长的个性化需求。② 克服生产与消费地理上的分离。为了降低生产成本，工业生产的集中化、规模化不断加强，使得商品的生产地与消费地的空间差扩大，这不但使需要运输的商品品种、数量增加，而且平均运输的距离也在不断增加，需要多种运输方式的联合。商品仓储活动的重要意义之一就是通过仓储活动平衡运输的负荷，衔接多种运输方式。③ 调节生产与消费方式上的差别。专业化生产将生产的产品品种限制在比较窄的范围之内。专业化程度越高，一个工厂生产的产品品种就越少。而买方市场上消费者不断增长的个性化需求体现出消费者要求更广泛的品种和更多样化的商品。这种生产企业少品种、大批量的愿望与消费者多品种、少批量的需要之间的矛盾，就要求在流通过程的仓储环节中，在品种上不断加以组合，在数量上不断加以分散。

（二）科学的仓储管理可以保持物品的使用价值

任何物品从生产到消费的这段过程发生物理和化学变化是绝对的，只是快慢不一样而已。要使物品在流通过程中仍具有使用价值，唯有科学合理的仓储管理才能够实现。根据物品的特性、储存要求和消防要求等进行商品的储存规划，最大限度地减少储存物品的变质损耗，以达到降低成本的目的，满足客户需求，扩大市场规模，最终达到企业经济效益和社会效益的提高。

（三）科学的仓储管理可以创造时间效用、极大地获取"第三利润源"

物品所处的时间节点不同，其所体现出的使用价值也不同。利用时间效用以实现物品使用价值的最大化，降低企业成本，实现利润的最大化。

（四）科学的仓储管理可以优化物品流通中的各项活动，发挥库存信息的作用

物品从生产地到消费地的过程中，为了实现高效率的物流运输，物品需要在仓储管理中进行候装、配载、包装、成组、分劈、疏散等活动；为了满足销售的需要，物品在仓储管理中需要进行整合、分类、拆除包装、配送等处理。这些活动必须依靠科学的仓储管理来指挥协调。

高效的企业管理已进入供应链管理的时代，企业间建立的战略合作伙伴关系，要求做到企业之间的库存信息共享。仓储管理中的库存信息反馈和共享可以使企业准确把握市场需求的动向，降低企业成本，更好地满足客户需求。

四、仓储管理的原则

（一）效率的原则

效率是指一定的产品产出量与一定的劳动要素投入量之比。较小的劳动要素投入和较高的产品产出量才能实现高效率。高效率是现代生产的基本要求，仓储经营的目标是要实现仓储经营活动的"快进、快出、多存储、保管好、费用省"。"快进"指货物运抵港口、车站或仓库专用线时，要以最快的速度完成货物的接运、验收和入库作业活动。"快出"指物资出库时，要及时、迅速、高效率地完成备料、复核、出库和交货清理作业活动。"多仓储"是在库存合理规划的基础上，最大限度地利用有效的仓储面积和空间，提高单位面积的仓储量和面积利用率。"保管好"是指按照货物的性质和仓储条件的要求，合理安排仓储场所，采用多种经营方式和科学的保管方法，使其在保管期间内质量完好、数量准确。"费用省"是指在货物输入和输出，以及保管的整个过程中，都要努力节省人力、物力和财力消耗，以最低的仓储成本获取最好的经济

效果。

(二) 经济效益的原则

厂商生产经营的目的是为了获得最大化利润,这是经济学的基本假设条件,也是社会现实的反映。利润是经济效益的表现,即:

$$利润 = 经营收入 - 经营成本 - 税金$$

实现利润最大化则需要做到经营收入最大化和经营成本最小化。

社会主义企业经营也不排除追求利润最大化的动机,作为参与市场经济活动主体之一的仓储业,也应围绕获得最大经济效益的目的进行组织和经营。但也需要承担部分社会责任,履行保护环境、维护社会安定、满足社会不断增长的需要等社会义务,实现生产经营的社会效益。

(三) 服务的原则

仓储活动本身就是向社会提供服务产品。服务是贯穿在仓储中的一条主线,仓储的定位布点、仓储具体操作、对储存货物的控制等都是围绕着服务进行的。仓储管理就是围绕服务定位开展的关于如何提高服务、改善服务、提高服务质量的管理,包括直接的服务管理和以服务为原则的生产管理。仓储的服务水平与仓储经营成本有着密切的相关性。一般是服务好,成本高,收费也高。仓储服务管理就是要在降低成本和提高(保持)服务水平之间保持平衡。

第四节　仓储业的发展

一、国外仓储业的发展

随着社会分工和专业化生产的出现,特别是资本主义生产方式的出现,大规模的商品生产和大规模的商品交换,使商品的储存规模不断扩大,存储形式也由原先附属于某一企业或某一部门的分散储存,逐渐发展为一个独立的行业,即仓储业。这种行业专门从事物料的储存保管和中转运输,独立经营这种业务的企业称为仓储企业或储运企业。它们为社会提供储运劳务,对降低生产企业的产品成本、节约流通费用、加强物料周转及促进物料储备的专门化管理等方面都起着积极的作用。

第二次世界大战以后,特别是 20 世纪 60 年代以来,由于世界经济的发展、现代科技的突飞猛进,世界经济得到了迅速恢复和发展,货物的流通量越来越大,物流中的矛盾也愈加突出。如何使物流更为畅通,如何使物流过程更为合理,已成为人们关心的问题。为此,国外出现了一些专门研究物流的机构,特别是美国和日本。随着商品经济的发展,商品流通费用在进入消费者手中之前所占总费用的比例呈上升趋势(目前,一些国家的商品流通费用已占商品总成本的 10%～30%),这就要求通过降低流通费用来提高企业经济效益。西方国家在这方面做了许多努力。最为典型的创举是自动化立体仓库,20 世纪 50 年代始于美国,20 世纪 70 年代在日本得到高速发展。目前,欧美国家又在发展大型中转仓库,面积可达上万平方米,单层高度达十多米,使货物流转更加畅通和迅捷。大型自动化立体仓库的出现,开始采用电子计算机进行自动操作和管理,彻底改变了过去那种传统的手工记账、算账的落后状态,使仓储管理进入了现代化管理的行列,并逐渐向着综合化、系统化、全自动化的方向发展。仓库的性质由此也发生了变化,从单纯地进行储存、保管物料的静态储存状态一跃而进入了多功能的动态储存新领域,成为物料流通的枢纽和服务中心。

以日本为例,作为一个资源缺乏的发达国家,对仓库的建设特别重视,而且现代化程度较高。在日本,除了企业物流外,许多物流中的仓储活动主要是由独立的企业承担,政府对仓储业的管理主要是通过法律进行约束,如日本制定有专门的《仓库法》。在仓储经营方面,越来越多的日本仓储企业从事拆、分、拼装商品等多种经营业务,并出现众多的为生产企业和商业连锁点服务的配送中心,由此大大减少了各企业内自备仓库中的货物存储量,从而降低了资金的积压。

二、中国仓储业的发展过程

我国的仓储具有悠久的历史,特别是中华人民共和国成立之后得到了极大的发展。目前我国的仓储已经有了较大的规模,且形成了各种专业化的门类齐全的仓储分工,在数量上已完全能够满足我国经济发展的需要。但是在服务质量和效益上还存在着明显的不足。纵观中国仓储活动的发展历史,大约经历了以下四个阶段。

(一) 古代仓储业

中国古代商业仓库是随着社会分工和专业化生产的发展而逐渐形成和扩大的。"邸店"可以说是商业仓库的最初形成,它既具有商品寄存性质,又具有旅店性质。随着社会分工的进一步发展和商品交换的不断扩大,专门储存商品的"塌房"从"邸店"中分离出来,成为带有企业性质的商业仓库。

(二) 近代仓储业

随着商品经济的发展和商品活动范围的扩大,中国近代商业仓库得到了一定的发展。19世纪的商业仓库叫作"堆栈",即指堆存和保管物品的场地和设备。堆栈业初期的业务只限于堆存货物,主要替商人保管货物,物品的所有权属于寄存人。随着堆栈业务的扩大、服务对象的增加,堆栈业已经具有码头堆栈、铁路堆栈、厂号堆栈、金融堆栈和海关堆栈等专业划分。近代堆栈业的显著特点是建立起明确的业务种类、经营范围、责任业务、仓库租赁、进出手续等。当时堆栈业大多是私人经营的,为了商业竞争和垄断的需要,往往组成同业会,订立同业堆栈租价价目表等。

堆栈业与交通运输业、工商业的发展极为密切,当时由于中国工业主要集中于东南沿海地区。因此堆栈业在上海、天津、广州等东南沿海地区起源最早,也最先进。在1929年,上海码头的总计数量就已经在40家以上,库房总容量达到90多万吨,货场总容量达到70多万吨。

但是,由于当时中国仍处于半殖民地半封建的经济状态,民族工业不发达。堆栈业务伴随商业交易和交通运输业的兴衰而起落。

(三) 建国初期仓储业

新中国成立以后,政府在接收了旧中国官僚买办的堆栈,并对私营仓库进行公私合营的基础上,建立和发展了新中国的仓储业。20世纪50年代,各地纷纷建立了国营的商业性仓储公司,并成立了仓库同业会,对行业起领导作用。在1953年召开的全国第一届仓储会议上,明确了国营商业仓库实行集中管理与分散管理相结合的体制,即对于较大型的仓库由各地商业部门统一收回,移交仓储公司经营,并与我国商业流通的三级批发管理体制相一致,形成层次清楚,大小规模配套,集中、分散相结合的仓储管理体制。1962年,国家物资储运局(后为物资储运总公司)成立,归属于国家物资管理总局,负责物资仓库的统管工作。

(四)现代化仓储业

中国在一个较长的时期里,仓库一直属于劳动密集型企业,即仓库中大量的装卸、搬运、堆码、计量等作业都是由人工来完成的。因此,仓库不仅占用大量的劳动力,而且劳动强度大,劳动条件差,特别在一些危险品仓库,还极易发生中毒等事故。为了迅速改变这种落后状态,政府在这方面下了很大力气。一方面,重视旧式仓库的改造工作,按照现代仓储作业要求,改建旧式仓库,增加设备的投入,配备各种装卸、搬运、堆码等设备,减轻工人的劳动强度,改善劳动条件,提高仓储作业的机械化水平;另一方面,新建了一批具有先进技术水平的现代化仓库。

20世纪60年代以来,随着世界经济的发展和现代科学技术的突飞猛进,我国仓储的性质发生了根本性的变化,从单纯地进行储存保管货物的静态储存一跃而进入了多功能的动态储存新领域,成为生产、流通的枢纽和服务中心。特别是大型自动化立体仓库的出现,使仓储技术上了一个新台阶。中国于20世纪80年代建造自动化仓库,并普遍采用电子计算机辅助仓库管理,使中国仓储业进入了自动化的新阶段。

目前,我国的仓储业已经取得了巨大的进展,但仓储业的整体管理水平还比较低,就我国仓储业的现状来讲,具有如下特点。

1. 仓库过多,且仓库布局不合理

新中国成立后,我国确立了以生产资料公有制为主体的社会主义经济制度。在高度集中的计划经济体制下,我国的生产资料流通完全纳入了计划分配轨道,企业所需要的物资只能按照企业的隶属关系进行申请,经过综合平衡以后,再按各部门进行计划供应。而各部门为了储存保管好分配来的各种物资,就需要建立仓库。于是,各层设立仓

库、各行设立仓库的现象层出不穷。从当时来看,部门仓储业的建立为保证本部门的物资供应,完成本部门的生产建设任务起到了积极作用。但是,由于我国的仓库大部分是平房仓库,占地面积大,储存效率低。且这些仓库大多分布在经济发达的地区和城市。这样不仅占用了大量的土地,还加大了我国的基建投资。而一些边远或落后地区,由于资金不足或其他原因,在急需建立仓库时,又不能及时修建。严重影响了地区经济的发展,进而影响了城市或区域整体发展规划的实施。

2. 呈现明显部门仓储业的特征

历史的原因造成了我国仓储业的格局,逐渐形成了部门仓储管理系统。各部门都有自己的仓库,自成体系,各自为政。各部门都是从本部门利益出发,很少顾及国家或其他部门的利益。再加上相互间缺乏沟通,又没有一个统一的管理部门来进行协调和统筹安排,因此,出现了目前存在的重复设立仓库的问题,物资流通中转环节过多,流通渠道不畅,库存居高不下,物资损失、浪费很大等。

3. 自动化仓库技术落后,盲目引进,仓储技术的发展不平衡

改革开放以来,国外先进的仓储技术传入我国,特别是自动化仓储技术传入我国以后,仓储技术得到较大发展。但是在引进自动化仓库技术方面缺乏必要的经济技术论证和可行性研究,特别是在 20 世纪 80 年代初我国刮起了一股自动化仓库热,许多企业和部门纷纷建立自动化仓库,投入了大量资金、财力和人力,但真正能充分发挥自动化仓库作用的并不多。各地区发展也极不平衡,有的地区现代化仓库拥有非常先进的仓储设备,例如各种先进的装卸搬运设备、高层货架仓库、全部实行计算机管理等。而有的地区仓库却还处在以人工作业为主的原始管理状态,仓库作业大部分靠肩扛人抬,只有少量的机械设备。在出、入库任务较集中时,不得不采用人海战术,仓库作业效率极低。

4. 仓库的管理水平较低,仓储人员素质有待提高

我国的仓库数目虽然很多,但是仓库管理水平却很低。由于计划经济体制的影响,使我们有些领导在思想上对仓储管理认识不足。常见一些领导把主要精力放在如何争取货源上,而对于如何管理好库存物资却不太关心。同时由于我国社会上普遍对仓库工作存在一种偏见，认为仓库不需要知识，也不需要技术，致使仓库人员的素质普遍较低，尤其是文化水平较低，这种人员状况直接影响了管理水平的提高。

5. 仓储管理方面的规章制度还不够健全

建立健全的规章制度是仓储管理的一项基础工作。严格的责任制是现代化大生产的客观要求，也是规范每个岗位职责的依据。新中国成立以来，建立了不少仓储方面的规章制度，但随着生产的发展和科学水平的提高，有些规章制度已经不适合工作，需要进行修改和新建。同时，由于在仓储管理法制方面，我国仓储管理人员的法制观念不强，不会运用法律手段来维护企业的利益。

三、中国仓储业的发展趋势

借鉴一些国外发达国家仓储业以及物流业的发展经验，未来我国仓储业将朝着仓储社会化、仓储产业化、仓储标准化、仓储现代化的目标发展。

（一）仓储社会化

我国仓储管理长期以来形成的条块分割、地区分割、"小而全、大而全"的局面，造成了目前以部门或地区为核心的仓储业各自为政，自成系统。这样不仅占用了大量土地，其中不乏良田，致使我国的耕地越来越少，而且还占用了大量劳动力和设备。占用这么多的资源，利用状况却并不乐观。我国仓库平均利用率不高，有的利用率还不到 40％，但也有些部门的仓库不够用，如遇到农业丰收时粮食、棉花等的仓库就紧张。一方面仓库闲置，另一方面还要新建仓库，这种不协调的状况是旧体制造成的。这种小生产方式的仓储业远远不能适应现代生产、流通的发展，已经到了非改不可的地步了。

随着改革开放和社会主义市场经济的发展，有不少储运公司以及仓库相继向社会开放，逐渐打破了系统内与系统外的界限，打破了生产资料与生活资料的界限，相互展开竞争，基本形成了一个分散型的储运市场。这种形式与内容分割、地区分割的封闭型储运割据相比有很大发展。打破部门与地区的框框，使仓库从附属型向半经营型或经营型转化，面向社会，开展平等竞争，优胜劣汰，我国的仓储业才能获得发展。要真正解决仓储业的社会化问题,应做好两方面工作:首先,解决体制问题。要按照中央的精神,以"产权清晰、权责明确、政企分开、管理科学"为原则,进行体制改革。根据市场经济的要求和仓储企业的特点,打破部门、条块分割的行政管理局面,广泛开展部门间仓储企业的横向联合,建立仓储全行业的管理系统,以消除由于按部门管理只顾本部门经济效益,忽视社会经济效益的弊病,有利于全行业整体功能的发挥。同时,可以按专业分工原则,统一规划,合理布局,形成全国统一的储运市场,以有利于普及和推广仓储管理的"作业标准化、行业规范化、工作程序化、管理现代化"的原则与目标,取得政策与制度上的统一,提高专业技术和管理水平。其次,建立多功能综合性仓库,发展物流技术,促使物流、商流达到协调运行与发展。为适应市场经济发展的需要,仓库应从单纯储存型向综合型发展,从以物资的储存保管为中心,转变到以加快物资周转为中心,集储存、加工、配送、信息处理为一身的多功能综合仓库。成为高效率、低费用、快进快出的物流中心,全面提高仓储运输的服务水平。

(二)仓储产业化

仓储活动要想真正同工业、农业一样,成为一个独立的行业,必须发展自己的产业。虽然仓储活动不能脱离保管业务单纯地进行生产加工业务,但仓储完全有条件利用自身的优势去发展流通加工业务。国外的经验告诉我们,仓储发展流通加工是大有前途的,而我国恰恰在这方面很薄弱,大多数仓储部门固守传统的仓储业务,思想不够解放。流通加工是商品在从生产领域向消费领域流通过程中,为促进销售,提高物流效率以及商品利用率而采取的加工活动,它是流通企业创造价值的唯一经营方式。世界上许多国家和地区的物流中心或仓储经营中都大量存在着流通加工业务。例如,日本的东京、大阪、名古屋等地区的90家物流公司中有一半以上具有流通加工业务,它为企业带来了巨大的经济效益,也产生了较好的社会效益。仓储部门储存着大量商品,又拥有一定的设备和技术人员,只要再增加一些流通加工设备和工具,就可从事流通加工业务,因此,仓储发展流通加工是最有发展前途的。

（三）仓储标准化

仓储标准化是物流标准化的重要组成部分。为了提高物流效率，保证物流的统一性与各种物流环节的有机联系，并与国际接轨，必须制定物流标准。

仓储标准化是一项基础性工作。由于仓储分散在商业、物资、外贸、铁路等各部门，因此，更有必要从标准入手，推进仓储行业的整体发展。仓储标准化的内容很多，例如：全国性通用标准（仓库种类与基本条件标准、仓库技术经济指标以及考核办法标准、仓储业标准体系、仓储业服务规范、仓库档案管理标准、仓库单证标准、仓储安全管理标准等），仓储技术通用标准（仓库建筑标准、货物出入库标准、储存货物保管标准、包装标准、货物装卸搬运标准等），仓库设备标准，仓库信息管理标准，仓库人员标准等等。

（四）仓储现代化

实现仓储现代化的关键在于科学技术，而发展科学技术的关键在于人，没有知识，没有人才，现代化就是一句空话。因此，应从以下几个方面做起。

一是仓储人员的专业化。在生产力高度发展的今天，科学技术越来越进步，机器设备的数量和品种也越来越多，人在操纵现代化生产设备中的作用也就越来越大，要求有一大批既懂管理，又懂专业知识，并掌握现代化管理方法和手段的高素质的管理人才。在我国必须加强对仓储人员的培养、教育和提高，尽快培养出一批专门从事仓储事业、具有现代科学知识和管理技术、责任心强、素质高的仓储专业队伍。

二是仓储技术的现代化。仓储技术是当前整个物流技术中的薄弱环节，因此加强仓储技术的改造与更新是仓储现代化的重要内容。仓储现代化首先要信息现代化，包括信息的自动识别、自动交换和自动处理。中国当前大致应从以下几个方面抓起：① 实现物资出入库和储存保管的机械化和自动化。从中国的国情出发，重点发展物资存储过程中所需要的各种装卸搬运机械、机具等，例如：研制并推广作业效率高、性能好、耗能低的装卸搬运机械；发展自动检测和计量机具；提高分货、加工、配送等作业手段和方法等。② 存储设备的多样化，使存储设备朝着省地、省力、多功能方向发展,推行集装化、托盘化,发展各类集合包装以及结构先进、实用的货架,实现包装标准化、一体化。③ 适当发展自动化仓库,有重点地建设一批自动化立体仓库;加强老库的技术改造,尽快提高老库的技术和管理水平,充分发挥老库的规模效益。

三是仓储管理方法的科学化和管理手段自动化。即根据现代化大生产的特点,按照仓储客观规律的要求和最新科学技术成就来进行仓储管理,实现仓储管理的科学化。在仓储管理中,结合仓储作业和业务的特点,应用先进的科学技术,使用科学的管理方法,是促进仓储合理化的重要步骤。运用电子计算机辅助仓储管理,进行仓储业务管理、库存控制、作业自动化控制以及信息处理等,以达到快速、准确、高效的目的。

本章小结

仓储是指利用仓库存放暂未使用的物品的行为,是物品在供需之间转移中存在的一种暂时滞留。仓储的基本功能是存储功能、调节功能、保管检验和养护功能。仓储的增值服务功能是指利用物品在仓库的存储时间,开发和开展多种服务来提高仓储附加值、促进物品流通、提高社会效益的功能,主要包括流通加工、配送、配载、交易中介等功能。

仓储管理是指对仓库和仓库储存物料所进行的管理,是仓储机构为了充分利用自己具有的仓储资源提供高效的仓储服务所进行的计划、组织、指挥、控制和协调的过程。随着仓储管理在社会经济领域中的作用不断扩大,其内涵从单纯意义上对物料存储数量和质量的静态管理,已转变成为动态管理,它的功能已不再是单纯的物料存储,而是兼有包装、分拣、整理、简单装配等多种辅助性功能,其目标是实现仓储合理化。有效的仓储管理必须坚持效率原则、经济效益原则和服务原则。

仓储经营目标是要实现仓储经营活动的"快进、快出、多储存、保管好、费用省"。目前主要有保管仓储经营、混藏仓储经营、消费仓储经营、仓库租赁经营等方式。

复习参考题

一、单项选择题

1. 仓储最基本的功能是（　　）。
   A. 保管检验功能　　　　　　　B. 存储功能
   C. 调节功能　　　　　　　　　D. 养护功能

2. 静态仓储是指（　　）的过程。
   A. 物品存取　　　　　　　　　B. 物品保管
   C. 物品控制　　　　　　　　　D. 物品储存

3. （　　）的含义，是用最经济的仓储管理来实现仓储的功能。
   A. 仓储社会化　　　　　　　　B. 仓储标准化
   C. 仓储产业化　　　　　　　　D. 仓储合理化

4. （　　）是衔接不同运输方式的仓储，主要设置在生产地和消费
   地之间的交通枢纽地。
   A. 保税仓储　　　　　　　　　B. 配送仓储
   C. 中转仓储　　　　　　　　　D. 储存仓储

5. 将物品存入仓库以及对于存放在仓库里的物品进行保管、控
   制、提供使用等管理，这样就形成了（　　）。
   A. 储存仓储　　　　　　　　　B. 配送仓储
   C. 静态仓储　　　　　　　　　D. 动态仓储

6. （　　）是以保管物原样保持不变的方式所进行的仓储。
   A. 中转式仓储　　　　　　　　B. 加工式仓储
   C. 消费式仓储　　　　　　　　D. 保管式仓储

7. 通过配载和拼装实现了仓储的（　　），从而衔接产需，均衡运
   输，并提高物流速度。
   A. 调节功能　　　　　　　　　B. 交易中介功能
   C. 配送功能　　　　　　　　　D. 集散功能

8. （　　）主要包括生产企业仓储和流通企业的仓储。
   A. 自营仓储　　　　　　　　　B. 营业仓储

  C. 公共仓储   D. 战略储备仓储

9. 仓储的对象必须是(　　)。

  A. 生产资料   B. 生活资料

  C. 实物动产   D. 不动产

10. 仓储的(　　)是指利用物品在仓库的存储时间,开发和开展多种服务来提高仓储附加值、促进物品流通、提高社会效益的功能。

  A. 基本功能   B. 附加功能

  C. 客户服务功能   D. 增值服务功能

二、多项选择题

1. 仓储合理化的标志主要包括(　　)。

  A. 质量和数量   B. 人员和设备

  C. 时间和费用   D. 效率和效益

  E. 结构和分布

2. 根据仓储经营主体的不同,仓储活动可以分为(　　)。

  A. 自营仓储   B. 营业仓储

  C. 公共仓储   D. 战略储备仓储

  E. 保税仓储

3. 根据仓储的保管条件的不同,仓储活动可分为(　　)。

  A. 普通物品仓储   B. 特殊物品仓储

  C. 物流中心仓储   D. 公共仓储

  E. 加工式仓储

4. 根据仓储功能的不同,仓储活动可分为(　　)。

  A. 保税仓储   B. 配送仓储

  C. 中转仓储   D. 物流中心仓储

  E. 储存仓储

5. 仓储的增值服务功能主要包括(　　)。

  A. 流通加工   B. 交易中介

  C. 配载   D. 拼装

E. 配送

6. 借鉴一些国外发达国家仓储业以及物流业的发展经验,未来我国仓储业将朝着( )的目标发展。

    A. 仓储社会化   B. 仓储标准化

    C. 仓储现代化   D. 仓储国际化

    E. 仓储产业化

7. 仓储经营的目标是要实现仓储经营活动的"( )"。

    A. 快进   B. 快出

    C. 费用省   D. 保管好

    E. 多储存

8. 仓储的基本功能包括( )。

    A. 保管检验功能   B. 养护功能

    C. 调节功能   D. 交易中介功能

    E. 存储功能

9. 仓储形成的原因在于( )。

    A. 社会再生产的需要   B. 商品交换的需要

    C. 出现社会分工   D. 创造产品的价值

    E. 产品流通的需要

10. 仓储管理的原则是( )。

    A. 综合的原则   B. 服务的原则

    C. 效率的原则   D. 经济效益的原则

    E. 系统的原则

三、是非题

1. 混藏仓储在仓储期间转移货物所有权于保管人。

2. 加工式仓储特别适合于保管期较短的(如农产品)、市场供应(价格)变化较大的商品的长期存放。

3. 仓储的增值服务功能是存储功能、调节功能、保管检验和养护功能。

4. 物流中心仓储物品品种繁多、批量少,需要一定量进货、分批少量出库操作。

5. 仓储管理是指对仓库和仓库储存物料所进行的管理。

6. 仓储活动发生在仓库等特定的场所。

7. 借鉴一些国外发达国家仓储业以及物流业的发展经验,未来我国仓储业将朝着仓储社会化、仓储产业化、仓储标准化、仓储现代化的目标发展。

8. 中转仓储具有货物大进大出的特性,储存期限短,注重货物的周转作业效率和周转率。

9. 通过配载和拼装实现了仓储的配送功能,从而衔接产需,均衡运输,并提高物流速度。

10. 保管仓储的对象是种类物。

四、论述题

1. 试分析仓储从"静态"向"动态"转变的积极意义。

2. 现代仓储主要有哪些增值服务功能? 有何意义?

3. 列举两种仓储经营方式,并说明其特点。

4. 仓储经营的目标是什么?

5. 我国的仓储业具有哪些特点?

6. 简述中国仓储业发展的方向。

五、案例分析题

西南仓储公司向现代物流的转变

西南仓储公司是一家地处四川省成都市的国有商业储运公司,随着市场经济的深入发展,原有的业务资源逐渐减少,在企业的生存和发展过程中,也经历了由专业储运公司到非专业储运公司再到专业储运公司的发展历程。

在业务资源和客户资源不足的情况下,这个以仓储为主营业务的企业其仓储服务是有什么就储存什么。以前是以五金交电为主,后来也储存过钢材、水泥和建筑涂料等生产资料。这种经营方式解决了企业仓库的出租问题。

那么,这家企业是如何发展区域物流的呢?

(一) 专业化

当仓储资源又重新得到充分利用的时候,这家企业并没有得到更多利益,经过市场调查和分析研究,这家企业最后确定了立足自己的老本行,发展以家用电器为主的仓储业务。

一方面,在家用电器仓储上,加大投入和加强管理,加强与国内外知名家用电器厂商的联系,向这些客户和潜在客户介绍企业确定的面向家用电器企业的专业化发展方向,吸引家电企业进入。另一方面,与原有的非家用电器企业用户协商,建议其转库,同时将自己的非家用电器用户主动地介绍给其他同行。

(二) 延伸服务

在家用电器的运输和使用过程中,不断会出现损坏的家用电器。以往,每家生产商都是自己进行维修,办公场所和人力方面的成本很高,经过与用户协商,在得到大多数生产商认可的情况下,这家企业在库内开始了家用电器的维修业务,既解决了生产商售后服务的实际问题,也节省了维修品往返运输的成本和时间,并分流了企业内部的富余人员,一举两得。

(三) 多样化

除了为用户提供仓储服务之外,这家企业还为一个最大的客户提供办公服务,向这个客户的市场销售部门提供办公场所,为客户提供了前店后厂的工作环境,大大地提高了客户的满意度。

(四) 区域性物流配送

通过几年的发展,企业经营管理水平不断提高,企业内部的资源得到了充分的挖掘,同样,企业的仓储资源和其他资源也已经处于饱和状态。资源饱和了,收入的增加从何而来?在国内发展现代物流的形势下,这家企业认识到只有走出库区,走向社会,发展现代物流,才能提高企业的经济效益,提高企业的实力。发展现代物流从何处做起?经过调查和分析,决定从学习入手,向比自己先进的企业学习,逐步进入现代物流领域。经过多方努力,他们找到一家第三方物流企业,在这个第三方物流企业的指导下,通过与几家当地的运输企业合作(外包运输),开始了区域内的家用电器物流配送,为一家跨国公司提供物流服务,现在这家企业的家用电器的物流配送已经覆盖了四川(成都市)、贵州和云南。

(资料来源:http://www.100 test.com/
html/249/s_249337_24.htm)

请思考:

  1. 通过案例,分析说明传统物流与现代物流的区别。

  2. 通过分析西南仓储公司向现代物流的转变过程,你认为其转变成功的关键是什么?

  3. 仓储有哪些增值服务功能? 有何意义?

第二章

仓 储 设 施

学习目标

- 掌握仓库的概念和功能
- 理解仓库的分类
- 了解自动化立体仓库的基本设施和类型
- 掌握自动化立体仓库的功能和主要优点
- 了解仓库分区分类管理的意义和原则
- 掌握仓库分区分类管理的方法
- 理解仓库区域的构成和布置要求
- 了解货位编号的方法
- 理解仓储设备的构成
- 掌握几种常用货架的特性

引入案例

各种仓储货架方式的比较与分析

某仓库长和宽是 48 米×27 米，该仓库托盘单元货物尺寸为 1 000 mm(宽)×1 200 mm(深)×1 300 mm(高)，重量为 1 吨。仓库若采用窄通道(VNA)系统，可堆垛 6 层，仓库有效高度可达 10 米；而其他货架方式只能堆垛 4 层，有效高度为 7 米。

下面比较几种不同的货架和叉车、堆垛机系统方案，其货仓容量、叉车类型和最佳性价比。

1. VNA 窄通道系统

该系统货物可先进先出,取货方便,适用于仓库屋架下弦较高,如10米左右。因采用高架叉车,采购价为58万元,地面需要加装侧向导轨。叉车通道宽为1 760 mm,总存货量为2 088个货位。货架总造价为41.76万元,仓库总造价为129.6万元,工程总投资为229.36万元,系统平均造价为1 098元/货位。

2. 驶入式货架系统

货物先进后出,且单独取货困难;但存货密度高,用于面积小、高度适中的仓库。该系统适用于货品单一、成批量进出货的仓库。系统采用平衡重式电动叉车,采购价为22.5万元,叉车直角堆垛通道宽度为3 200 mm,总存货量为1 812个货位,货架总造价为43.5万元。仓库建筑总造价为123.12万元,工程总投资为189.12万元,系统平均造价为1 044元/货位。

3. 选取式货架系统

货物可先进先出,取货方便。该系统对货物无特殊要求,适用于各种类型货物,但属于传统型仓库系统,货仓容量较小。系统采用电动前移式叉车,采购价为26万元,叉车直角堆垛通道宽度为2 800 mm,总存货量为1 244个货位,货架总造价为16.2万元,仓库建筑总造价为123.12万元,工程总投资为165.32万元,系统平均造价为1 329元/货位。

4. 双深式货架系统

货物可先进后出,取货难度适中。该系统货仓容量较大,可与通廊式货架媲美;且对货物和货仓无特殊要求,适应面广。系统采用站驾式堆高车和伸缩叉,采购价为25万元,叉车直角堆垛通道宽度为2 800 mm,总存货量为1 716个货位,货架总造价为24万元,仓库建筑总造价为123.12万元,工程总投资为172.12万元,系统平均造价为1 003元/货位。

通过以上比较可以看出,除了投资成本的不同,4种不同的货架仓储方式有各自的特点。每个公司要按照各自的行业特点来选择最适合的、性价比最好的系统。当然，每个系统并不是独立的，可以结合起来同时使用，根据不同的物流方式、进出速度、货物品种、进出量来选择。

不同种类的货架各自有什么特性呢？

（案例选编自《物流设施与设备》，

清华大学出版社 北京交通大学出版社 2005 年版）

仓储设施是指用于货物储存活动的一切劳动资料，包括各种仓库以及仓库中为储存货物和仓库作业服务的各种建筑物、设备和器具的总称。

第一节 仓库的功能

一、仓库的概念

仓库是用来储存、保管物品的建筑物和场所的总称。从现代物流系统的角度来看，仓库也是从事包装、分拣、流通加工等作业活动的物流节点设施。

仓库作为物流节点设施，一个最基本的功能就是存储货物，并对存储的货物实施保管和控制。随着人们对仓库概念的深入理解，仓库也负担着挑选、配货、检查、分类、信息传递等功能并具有多品种、小批量、多批次等配送功能，以及附加标签、重新包装等流通加工功能。

二、仓库的功能

以系统的观点来看待仓库，仓库应该具备如下功能。

（一）储存和保管的功能

这是仓库最基本、最传统的功能。仓库具有一定的空间，用于储存物品，并根据储存物品的特性配备相应的设备，以保持储存物品的完好性。例如，储存挥发性溶剂的仓库，必须设有通风设备，以防止空气中挥发性物质含量过高而引起爆炸；储存精密仪器的仓库，需防潮、防尘、恒温,应设置空调、恒温等控制设备。在仓库作业时,还有一个基本要求,就是防止搬运和堆放时碰坏、压坏物品,从而要求搬运机具和操作方法的不断改进和完善,使仓库真正起到储存和保管的作用。

(二)支持生产和调节供需的功能

仓库可以有效缓解供需之间的矛盾,使二者在时间与空间上得到协调。现代化社会的需求多种多样,很多生产企业为了完成加工任务需要各种原材料、半成品等物资的有序供应,而消费者也会在特定时间、特定地点需要特点的商品。如何让来自不同供应商、不同工序的物资顺利投入后续生产,如何解决有些产品的生产均衡而消费不均衡,或生产不均衡而消费均衡的矛盾,从而使生产顺利进行并很好地满足消费,这就需要仓库来起"蓄水池"的调节作用。

(三)调节货物运输能力的功能

各种运输工具的运输能力是不一样的。船舶的运输能力很大,海运船舶一般是万吨级,内河船舶也有几百吨至几千吨的。火车的运输能力较小些,每节车皮能装运 30～60 吨,一列火车的运量最多达几千吨。汽车的运输能力很小,每辆车一般在 10 吨以下。随着经济发展和市场范围的扩大,物品的运输距离也在扩大,并且需要多种运输方式的联合,它们之间运输能力的调节和运输方式的衔接就必须通过仓库来完成。

(四)配送和加工的功能

现代仓库的功能已由保管型向流通型转变,即仓库由原来的储存、保管货物的中心向流通、销售的中心转变。仓库不仅要有储存、保管货物的设备,而且还要增加分拣、配套、捆装、流通加工、信息处理等设施。这样,既扩大了仓库的经营范围,提高了物资的综合利用率,又方便了消费,提高了服务质量。

(五)信息传递的功能

仓库上述功能的发挥,必须以仓库的信息传递为保障。在处理有关仓库管理的各项事务时,需要及时而准确的仓库信息,如仓库利用水平、进出库的频率、仓库的运输情况、顾客的需求状况以及仓库人员的配置等。在现代信息技术装备下,可以依靠计算机和互联网,通过电子数据交换（EDI）和条形码技术等来提高仓储物品信息的传递速度，及时而又准确地完成订单处理、库存管理、储位管理、拣货作业调配等工作，并能实现信息共享。

第二节 仓库的分类

仓库是物流系统的基础设施，其种类很多，且各具特点。由于各种仓库所承担的储存任务不同，所处的地位不同，再加上储存物品的种类及特性各异，因而，我们可以根据不同的分类依据，将仓库进行分类，探究各类仓库的共性特征。具体划分如表 2-1 所示。

表 2-1　仓库的分类

分类依据	种类名称	说　　明
根据功能分类	储存仓库	以对货物的储存、保管为重点，货物的在库时间相对较长，仓库工作的中心环节是提供适宜的保管场所和保管设施设备，保管商品在库期间的使用价值。
	流通仓库	又称为流通中心。它除对货物进行保管外，更多的是进行流通加工、装配、包装、理货及配送等工作，实现在较短的时间内向更多的用户出货。与储存仓库相比较，流通仓库的货物在库时间较短，库存量较少，而且出入库频率较高。制造厂商的消费地仓库、批发业和大型零售企业的仓库属于这种类型的较多。另外，流通中心本身又可以分为两类。通常，我们将集中多个仓库的综合性、区域性物流基地叫作物流中心，将属于各企业的叫作配送中心。
根据适用范围分类	自用仓库	各生产或流通企业，为了本企业物流业务的需要而修建的附属仓库。这类仓库只储存本企业的原材料、燃料、产品或商品，仓库的建设、保管物品的管理以及出入库等业务均处于本企业管理责任范围内。

续　表

分类依据	种类名称	说　　明
根据适用范围分类	营业仓库	仓库业者根据相关法律取得营业资格,保管他人物品的仓库。这种仓库是一种社会化的仓库,面向社会,以经营为手段、以盈利为目的。通常比自用仓库的使用效率要高。
	公共仓库	是国家或公共团体为了公共利益而建立的仓库,即与公共事业配套服务的仓库。如铁路车站的货场仓库、港口的码头仓库、公路货场的货栈仓库等。
	保税仓库	经海关批准,在海关监管下,专供存放未办理关税手续而入境或过境货物的场所。它是为了国际贸易的需要,设置在一国国土之上,但在海关关境以外的仓库。外国货物可以免税进出这些仓库而无需办理海关申报手续,并且经批准后,可在保税仓库内对货物进行加工、储存、包装和整理业务。对于在划定的更大区域内的货物保税,则可称之为保税区。
	出口监管仓库	经海关批准,在海关监管下,存放已按规定领取了出库货物许可证或批件,已对外买断结汇并向海关办完出口海关手续的货物的专用仓库。
根据保管形态分类	普通仓库	一般是指常温保管,自然通风,无特殊功能的仓库,用于存放一般性的物料,其设备和库房建造比较简单,适用范围较广。
	冷藏仓库	有冷冻设备,并有良好的保温隔热性能以保持较低温度(一般在 10℃以下)的仓库。用来加工和保管食品、工业原料、生物制品以及医药品等。根据使用目的的不同,冷藏仓库又可细分为生产性冷藏仓库、配给性冷藏仓库以及综合性冷藏仓库三种。
	恒温仓库	为保持货物存储质量,能够将温度、湿度控制在一定范围的室内仓库(通常温度保持在 10℃~20℃)。这种仓库规模不大,可以存放精密仪器、药品等对温度、湿度有一定要求的商品。

分类依据	种类名称	说　　明
根据保管形态分类	露天仓库	露天堆码、保管的室外仓库。
	散装仓库	保管散装的小颗粒或粉末状货物的封闭式仓库,以简仓为代表。
	危险品仓库	保管危险品并能对危险品起一定防护作用的仓库。为了安全起见,根据物品的特性和状态以及受外部因素影响的危险程度进行分类,分别储藏。根据危险程度将危险商品分为十类,即燃烧爆炸品、氧化剂、压缩气体、液化气体、自燃物品、遇水易燃物品、易燃固体、有毒物品、腐蚀性物品和放射性物品。
	水上仓库	漂浮在水上的储藏货物的泵船、囤船、浮驳或其他水上建筑,或把木材放在划定的水中保管的室外仓库。
	简易仓库	没有正式建筑,如使用帐篷等简易构造的仓库。
根据建筑形式分类	单层仓库	一般是砖木结构的平房建筑,结构简单,货物的装卸搬运方便,但其建筑面积利用率较低,单位货物的存储成本较高。一般建在城市的边缘地区。
	多层仓库	两层以上,通常以钢筋混凝土建造。分层的结构可以将库区自然分隔,可以适用于各种不同的使用要求,有助于仓库的安全和防火,但其建造和使用中维护的投入较大,堆存费用较高。一般适合存放城市日常使用的高附加值、小型的商品。
	地下仓库	是建筑于地平面以下或山洞等处的仓库,其建筑结构与地面封闭式仓库基本相同,但在建筑设计和施工方面应有防水、防潮等措施。

续　表

分类依据	种类名称	说　明
根据建筑形式分类	立体仓库	也称高架仓库,实质上是一种特殊的单层仓库,它利用高层货架堆放货物。当采用自动化的堆存和搬运设备时,便成为自动化立体仓库。自动化立体仓库一般由高层货架、有轨巷道堆垛机、入出库输送机系统、自动化控制系统、计算机仓库管理系统及其周边设备组成,是可对集装单元货物实现自动化存取和计算机管理的仓库。它的技术含量较高,资金投入较大。
	罐式仓库	构造特殊,或球形或柱式,形状像一个大罐子,主要用于储存石油、天然气和液体化工产品等。
根据储存物料种类的多少分类	综合性仓库	同时储存一大类以上不同自然属性的物料的仓库。
	专业性仓库	在一定时期内只储存某一类物料的仓库。通常是由于某类物品数量较多,或是由于物品本身的特殊性质,如对温度及湿度的特殊要求,或易于对与之共同储存的物品产生不良影响,因此,要专库储存。例如金属材料、机电产品、食糖、卷烟等仓库。

第三节　自动化立体仓库

　　自动化立体仓库,又称自动化高架仓库和自动存储系统。它是一种基于高层货架,采用电子计算机进行控制管理,采用自动化存取输送设备自动进行存取作业的仓储系统。自动化立库是实现高效率物流和大容量储藏的关键系统,在现代化生产和商品流通中具有举足轻重的作用。图 2-1 为自动化立体仓库示意图。

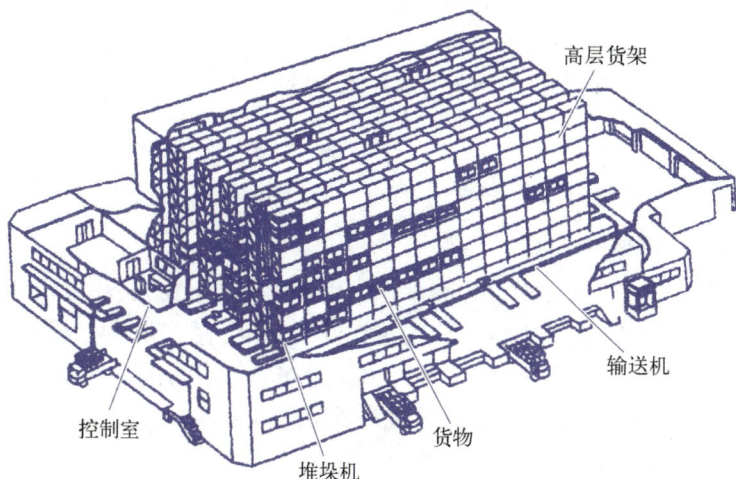

图 2-1　自动化立体仓库示意图

一、自动化立体仓库的发展状况

自动化立体仓库的产生和发展是第二次世界大战之后生产和技术发展的结果。20 世纪 50 年代初,美国出现了采用桥式堆垛起重机的立体仓库;50 年代末 60 年代初出现了司机操作的巷道式堆垛起重机立体仓库;1963 年美国率先在高架仓库中采用计算机控制技术,建立了第一座计算机控制的立体仓库。此后,自动化立体仓库在美国和欧洲得到迅速发展,并形成了专门的学科。60 年代中期,日本开始兴建立体仓库,并且发展速度越来越快,成为当今世界上拥有自动化立体仓库最多的国家之一。

我国对立体仓库及其物料搬运设备的研制并不晚,1963 年研制成第一台桥式堆垛起重机(机械部北京起重运输机械研究所),1973 年开始研制我国第一座由计算机控制的自动化立体仓库(高 15 米,机械部起重所负责),该库 1980 年投入运行。到目前为止我国自动化立体仓库数量已超过 300 座。在卷烟、制药、化工、电子、家电、航运、钢铁、食品等行业以及军事后勤领域立体仓库建设最多,从其规模和自动化程度来看,经济效益好、利润率较高的卷烟、制药、电子、家电行业的立体仓库走在前列,国内大型卷烟厂80％以上已经建成立体仓库。立体仓库已成为企业物流和生产管理不可缺少的仓储技术,越来越受到企业的重视。

二、自动化立体仓库的基本设施

(一)货架

目前国内外大多数立体仓库都采用钢货架,其优点是构件尺寸小,仓库空间利用率高,制作方便,安装建设周期短。在货架内是标准尺寸的货位空间,一个货位的唯一地址由其所在的货架的排数、列数及层数来确定,自动出入库系统据此对所有货位进行管理。

(二)巷道机

在两排高层货架之间一般留有1～1.5米宽的巷道,巷道机在巷道内做来回运动,巷道机上的升降平台可做上下运动,升降平台上的存取货装置可对巷道机和升降机确定的某一个货位进行货物存取作业。

(三)周边搬运系统

周边搬运系统所用的机械常有输送机、自动导向车等,其作用是配合巷道机完成货物的输送、转移、分拣等作业;同时当高架仓库内主要搬运系统因故障停止工作时,周边设备可以发挥作用,使立体仓库继续工作。

(四)控制系统

自动化立体仓库的计算机中心或中央控制室接收到出库或入库信息后,由管理人员通过计算机发出出库或入库指令,巷道机、自动分拣机及其他周边搬运设备按指令启动,共同完成出库或入库作业,管理人员对此过程进行全程监控和管理,保证存取作业按最优方案进行。

三、自动化立体仓库的功能

(一)大量储存

一般一个自动化立体仓库的货架高度在15米左右,最高达44米,拥有货位数可多达30万个,可储存30万个托盘,以平均每托盘货物重

1 吨计算,则一个自动存取系统可同时储存 30 万吨货物。意大利 Benetton 公司只需建造这样一个自动存取系统,就可以承担向全球 60 个国家的五千多家 Benetton 店铺配送商品的任务。

（二）自动存取

自动化立体仓库的出入库及库内搬运作业全部实现由计算机控制的机电一体化即自动化。在意大利 Benetton 公司拥有 30 万个货位的自动存取系统中,每天的作业只需 8 个管理人员,他们主要负责货物存取系统的操作、监控、维护等,只要操作员给系统以出库拣选、入库分拣、包装、组配、储存等作业指令,该系统就会调用巷道堆垛机、自动分拣机、自动导向车及其配套的周边搬运设备协同动作,完全自动地完成各种作业。

四、自动化立体仓库的类型

（一）按建筑形式分类

1. 整体式自动化立体仓库

这种自动化立体仓库的货架与建筑物结构为一体,货架既是储存货物的构件,又是仓库屋顶和墙体支撑的结构体系。因此,货架除承受储存品的负荷外,还必须承受库顶重量,以及风力、地震等外力所产生的应力。一般认为,这种形式适宜于货架高度较高（15 米以上）的情况。采用这种结构形式的优点是比较经济,缺点是建成以后,很难改变和扩展。

2. 分离式自动化立体仓库

货架设置在库房建筑之内,货架结构与库房建筑是分离的结构体。其优点是简单灵活,便于改变和扩建。分离式自动化立体仓库高度以 15 米以下较为经济,否则对地面承载力要求高而需进行加固。

（二）按货架的结构形式分类

1. 货格式立体仓库

货格式立体仓库是应用较普遍的立体仓库,它的特点是每一层货架都由同一尺寸的货格组成,货格开口面向货架之间的通道,堆垛机械在货架之间的通道内行驶,以完成货物的存取。

2. 贯通式立体仓库

又称为流动式货架仓库,这种仓库的货架之间没有间隔,不设通道,货架组合成一个整体。货架纵向贯通,贯通的通道具有一定的坡度,在每一层货架底部安装滑道、辊道等装置,使货物在自重的作用下,沿着滑道或辊道从高处向低处运动。

3. 循环货架立体仓库

这种仓库的货架本身是一台垂直提升机或水平面内沿环形路线来回运行的输送机。前者的提升机上悬挂有货格,提升机根据操作指令可以正转或反转,使需要提取的货物降落到最下面的取货位置,实现垂直方向的存取货作业;后者的每组货架由数十个独立的货柜组成,用一台链式输送机将这些货柜串起来。每个货柜下方有支承滚轮,上部有导向滚轮。输送机运转时,货柜便相应运动,根据操作指令可以将需要的货柜运转到拣选口,实现水平面内存取或拣选货物作业。

五、自动化立体仓库的主要优点

(一) 提高空间利用率

能充分利用仓库的垂直空间,使其单位面积储存量远大于普通的单层仓库,一般能达到单层仓库的4～7倍。目前,世界上最高的立体仓库可达四十多米,容量超过数万甚至十多万个货位。

(二) 便于形成先进的物流系统

立体仓库采用先进的自动化物料搬运设备,不仅能使货物在仓库内按需要自动存取,而且还可以与仓库以外的生产环节进行有机地连接,并通过计算机管理系统和自动化物料搬运设备使仓库成为企业物流中的重要环节,有利于提高企业的生产管理水平。

(三) 提高生产效率

立体仓库采用巷道堆垛机,它沿着廊道上的轨道运行,不会与货架碰撞,也无其他障碍物,因此,行驶速度较快,一般可达80～130米/秒,升降速度为12～30米/秒(最高可达48米/秒),货叉取货速度一般为15～20米/秒。如果借助于计算机控制,可以准确无误地完成货物库内搬运工作。货物的存取效率远比一般仓库高。同时,立体仓库系统减轻了工人的综合劳动强度,可节省劳动力 70％。

(四) 提高货物仓储质量

立体仓库采用计算机进行仓储管理,可以方便地做到"先进先出",防止货物自然老化、变质、生锈,也能避免货物的丢失。在库存管理中采用计算机,可以迅速、准确地清点盘库,由此大大提高了货物的仓储质量。

(五) 适应特殊存储环境的需要

采用自动化立体仓库后,能较好地适应黑暗、低温、有毒等特殊环境的需要。例如,胶片厂储存胶片卷轴的自动化仓库,在完全黑暗的条件下,通过计算机控制可以自动实现胶片卷轴的入库和出库。

第四节　仓库规划工作

仓库规划是指在一定区域或库区内,对仓库的平面布局、数量、规模、地理位置和仓库内设施等各要素进行科学的规划和整体设计。

仓库是货物仓储的主要空间,是仓库工作人员的活动地方,同时也是仓储管理工作的主要场所。通过对仓库内的有限空间进行合理的规划,不仅能增加仓库的存储容量,而且能为工作人员提供好的工作环境,同时也有利于提高仓储管理工作的水平,保证仓储活动中各种作业协调、高效地进行。

一、仓库存储区域的布置

(一) 仓库区域的构成

仓库总平面一般可以划分为仓储作业区、辅助作业区、行政生活区,除此之外,还包括铁路专用线和库内道路。仓库总平面布局如图 2-2所示。现代仓库为适应商品快速周转的需要,在总体布置时应注意适当增大仓储作业区中收发货作业区面积和检验区面积。

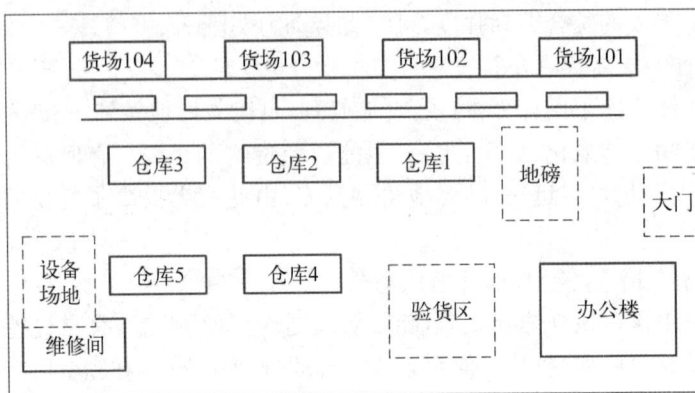

图 2-2　仓库总平面布置示意图

1. 仓储作业区

仓储作业区是仓库的主体部分,是商品储运活动的场所,主要包括储货区、铁路专用线、道路、装卸台等。

储货区是储存保管、收发整理商品的场所,是生产作业区的主体区域。储货区主要由保管区和非保管区两大部分组成。保管区是主要用于储存商品的区域,非保管区主要包括各种装卸设备通道、待检区、收发作业区、集结区等。现代仓库已由传统的储存型仓库转变为以收发作业为主的流通型仓库,其各组成部分的构成比例通常为:合格品储存区面积占总面积的 40%～50%;通道占总面积的 8%～12%;待检区及出入库收发作业区占总面积的 20%～30%;集结区占总面积的 10%～15%;待处理区和不合格品隔离区占总面积的 5%～10%。

库区铁路专用线应与国家铁路、码头、原料基地相连接,以便机车直接进入库区内进行货运。库内的铁路线最好是贯通式,一般应顺着库长方向铺设,并应使岔线的直线长度达到最大限度,其股数应根据货场和库房宽度及货运量来决定。

现代仓库道路的布局,是根据商品流向的要求,结合地形、面积、各个库房建筑物、货场的位置后,再决定道路的走向和形式。汽车道主要用于起重搬运机械调动及防火安全,同时也要考虑保证仓库和行政区、生活区之间的畅通。仓库道路分为主干道、次干道、人行道和消防道等。主干道应采用双车道,宽度应在 6～7 米;次干道为 3～3.5 米的单车道;消防道的宽度不少于 6 米,布局在库区的外周边。

在河网地区建仓库,应尽量利用水路运输的有利条件。首先,应对河道的水文资料进行调查,以便确定码头的位置、建筑式样,以及吊装设备。码头位置应选在河床平稳,水流平直,水域堤岸较宽,水足够深的地方,以便于船舶安全靠离码头,进行装卸作业。

2. 辅助生产区

辅助生产区是为商品储运保管工作服务的辅助车间或服务站,包括车库、变电室、油库、维修车间等。值得注意的是,油库的设置应远离维修车间、宿舍等易出现明火的场所,周围须设置相应的消防设施。

3. 行政生活区

行政生活区是仓库行政管理机构和生活区域。为便于业务接洽和管理,行政管理机构一般设在仓库的主要出入口,并与仓储作业区用隔墙分开。这样既方便工作人员与作业区的联系,又避免非作业人员对仓库生产作业的影响和干扰。职工宿舍楼一般应与仓储作业区保持一定距离,以保证仓库的安全和生活区的安静。

此外,现代仓库的消防水道,应以环行系统布置于仓库全部区域,在消防系统管道上需装有室内外消火栓。消火栓应沿道路设置,并靠近十字路口,其间隔不超过 100 米,距离墙壁不少于 5 米。根据当地气候,消火栓可建成地下式或地上式。

(二) 仓库存储区域的布置要求

在进行仓库存储区域布置时主要考虑两个方面的要素:一是充分提高储存空间的利用率,二是提高物流作业效率。具体要符合以下六个方面的要求。

1. 符合作业流程

存储区域的布置要根据仓库作业的程序,保证相关作业的相对便利,提高作业效率。

2. 缩短搬运距离

存储区域的布置要尽可能缩短储存物资及工作人员的运动距离,提高仓储劳动效率。

3. 减少无效劳动

存储区域的布置要有利于作业时间的有效利用,避免各种工作无效重复和时间延误,使各项作业环节有机衔接,防止物资堵塞。

4. 合理利用空间

存储区域的布置要有利于充分利用仓库面积和建筑物空间,杜绝仓库面积和建筑物空间的浪费,提高仓库利用率和仓库经济效益。

5. 安排配套设施

存储区域的布置要有利于仓库的各种设施、设备、储运机具充分发挥效用,提高设备效率和劳动生产率。

6. 注重仓库安全

存储区域的布置要有利于包括仓储物资、仓储人员、仓储设施和仓储机具在内的整个仓库的安全。

二、存储区域的位置规划

对货物存储区域的位置进行合理规划,使仓位的排列系统化、规范化,可以提高仓库的使用效率,加快仓储作业的运作速度,也有助于储存货物的安全保管。货物存储区域的位置规划主要包括以下三个环节。

(一) 计算有效存储面积

合理规划货物储存位置时,首先要正确计算并规划出仓库中可以有效使用的、用于保管货物的面积,即计算有效存储面积。仓库的面积可以分为建筑面积、使用面积和有效面积,仓库中能够真正用来放置储存货物的面积是仓库的有效使用面积,计算方法是:

$$有效使用面积 = 库房内墙线围成的面积$$
$$- 立柱、电梯、消防设施、办公设施面积$$
$$- 过道、垛距、墙距、验收备料区面积$$

(二) 规划仓库的存储区域

规划出仓库中的有效使用面积后,就要根据仓库的作业要求,把存储货物的区域划分为待检区、待处理区、合格货物储存区、不合格货物隔离区,各区域的作用及划分要求见表 2-2。

表 2 - 2　仓库存储区域的划分

仓库区域	标识颜色	作　用	要　求
待检区	黄色标识	暂时放置处于检验过程中的货物	仓库入口附近,便于货物的卸载和检验
待处理区	白色标识	暂时存放待验收与理货或质量未确认的货物	仓库入口附近与待检区临近,便于检验
合格货物储存区	绿色标识	保管储存合格的货物	仓库的主要存储区域
不合格货物隔离区	红色标识	暂时放置质量不合格的货物	仓库出口附近,便于货物的搬运

（三）合理规划货物储存位置

为了提高仓库的运作效率,在规划好仓库的存储区域后,要根据所存储货物的特点,为其确定具体的位置。

安排货物储存位置的方法可以概括为垂直式和倾斜式。

1. 垂直式布局

垂直式布局是指货垛或货架的排列与仓库的侧墙互相垂直或平行的布局。具体包括:(1)横列式布局,是指货垛或货架的长度方向与仓库的侧墙互相垂直,其主要优点是主通道长且宽、副通道短,整齐美观,便于存取、查点库房物料,还有利于通风和采光;(2)纵列式布局,是指货垛或货架的长度方向与仓库侧墙平行,其优点主要是可以根据库存物料的不同在库时间和进出频繁程度安排货位,在库时间短、进出频繁的物料放置在主通道两侧,在库时间长,进出不频繁的物料放置在里侧;(3)纵横式布局,是指在同一保管场所内,横列式布局和纵列式布局兼而有之,综合利用两种布局的优点。

2. 倾斜式布局

倾斜式布局是指货垛或货架与仓库侧墙或主通道成一定夹角。具体包括:(1)货垛倾斜式布局,是横列式布局的变形,它是为了便于叉车作业,缩小叉车的回转角度,提高作业效率而采用的布局形式;(2)通道倾斜式布局,是指仓库的通道斜穿保管区,把仓库划分为具有不同作业特点(如大量储存和少量储存)的保管区,进行综合利用。这种布局形式下,仓库内形式复杂,货位和进出库路径较多。

安排货物储存位置时要根据仓储管理的保管原则,注意货物的储存定额、出入库频率、保管要求、消防措施、分类目录等。实际的保管工作形成了一些容易记忆的说法,如大不围小、缓不围急、重近轻远、同类聚堆等。

三、仓库的分区分类管理

仓库对储存货物进行科学管理的一个重要方法是实行分区、分类保管,并对货位进行编号。所谓分区,就是按照仓库的建筑、设备条件,将库房、货棚、货场划分为若干保管货物的区域,以适应货物储存的需要。所谓分类,则是根据货物自然属性及其消费上的连带性,划分为若干大类,以便分类集中保管。

(一) 分区分类的意义

1. 有利于合理使用仓容

分区分类可将同类货物集中存放,有利于在安全的原则下集零为整,合理堆码,从而节约仓容,提高仓容利用率。

2. 有利于商品安全保管

分区分类可使货物存放有条不紊,确保货物的安全,减少损耗。可避免不同性质的货物混存一处,互相影响,发生霉烂变质、燃烧爆炸和错收、错发等事故而造成的损失。

3. 有利于缩短商品收、发作业时间

对同类货物或发往同一流向的货物进行集中存放,便于组织收、发货作业,做到先进先出,加速出入库效率,缩短货物拣选及收、发作业的时间。

4. 有利于保管作业

对货物进行分区分类存放,使得保管员容易总结、掌握货物出入库活动规律,熟悉货物性能,提高仓库保管的技术水平。

5. 有利于业务管理

分区分类的货物保管,可以有计划地安排使用货位,便于合理配制和使用机械设备,有效提高机械化、自动化操作程度;合理组织劳动力,加强货物养护,为贯彻责任制以及实行其他科学管理方法创造了条件。

（二）分区分类的原则

仓库货物的分区分类储存是依据"四一致"原则，把仓库划分为若干保管区域，把储存货物划分为若干类别，以便统一规划储存和保管。

1. 货物的自然属性、性能应一致

在分区分类的仓储管理中，货物的自然属性与性能应该保持一致，性质互有影响或抵触的货物不能存放在一起。

2. 货物的养护措施应一致

在仓储管理中，考虑到不同类货物所要求的温度、湿度、光线等养护条件不同，应该分区分类存放，将保管要求条件相同的货物存放在一起。

3. 货物的作业手段应一致

在货物仓储的分区分类过程中，同一分区的货物在作业方法上需要保持一致，作业方法不同的货物不能存放在一起。

4. 货物的消防方法应一致

在货物仓储的分区分类过程中，需要考虑到存储货物消防方法的差异，对于消防灭火方法不同的货物不能存放在一起。

（三）分区分类的方法

规划分区分类之前，要调查研究仓库业务部门需要入库储存的货物情况。清楚仓库经营的品种、数量与进出库的批量；货物性能、包装状况及其所需的保管条件、消防要求；货物收发、装卸、搬运等所需的机器设备和工作量的大小；仓储货物收发方式、大致流向和周转期；有无特殊的保管、验收和理货要求等。

通过对仓库业务活动的调查与分析，分清在性能、养护和消防方法上一致的各类商品所需仓容，考虑对储存、吞吐条件的要求，结合仓库的具体设备条件，确定适合的分区分类依据。由于仓库的类型、规模、经营范围、用途各不相同，各种仓储货物的性质、养护方法也迥然不同，因而分区分类储存的方法也有多种，需统筹兼顾，科学规划。

通常，可采用下列几种方法进行分区分类。

1. 按货物种类和性质分区分类

这是当前仓库较多采用的一种方法。它是按货物的自然属性，把怕热、怕潮、怕冻、怕光、怕风等不同性质的货物分别归类，集中存放在适当场所。

2. 按不同货主分区分类

这通常是综合性仓库采用的方法。当仓库为几个大货主服务时，为便于与货主工作的衔接，防止不同货主的货物混淆，便于货物存取，往往采用这种方式。在具体存放时，还应按货物种类和性能划分为若干货区，以保证货物储存安全。

3. 按货物流向分区分类

这种方式多适用于货物短期存放的中转仓库或口岸仓库。它是先按不同运输方式划分，如铁路、公路、水路等，再按货物运送的不同路线划分，然后按货物发往的不同地点划分。需要注意的是：相互影响的货物以及运价悬殊的货物要分别存放。

4. 按货物危险性质分区分类

主要适用于化学品、危险品的存放仓库。储存时可根据危险品易燃、易爆、有毒的性质以及不同的灭火方法来分区分类，应注意不同性质的危险品之间相互引发危险的可能。

5. 按仓储作业特点分区分类

对出入库频繁的货物，要安排在靠近库门处；对于笨重长大的货物，不宜放在库房深处；易碎货物避免与笨重货物存放在一起，以免在搬运时影响易碎货物的安全。

值得注意的是，进行商品分类和仓库分区时应划分适当。划分过粗不利于管理，划分过细不利于仓容利用，应根据仓库的具体管理需要合理地划分。

四、货位编号

(一)货位编号的概念

货位即货物存放的位置。货位编号，就是在分区分类的基础上，将仓库的库房、货场、货棚及货架等存放货物的场所，划分为若干货位，然后按照储存地点和位置的排列，采用统一标记编上顺序号码，并作出明显标志，以方便仓库作业的管理方法。

货位编号在保管工作中具有重要的作用，它能提高收发货作业效率,而且有利于减少差错。货位编号就好比货物在库的"住址",做好货位编号工作应根据不同的仓库条件、货物类别和批量整零情况,合理进行货位划分及序号编排,以符合"标志设置要适宜、标志制作要规范、编号顺序要一致、段位间隔要恰当"的基本要求。

（二）货位编号的方法

货位编号应按照统一的规则和方法进行。每一货位的号码必须使用统一的形式、统一的层次和统一的含义编排。

1. 仓库内存储场所的编号

整个仓库内的储存场所若有库房、货棚、货场,则可以按一定的顺序(自左向右或自右向左),各自连续编号。库房的编号一般写在库房的外墙上或库门上,字体要统一、端正,色彩鲜艳、清晰醒目、易于辨认。货场的编号一般写在场地上,书写的材料要耐摩擦、耐雨淋、耐日晒。货棚编号书写的地方,则可根据具体情况而定,总之应让人一目了然。

2. 库房、货棚内货位的编号

对于库房、货棚的货位,在编号时,应对库房和货棚有明显区别,可加注"库""棚"等字样,或加注"K""P"字样。"K""P"分别是"库""棚"拼音的第一个大写字母。对于多层库房,常采用"三位数编号""四位数编号"或"五位数编号"。

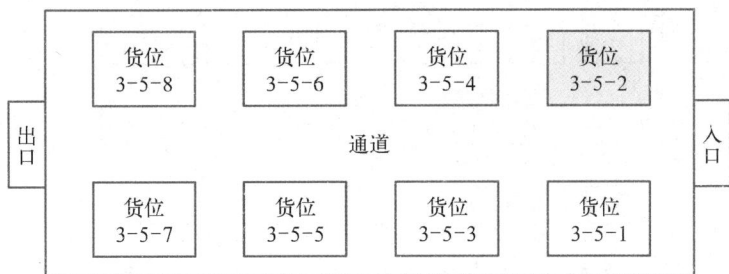

图 2-3 多层库房货位"三位数编号"示意图(3号库、第5层)

3. 货场内货位的编号

货场内货位布置方式不同,其编号的方式也不同。货位布置的方式一般有横列式和纵列式两种。横列式,即货位与货场的宽平行排列,

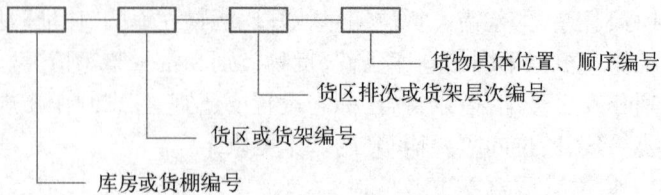

图 2－4　"四位数编号"示意图

可采用横向编号。纵列式,即货位与货场的宽垂直排列,常采用纵向编号。无论横向编号还是纵向编号,编号的具体方法一般有两种:一是按照货位的排列,先编成排号,再在排号内按顺序编号;二是不编排号,采取自左至右和自前至后的方法,按顺序编号。

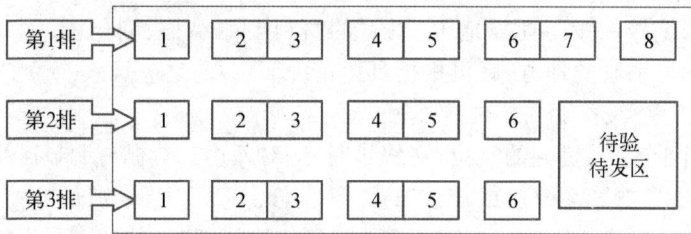

图 2－5　货场内横列式货位编号(分排)示意图

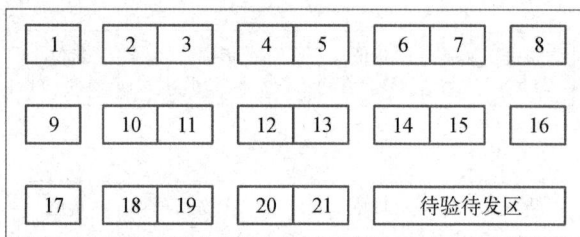

图 2－6　货场内横列式货位编号(不分排)示意图

4. 货架上各货位的编号

可先将库房内所有的货架,以进入库门的方向,自前到后按排进行编号,继而对每排货架的货位按层、位进行编号。顺序应是从上到下,从左到右,从里到外。

货位编号要记入保管账、卡的"货位号"栏中,如果货物调整了货位,账、卡的货位号应同时调整,这样可以做到"见账知物"和"见物知账"。

另外,为了方便管理,货位编号可以绘制成平面布置图。通过图板管理不但可以全面反映库房和货场的货物储存分布情况,而且也可以及时掌握货物储存动态,便于仓库调整安排。

第五节 仓 储 设 备

一、仓储设备的构成

仓储设备,泛指现代仓库主体建筑以外,进行仓储业务所需要的一切设备、工具和用品。合理配备仓储设备是提高劳动生产率,缩短货物进出库时间,提高仓储服务质量,改进货物堆码,维护货物质量,充分利用仓容和降低仓库费用的必要条件。仓储设备的构成见图 2-7。

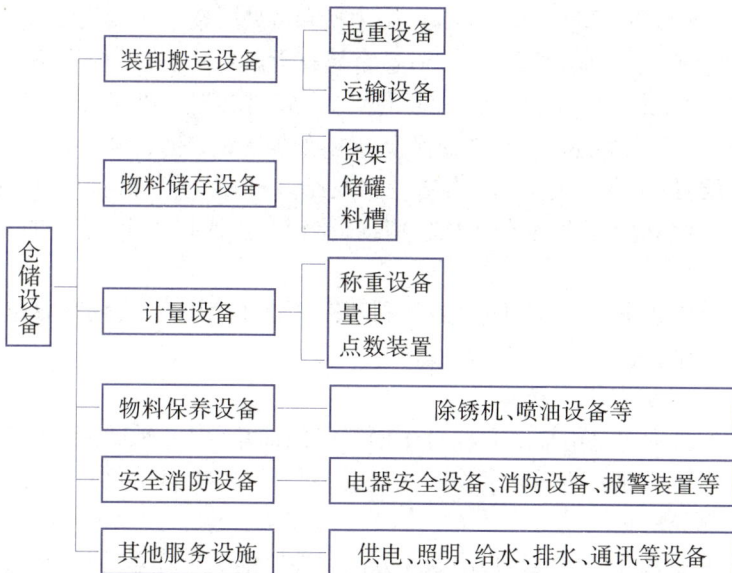

图 2-7 仓储设备的构成

二、主要仓储设备

(一) 货架

随着仓库机械化和自动化程度的不断提高,仓库设施特别是货架技术也在不断发展。仓库广泛使用的货架,除传统型(如抽屉式货架、橱柜式货架、U 型架、悬臂架等)以外,还出现了许多现代化的新型货架(如托盘式货架、重力式货架、贯通式货架、旋转式货架等)。这里主要介绍几种通用性强、使用较广泛的货架。

1. 层架

层架由立柱、横梁、层板构成,层间用于存放货物。层架的应用非常广泛,有多种类型。如果按层架存放货物的重量来分类,层架可以分为重型、中型和轻型;如果按其结构特点来分类,层架有层格式、抽屉式等类型,如图 2−8 所示。

轻型层架,一般采用装配式,结构简单,较灵活机动,主要适合人工存放作业,其规格尺寸及承重能力都与人工搬运能力相适应,高度通常在 2.4 米以下,厚度在 0.5 米以下。中型和重型层架,一般采用固定式货架结构,坚固、结实,承载能力强;适合储存大件或中、重型货物,配合叉车等使用;其规格尺寸较大,高度可达 4.5 米,厚度达 1.2 米,宽度在3 米以上。一些层架还具有特殊的保管功能,如加密锁、冷藏、恒温等。

层格式货架,主要用于存放规格复杂多样,必须互相隔开的物品。抽屉式货架,主要用于存放比较精细、比较贵重或怕尘土、怕湿的小件物品。

层架结构简单,适用性强,有利于提高地面使用率,方便存取作业,是人工作业仓库的主要储存设备。

2. 单深式托盘货架

托盘货架是由金属立柱与横梁组成的简单结构,承载能力和每层的空间适于存放整托盘货物。托盘货架是机械化、自动化仓库的主要组成部分。

单深式托盘货架是每层纵深方向只能容纳一个托盘的货架。它能提供 100% 的存取性,拣选效率高。其主要优点有五个。

a. 重型层架

d. 层格式层架

b. 中型层架

e1. 抽屉式层架(敞开式)

c. 轻型层架

e2. 抽屉式层架(封闭式)

图 2-8 层架的类型

（1）每个托盘均能单独存入和移出，不会影响其他托盘的货物存放；

（2）适用于多种类型货物的存放，可根据货物尺寸要求调整支柱和横梁高度；

（3）货物存取迅速，可以实现先进先出；

（4）配套设备简单，成本低，能快速安装和拆除；

（5）对现有仓库的形状及高度的适应性较好。

其不足是需要空出较多的通道面积，储存密度较低，地面使用率只有33%。

这种货架适用于品种中量、批量一般、以整托盘出入库或手工拣选的场合。货架高度通常在 6 米以下，3～5 层。此外，它的出入库不受先后顺序的影响，一般的叉车都可以使用。

图 2-9　单深式托盘货架

3. 窄道式托盘货架

这种货架的结构与单深式托盘货架相同，通道仅比托盘稍宽，叉车沿通道前后运行以存取货物而无需转弯，货叉在叉车前后运行的同时左右转动。因而，在保证各储位100%存取性的同时增加了存储密度，地面使用率达到45%。

　　窄道式托盘货架通常比单深式货架高,在货物存取时必须借助于一些特殊的叉车或堆高机等物料搬运设备,作业周转时间比传统货架相对较长。另外,由于货架不仅有储存托盘的功能,还须有支撑和加固搬运设备的功能,因此对结构强度和公差配合要求极为严格,必须综合考虑,精确设计和安装。窄道式托盘货架也可以同时集成货物暂存平台,大幅度提高存储效率。

图2-10　窄道式托盘货架

　　4. 倍深式托盘货架

　　倍深式托盘货架与一般托盘货架结构基本相同,只是把两排托盘货架结合起来增加储位而已。为此,储存密度增加一倍,地面使用率达到60%。但是存取性和出入库方便性略差,直接存取率只有50%,即第一排货架的商品可以直接存取。因而无法严格实现货物的先进先出,并且需要具有特殊伸缩装置的倍深式叉车配合使用。这种货架适用于每次存取批量较大的场合。

图 2 - 11 倍深式托盘货架

5. 驶入式货架

驶入式货架是一种不以通道分割的、连续性的整栋式货架,在支撑轨道上,托盘按深度方向存放,一个紧接着一个,这使得高密度存储成为可能。平衡重力式及前移式叉车可以方便地驶入货架,并从里层的位置开始存放货物。

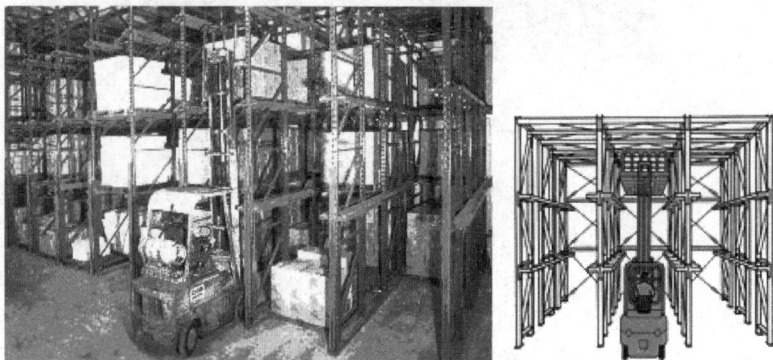

图 2 - 12 驶入式货架

　　因为其储存空间又是通道空间,货物存取从货架的同一侧进行,所以储存密度非常大,地面使用率可达 90% 以上。但是,这种货架存取性差,不易做到先进先出的管理,不宜存储太长、太重的货物。

　　驶入式货架的高度可达 10 米,纵深一般以 3～5 列最为理想,适合于大批量、少品种,并对先进先出要求不高或批量存取的货物存储,也常用在冷库等存储空间成本较高的地方。

　　6. 驶出式货架

　　驶出式货架与驶入式货架基本结构完全相同,只是驶出式货架是贯通的,没有支撑杆封闭。前后均可安排存取,可做到先进先出的管理。

图 2－13　驶出式货架

　　7. 重力式货架

　　重力式货架也叫流动式货架,结构如图 2－14 所示。这种货架的层间间隔由重力滚轮构成的滚筒输送装置组成,并且与水平面呈一定的倾斜角度,低端作为出货端,而高端作为入货端,这样托盘或箱装货物便会由重力作用自动向低端滑移。货架纵深距离较长时,还可以在滚轮下埋设气压或者液压设备以控制倾斜角度,调整货物滑移的速度。

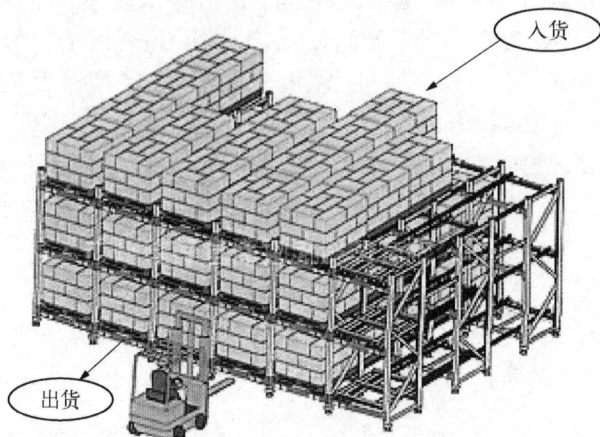

入货

出货

图 2 - 14   重力式货架

重力式货架通常成密集型配制,排与排之间没有作业通道,能够大规模密集存放货物。使用时,最好同一排、同一层上存放相同的货物或一次同时入库和出库的货物。

这种货架有以下特点:适用于大量储存、短时发货的货物;能保证先进先出,并且方便拣货;可有效节约仓库面积,地面使用率可达85%;出货端与入货端分离,能提高作业效率和作业的安全性;适用于一般叉车存取;高度受限,一般在6米以下。

重力式货架作为分拣式货架普遍应用于配送中心作业中,使用中还可以根据需要将货架设计成适合托盘、纸箱、单件货物储存的结构和形式。

8. 移动式货架

移动式货架是一种底部装有滚轮的货架。货架平时密集相接排列,存取货物时,通过开启控制装置,货架可在水平直线导轨上通过移动,形成作业通道。按驱动方式不同,移动式货架可分为人力推动式、摇把驱动式和电动式三种。货架的结构可以设计成普通货架,也可以设计成托盘货架。

移动式货架因为只需要一个作业通道,可大大提高仓库面积的利

图 2-15 移动式货架

用率。其广泛应用于办公室、图书馆存放档案文献,金融部门存放票据,工厂车间、仓库存放工具、物料等。

移动式货架比一般固定式货架储存量大很多,节省空间,地面使用率达到 80%;可直接存取每一件货物,不受先进先出限制;高度可达 12 米,单位面积的储存量可达托盘货架的 2 倍左右;适合于品种少、批量大、出入库频率低的货物,或库存频率较高,但可按巷道顺序出入库的货物。

需要注意的是,对于电动式移动货架来说,机电装置较多,建造成本较高,维护也比较困难。

9. 悬臂式货架

悬臂式货架是在立柱上装设杆臂构成的,悬臂常用金属材料制造,尺寸一般根据所存放物料尺寸的大小确定,其前伸的悬臂具有结构轻巧、载重能力好的特点。这种货架适合存储长、大件货物和不规则货物,如钢材、木材、铝板或玻璃板等长形物品。

悬臂式货架为开放式货架,货物存取由叉车、行车或人工进行。货架高度通常在 2.5 米以内(如果由叉车存取货则可高达 6 米),悬臂长度在 1.5 米以内,每臂载重通常在 500 kg 以内。此类货架地面使用率较低,约在 35%~50%,多用于机械制造行业和建材超市等。

图 2 - 16　悬臂式货架

10. 旋转式货架

旋转式货架是将一组货箱通过链条联系在一起,然后放在一个伸长的椭圆轨道上。当设备启动后,所需要处理的货箱会被自动旋转到操作员所处的位置。依据储存物品的要求,可采用不同方向的移动货架联结组成,一般分为水平旋转与垂直旋转两种。

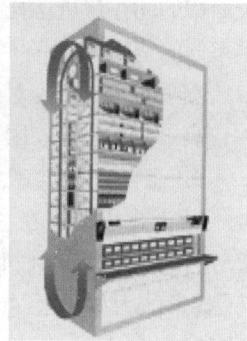

图 2 - 17　垂直旋转式货架

旋转式货架适用于电子零件、精密机件等少批量、多品种、小物品的储存及管理。货架转动很快,可达 30 m/min 的速度。存取效率很高,通过计算机控制,实现自动存取和自动管理。此外,由于无需预留通道,空间利用率很高。

旋转式货架的优点主要有:节省人力,增加空间;由标准化的组件构成,可适用于各种空间配置;存取出入口固定,货品不易丢失;计算机快速检索和寻找货位,拣货快捷;取料口高度符合人机工程,作业人员可长时间工作。

11. 阁楼式货架

阁楼式货架是利用钢板、木板等材料做楼板将储存空间做上下两层或多层规划,以提高存储高度,增加空间利用率。底层一般存放快速流动的或较重的物品,上层一般存放轻量的物品,且不适合重型搬运设备行走。

图 2 – 18 阁楼式货架

阁楼式货架适合于库房较高,货物品种多、批量少(如五金工具、电子元件、机器零配件等)的情况,也适用于现有旧库房的技术改造,可提高仓库的空间利用率。

(二)叉车

叉车是指具有各种叉具,能够对货物进行升降和移动以及装卸作业的搬运车辆。叉车在仓储作业过程中,是比较常用的装卸设备,有万能装卸机械之称。叉车主要用于举高和搬运货物。

(三)托盘

托盘是指用于集装、堆放、搬运和运输的放置作为单元负荷货物和制品的水平平台装置。托盘是为了使物品能有效地装卸、运输、保管，将其按一定数量组合放置于一定形状的台面上，这种台面有供叉车从下部叉入并将台板托起的叉入口。以这种结构为基本结构的平面台板和在这种基本结构基础上所形成的各种形式的集装器具都可统称为托盘。

托盘是一种重要的集装器具，是物流领域中适应装卸机械化而发展起来的一种常用器具。它与普通的集合包装的区别在于，能使货物随时处于"备运"状态，从而将静态的货物变成动态的货物。托盘与叉车的共同使用，大大促进了装卸活动的发展，使装卸机械化水平大幅度提高，使长期以来装卸搬运过程中的装卸瓶颈得以解决和改善。

托盘具有自重量小、返空容易、装盘容易的特点。装载量虽较集装箱小，但以托盘为运输单位时，货运件数变少，体积重量变大，而且每个托盘所装数量相等，既便于点数、理货交接，又可以减少货差事故。

托盘是在两层面板中间夹以纵梁(或柱脚)或单层面板下设纵梁(垫板或柱脚)组成的一种平台结构。其各部分的名称术语见图 2-19。

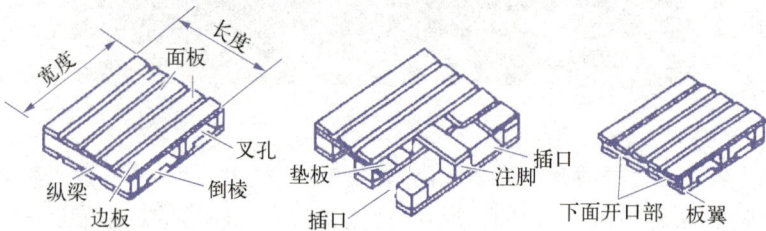

图 2-19　托盘的基本结构

仓库中最常见的托盘是平托盘。平托盘由双层板或单层板另加底脚支撑构成，无上层装置，用途广泛，品种多样。按货叉插入口又分为两口型、四口型。按使用面可分为单面型、双面型。这种托盘主要承载箱式包装物。

ISO/TC51 托盘标准化技术委员于 2003 年对 ISO 6780：1988《联

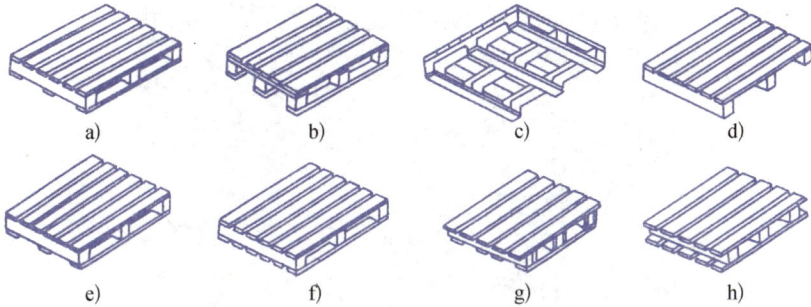

a) 两口型托盘　b) 四口型托盘　c) 桁部开口四口型托盘　d) 单面两口型托盘
e) 单面使用型托盘　f) 双面使用型托盘　g) 单翼型托盘　h) 复翼型托盘

图 2‐20　平托盘

运通用平托盘主要尺寸及公差》标准进行了修订。规定联运平托盘国际标准共有六种规格：1 200 mm×800 mm、1 200 mm×1 000 mm、1 219 mm×1 016 mm、1 140 mm×1 140 mm、1 100 mm×1 100 mm和 1 067 mm×1 067 mm。

我国新的联运平托盘国家标准于 2008 年 3 月 1 日正式实施，新标准中确定了 1 200 mm×1 000 mm 和 1 100 mm×1 100 mm 两种托盘规格，且特别注明 1 200 mm×1 000 mm 为优先推荐规格。

(四) 巷道式堆垛起重机

巷道式堆垛起重机是自动化立体仓库内的主要作业设备，是由叉车和桥式起重机演变而来的。它的主要用途是在高层货架之间的巷道内穿梭运行，将位于巷道口的货物存入货格；或者相反，取出货格内的货物并运送到巷道口。

巷道式堆垛起重机自动化程度高，额定重量一般为几十公斤到几吨，其中 0.5 吨的使用最普遍。它的行走速度快，一般为 4～124 m/min，提升速度一般为 3～30 m/min。采用这种起重机的仓库高度已达 40 多米。巷道式堆垛起重机由起升机构、运行机构、货叉、伸缩机构、机架以及电器机构等组成。

(五) 输送机

输送机是一种连续搬运货物的机械，被广泛用于收货入库、出运货

图 2 - 21   巷道式堆垛机

物、货物拣选等作业中,尤其是物流配送中心必不可少的重要搬运设备。

　　输送机的特点是在工作时连续不断地沿同一方向输送散料或者重量不大的单件物品,装卸过程无需停车,因此生产率很高。它具有生产率高、设备简单、操作简便的优点。但在使用中也有一些局限:一定类型的连续输送机只适合输送一定种类的物品;只能沿一定线路定向输送。

a. 皮带输送机

b. 辊子输送机

图 2 - 22   输送机

（六）起重机

起重机是在采用输送机之前曾被广泛使用的具有代表性的一种搬运机械，它是指货物吊起并在一定范围内作水平运动的机械。

起重机适用于装卸大件笨重货物，借助于各种吊索具也可用于装卸其他货物。同时，起重机也是唯一以悬吊方式装卸搬运货物的设备。其吊运能力较大，一般为 3～30 吨。

a. 桥式起重机   b.门式起重机

图 2–23 通用起重机

本章小结

仓库是用来储存、保管物品的建筑物和场所的总称。它的最基本功能是储存和保管。随着人们对仓库概念的深入理解，仓库也发挥着支持生产和调节供需、调节货物运输能力、配送和加工、信息传递等功能。

自动化立体仓库是一种基于高层货架，采用电子计算机进行控制管理，采用自动化存取输送设备自动进行存取作业的仓储系统。自动化立体仓库是实现高效率物流和大容量储藏的关键系统，在现代化生产和商品流通中具有举足轻重的作用。

仓库规划能增加仓库的存储容量，为工作人员提供好的工作环境，同时也有利于提高仓储管理工作的水平，保证仓储活动中各种作业协调、高效地进行。

仓储设备，泛指现代仓库主体建筑以外，进行仓储业务所需要的一切设备、工具和用品。主要包括：装卸搬运设备；物料储存设备；计量设备；物料保养设备等。

货架是仓库的主要设备。仓库广泛使用的货架，除传统的抽屉式货架、橱柜式货架以外，还有许多现代化的新型货架，如托盘式货架、重力式货架、贯通式货架、旋转式货架等。

托盘是指用于集装、堆放、搬运和运输的放置作为单元负荷货物和制品的水平平台装置。托盘具有自重量小、返空容易、装盘容易的特点。

复习参考题

一、单项选择题

1. ( )是用来储存、保管物品的建筑物和场所的总称。
   A. 月台　　　　　　　　　B. 仓库
   C. 物流中心　　　　　　　D. 配送中心

2. ( )能提供100％的存取性。
   A. 单深式托盘货架　　　　B. 倍深式托盘货架
   C. 驶入驶出式货架　　　　D. 重力式货架

3. ( )货架，主要用于存放比较精细、比较贵重或怕尘土，怕湿的小件物品。
   A. 阁楼式　　　　　　　　B. 移动式
   C. 层格式　　　　　　　　D. 抽屉式

4. 仓库最基本、最传统的功能是( )。
   A. 调节货物运输能力　　　B. 支持生产和调节供需
   C. 储存和保管　　　　　　D. 配送和加工

5. ( )又称为流通中心，它除对货物进行保管外，更多的是进行流通加工、装配、包装、理货及配送等工作，实现在较短的时间内向更多的用户出货。
   A. 物流中心　　　　　　　B. 配送中心
   C. 公共仓库　　　　　　　D. 流通仓库

6. （　　）不易做到先进先出的管理。
    A. 重力式货架　　　　　　B. 移动式货架
    C. 驶入式货架　　　　　　D. 驶出式货架

7. （　　）是仓库的主体部分,是商品储运活动的场所,主要包括储货区、铁路专用线、道路、装卸台等。
    A. 仓储作业区　　　　　　B. 收发作业区
    C. 行政生活区　　　　　　D. 辅助作业区

8. （　　）一般是指常温保管,自然通风,无特殊功能的仓库,用于存放一般性的物料,其设备和库房建造比较简单,适用范围较广。
    A. 自用仓库　　　　　　　B. 普通仓库
    C. 储存仓库　　　　　　　D. 综合性仓库

9. 仓库商品的分区分类储存是依据（　　）原则,把仓库划分为若干保管区域,把储存商品划分为若干类别,以便统一规划储存和保管。
    A. "三一致"　　　　　　　B. "四一致"
    C. 归类保管　　　　　　　D. 统一保管

10. 在货物短期存放的中转仓库或口岸仓库中,通常按（　　）进行分区分类。
    A. 货物种类和性质　　　　B. 仓储作业特点
    C. 不同货主　　　　　　　D. 货物流向

二、多项选择题

1. 根据建筑形式不同,仓库可分为（　　）。
    A. 单层仓库　　　　　　　B. 多层仓库
    C. 罐式仓库　　　　　　　D. 地下仓库
    E. 立体仓库

2. 自动化立体仓库的基本设施是（　　）。
    A. 托盘　　　　　　　　　B. 货架
    C. 巷道机　　　　　　　　D. 周边搬运系统

E. 控制系统

3. 下列联运平托盘的规格中,属于我国国家标准规格的有(   )。

A. 1 200mm×1 000mm   B. 1 200 mm×800 mm

C. 1 140 mm×1 140 mm   D. 1 100mm×1 100mm

E. 1 067 mm×1 067mm

4. 根据适用范围不同,仓库可分为(   )。

A. 自用仓库   B. 营业仓库

C. 公共仓库   D. 保税仓库

E. 出口监管仓库

5. 仓库区域的主要构成包括(   )。

A. 仓储作业区   B. 收发作业区

C. 配送加工区   D. 行政生活区

E. 辅助作业区

6. 对仓库进行分区分类的方法主要有(   )。

A. 按货物种类和性质分区分类

B. 按仓储作业特点分区分类

C. 按不同货主分区分类

D. 按货物危险性质分区分类

E. 按货物流向分区分类

7. 下列联运平托盘的规格中,属于国际标准规格的有(   )。

A. 1 200 mm×800 mm 和 1 200 mm×1 000 mm

B. 1 219 mm×1 016 mm 和 1 067 mm×1 067 mm

C. 1 100 mm×1 100 mm 和 1 140 mm×1 140 mm

D. 1 219 mm×1 219 mm 和 1 067 mm×1 016 mm

E. 1 100 mm×1 140 mm 和 1 200 mm×1 100 mm

8. 仓库货架中的层架,如果按存放货物的重量来分类,可以分为(   )。

A. 重型   B. 中型

C. 轻型   D. 层格式

E. 抽屉式

9. 根据储存物料种类的多少的差异,仓库可分为( )。

A. 综合性仓库   B. 专业性仓库

C. 自用仓库   D. 营业仓库

E. 公共仓库

三、是非题

1. 仓库中最常见的托盘是箱型托盘。

2. 仓库是用来储存、保管物品的建筑物和场所的总称。

3. 我国的联运平托盘国家标准中,优先推荐的规格是 1 100 mm ×1 100 mm 。

4. 在货物短期存放的中转仓库或口岸仓库中,通常按不同货主进行分区分类。

5. 仓库的有效使用面积=库房内墙线围成的面积-立柱、电梯、消防设施、办公设施面积-过道、垛距、墙距、验收备料区面积。

6. 自动化立体仓库是一种基于高层货架,采用电子计算机进行控制管理,采用自动化存取输送设备自动进行存取作业的仓储系统。

7. 自动化立体仓库能实现批量储存和自动存取的功能。

8. 巷道机是自动化立体仓库的基本设施之一。

四、论述题

1. 以系统的观点来看待仓库,仓库应该具备哪些功能?

2. 为什么有越来越多的企业采用自动化立体仓库?

3. 仓库货位的分区分类管理有何意义?

4. 如何进行仓库货位的分区分类?

5. 简述仓库存储区域布置的要求。

6. 简述仓储设备的构成。

7. 列举两种常用货架,并说明其特性。

8. 简述托盘的特性和标准规格。

五、案例分析题

正泰集团的自动化立体仓库

正泰集团公司是中国目前低压电器行业最大销售企业。主要设计制造各种低压工业电器、部分中高压电器、电气成套设备、汽车电器、通信电器、仪器仪表等,其产品达 150 多个系列、5 000 多个品种、20 000 多种规格。"正泰"商标被国家认定为驰名商标。该公司 2002 年销售额达 80 亿元,集团综合实力被国家评定为全国民营企业 500 强第 5 位。在全国低压工业电器行业中,正泰首先在国内建立了 3 级分销网络体系,经销商达 1 000 多家。同时,建立了原材料、零部件供应网络体系,协作厂家达 1 200 多家。

(一) 立体仓库的功能

正泰集团公司自动化立体仓库是公司物流系统中的一个重要部分。它在计算机管理系统的高度指挥下,高效、合理地储存各种型号的低压电器成品。准确、实时、灵活地向各销售部门提供所需产成品。并为物资采购、生产调度、计划制订、产销衔接提供了准确信息。同时,它还具有节省用地、减轻劳动强度、提高物流效率、降低储运损耗、减少流动资金积压等功能。

(二) 立体仓库的工作流程

正泰立体库占地面积达 1 600 平方米(入库小车通道不占用库房面积),高度近 18 米,3 个巷道(6 排货架)。作业方式为整盘入库,库外拣选。其基本工作流程如下:

1. 入库流程

仓库二、三、四层两端六个入库区各设一台入库终端,每个巷道口各设两个成品入库台。需入库的成品经入库终端操作员键入产品名称、规格型号和数量。控制系统通过人机界面接收入库数据,按照均匀分配、先下后上、下重上轻、就近入库、ABC 分类和原则,管理计算器自动分配一个货位,并提示入库巷道。搬运工可依据提示,将装在标准托盘上的货物由小电瓶车送至该巷道的入库台上。监控机指令堆垛将货盘存放于指定货位。

库存数据入库处理分两种类型：一种是需操作员在产品入库之后，将已入库托盘上的产品名称(或代码)、型号、规格、数量、入库日期、生产单位等信息在入库客户机上通过人机界面而输入；另一种是托盘入库。

2. 出库流程

底层两端为成品出库区，中央控制室和终端各设一台出库终端，在每一个巷道口设有 LED 显示屏，提示本盘货物要送至装配平台的出门号。需出库的成品，经操作人员键入产品名称、规格、型号和数量后，控制系统按照先进先出、就近出库、出库优先等原则，查出满足出库条件且数量相当或略多的货盘，修改相应账目数据，自动地将需出库的各类成品货盘送至各个巷道口的出库台上，经电瓶车将之取出并送至汽车上。同时，出库系统在完成出库作业后，在客户机上形成出库单。

3. 回库空盘处理流程

底层出库后的部分空托盘经人工叠盘后，操作员键入空托盘回库作业命令，搬运工依据提示用电瓶车送至底层某个巷道口，堆垛机自动将空托盘送回立体库二、三、四层的原入口处，再由各车间将空托盘拉走，形成一定的周转量。

(三) 立体库主要设施

1. 托盘

所有货物均采用统一规格的钢制托盘，以提高互换性，降低备用量。此种托盘能满足堆垛机、叉车等设备装卸，又可满足在输送机上平衡运行。

2. 高层货架

采用特制的组合式货架、横梁结构。该货架结构美观大方，省料实用，易安装施工，属一种优化的设计结构。

3. 巷道式堆垛机

根据本仓库的特点，堆垛机采用下部支承、下部驱动、双方柱型的结构。该机在高层货架的巷道内按 X、Y、Z 三个坐标方向运行，将位于各巷道口入库台的产品存入指定的货格,或将货格内产品运到巷道口出库台。该堆垛机的设计与制造严格按照国家标准进行,并对结构强度和刚性进行精密地计算,以保证堆垛机运行平稳、灵活、安全。堆垛机配备有安全运行机构,以杜绝偶发事故。其运行速度为 $4 \sim 80$ mm/min(变频调速),升降速度为 $3 \sim 16$ mm/min(双速电机),货叉速度为 $2 \sim 15$ mm/min(变频调速),通信方位为红外线,供电方式为滑触导线方式。

(四) 计算机管理及监控调度系统

该系统不仅对信息流进行管理,同时也对物流进行管理和控制,集信息与物流于一体。同时,还对立体库所有出入库作业进行最佳分配及登录控制,并对数据进行统计分析,以便对物流实现宏观调控,最大限度地降低库存量及资金的占用,加速资金周转。

在日常存取活动中,尤其库外拣选作业,难免会出现产品存取差错,因而必须定期进行盘库。盘库处理通过对每种产品的实际清点来核实库存产品数据的准确性,并及时修正库存账目,达到账物统一。盘库期间堆垛机将不做其他类型的作业。在操作时,即对某一巷道的堆垛机发出完全盘库指令,堆垛机按顺序将本巷道内的货物逐次运送到巷道外,产品不下堆垛机,待得到回库的命令后,再将本盘货物送回原位并取出下一盘产品,依此类推,直到本巷道所有托盘产品全部盘点完毕,或接收到管理系统下达的盘库暂停的命令进入正常工作状态。若本巷道未盘库完毕便接收到盘库暂停命令,待接到新的指令后,继续完成盘库作业。

正泰集团公司高效的供应链、销售链大大降低了物资库存周期,提高了资金的周转速度,减少了物流成本和管理费用。自动化立体仓库作为现代化的物流设施,对提高该公司的仓储自动化水平无疑具有重要的作用。

(资料来源:http://blog.sina.com.cn/s/
blog_48e0549a010003p1.html)

请思考：

　　1. 根据本案例分析自动化立体仓库有哪些设施。

　　2. 结合本案例分析自动化立体仓库的功能。

　　3. 自动化立体仓库作为现代化的物流设施，对提高仓储自动化水平具有怎样重要的作用？

第三章

仓储收货管理

学习目标

- 掌握仓储管理的收货作业流程
- 掌握货物接运交接、验收、制作入库表单等的基本作业环节
- 理解货物接运交接、验收、制作入库表单等作业要求、操作方法
- 了解货物入库主要表单的填写

引入案例

东方物流储运经营公司的仓储收货管理

东方物流储运经营公司隶属于上海市东方物流有限公司,占地面积近10万平方米,内有标准库房15栋(保温库6栋),库高8～10米,专门为上海化学工业区、上海南站地区和洋山深水港区的生产仓库和物流仓库储运大型机电产品。单个库房面积从1 080平方米到2 480平方米不等,地面防潮处理较好,库内配备简单的立体货架4～5层,高约3米,并配有5吨、10吨桥式吊车,库房实行机械通风。场内有铁路专用线及其相关设备,并且有专业的消防队伍。

公司在金山区的仓库作为集散型仓库,主要储存家用电器、食品、医药、装饰货物等货物,库房堆高6～7米。金山区仓库负责部分货物的储存、配送、运输作业,部分货物由厂家自己负责储存、运输与配送,其主要作业流程包括收货验收、抽样检测、进库码垛、保管、出库等

环节。

为了能够使仓储的收货工作有条不紊地按照既定规范进行,而且能够对仓储的接运、装卸搬运、验收、堆码、分拆、备货等各项作业提出标准和要求,保证低成本达到仓储功能,以实现仓储合理化。该仓库根据货物的特点制定恰当的收货管理规定,从而保证入库货物的数量、质量符合要求,并根据要求填写货物入库有关的凭证和报表,以便于对货物的及时跟踪管理。

东方物流储运经营公司应该如何进行货物的接运、验收和表单填制呢?

(案例选编自上海浦东某物流公司资料)

第一节　收货管理概述

仓储管理工作包括收货管理、存储管理、发货管理三个阶段。这三个阶段是按照一批货物在仓储工作中的先后顺序划分的。现实的仓储管理工作中,每天都有收货管理、存储管理、发货管理的很多具体作业环节,如接车、卸车、理货、检验、入库、储存、分拆、堆码、保管保养、盘点、装卸搬运、加工、包装和发运等。各个作业环节之间并不是孤立的,它们既相互联系,又相互制约。某一环节作业的开始要依赖于上一个环节作业的完成,上一环节作业完成的效果也直接影响到后一环节的作业。由于仓储作业过程中,各个作业环节之间存在着内在的联系,并且需要耗费大量的人力、物力及财力,因此仓储管理不但要对各个作业环节提出具体的标准化要求,还要对作业流程进行细致的分析与合理有效的组织。

一、收货作业流程

收货作业,也称入库作业或进货作业,其主要内容包括入库前的准备、货物接运交接、货物验收、入库表单制作。

为了规范收货作业管理工作,保证收货过程中各项作业能够规范地开展,需要制定详细的收货作业流程。图3-1为收货作业的一般流程图。

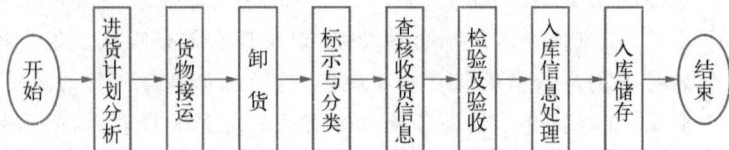

图3-1　收货作业的一般流程图

（一）进货的计划分析

进货计划的制订必须依据订单所反映的信息,掌握货物到达的时间、品类、数量及具体的到货方式,尽可能准确预测出到货时间,以尽早做出卸货、储位、人力、物力等方面的计划和安排。

（二）货物接运与卸货

到达仓库的货物有一部分是由供应商直接运到仓库交货,其他货物则要经过铁路、公路、航运和空运等运输工具转运。凡经过交通运输部门转运的货物,均需经过仓库接运后,才能进行入库验收。

（三）标示与分类

为保证仓库的物流作业准确而迅速进行,在收货作业中必须对货物进行清楚有效的分类及编号。可以按货物的性质、存储地点、仓库分区情况对货物进行分类编号。

（四）查核收货信息

到货货物通常具备下列单据或相关信息：采购订单、采购进货通知单,供应商开具的出仓单、发票及发货明细表等。有些货物还随货附有货物质量书、材质证明书、合格证、装箱单等。对由承运仓库转运的货物,接运时还需审核运单,核对货物与单据反映的信息是否相符。若有差错,应填写记录,由送货人员或承运人签字证明,以便明确责任。

（五）检验与验收

货物检验与验收即对到库货物进行理货、分类后,根据有关单据和进货信息等凭证清点到货数量,确保入库货物数量准确,同时,通过目测或借助检验仪器对货物质量和包装情况进行检查,并填写验收单据和其他验收凭证等验收记录。对查出的问题及时进行处理,以保证入库货物在数量及质量方面的准确性,避免给仓库造成损失。

（六）入库信息处理

货物验收完毕后,即可通过搬运码放过程进入指定储位存储,进入存储作业。在此过程中,必须做好进货过程中相关信息的处理。首先须将所有进货入库单据进行归纳整理,详细记录验收情况,登记入库货物的存储位置;然后依据验收记录和到货信息,对库存货物保管账目进行处理,库存账面数量与库存实物数量同时增加。

二、收货作业的管理原则

为安全有效地卸货和仓库能按期而准确地组织货物入库,在组织收货作业时必须注意以下几项原则。

（一）人力及设备的合理利用

在组织和安排收货作业时,要考虑现有的人力和设备资源,资源调度安排要与收货作业日的活动分布相配合。对于供应商能够直接送货入库的,应要求对方自行卸货,以减少仓库作业人员,并保证卸货作业能正常进行。

（二）仓储全过程的有效衔接

充分考虑收货作业和存储作业、发货作业的有效衔接。仓库存储、发货一般采用托盘、箱、小包及单件四种包装方式,因此收货也应采用这四种包装方式。在收货作业时,必须通过拆箱、重新包装等方式将入库包装单位转换成适合存储的包装单位。同时,尽量使用可流通的容器,节省更换容器的时间,同时也有利于配合装卸搬运设备的使用。

（三）同一作业场地的集中操作

力求将卸货、分类、标记、验货等作业环节集中在一个场地完成,这样既可以减少空间的占用,也可以节省货物装卸搬运次数,降低作业成本,提高作业效率。

（四）直线式的货物流动

把码头月台到储区的活动尽量设计为直线,使货物移动距离最小。

(五) 作业顺序的合理安排

通过制定作业相关性分析图,合理布置作业顺序,避免倒装、倒流等现象。

(六) 详细完整的入库信息

详细记录入库信息,以便后续存取及信息查询的需要。

第二节　货物接运交接

一、接货作业安排

接运货物是货物入库的第一道作业环节,我们首先要了解接运货物的方式及程序,然后才能根据不同的接运方式,安排人员和设备进行接货,并处理接货过程中的各种问题。

(一) 不同接货方式的作业步骤

接货的主要方式有铁路专运线路接货,到车站、码头接货,自提货,送货到库四种情况。

1. 铁路专运线接货

铁路部门将转运的货物直接运送到仓库内部专运线,接货人员收到车站到货预报后,按照图3-2所示步骤做好接货工作。

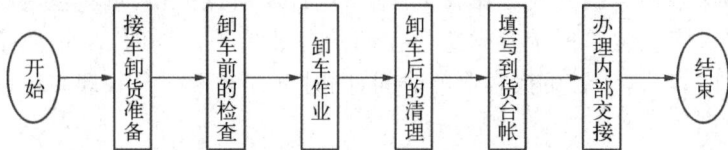

图3-2　铁路专运线接货工作的步骤

(1) 接车卸货准备。根据到货预报的时间,接货人员应该首先确定卸车的位置,力求缩短场内搬运的距离,并准备卸车所需的人力和机械,确保能够按时完成卸车任务,保质保量做好相关的卸车作业。

(2) 卸车前的准备。在进行卸货作业前,接货人员要先对车中的货物进行大致的检查，以防止误卸，并划清货物运输事故的责任。

卸车前的检查主要有：核对车号是否与接到的到货通知相符；检查车门、车窗有无异状，封条及印纹是否脱落、破损，是否清晰并相符等；货物名称、箱数件数与货物运单上的名称、箱数件数是否一致；对盖有篷布的敞车，应检查覆盖状况是否严密完好，尤其检查有无雨水渗漏的迹象，有无货物破损、散捆等情况。

检查中发现问题，接货人员要会同铁路在库值班的司检人员当面复查，并编制详细的记录，作为日后处理问题的依据。

（3）卸车作业。货物经过检查后，就可以安排相关作业人员正式进行卸车作业了。卸车作业要注意：正确使用装卸机具、工具和安全防护用具，保证人身和货物的安全；卸货时注意货物外包装，按照上面的指示性标志，做到正确勾挂、铲兜、升起、放下等具体操作，防止包装和货物损坏；卸下的货物应放在距专运线铁轨外侧 0.5 米以外的地方；卸下的货物，要按车号、品名、规格等分别堆码，做到层次分明，以便于清点；对卸下的货物应做好临时的下垫上盖，以防受潮和污损；对品名不符、包装破损、受潮和损坏的货物，应另外堆放，写明标志，并与铁路承运部门联合检查、编制记录。

（4）卸车后的清理。卸车作业完成后，接货人员还要组织有关工作人员，对卸货现场进行清理，检查车内货物是否全部卸完。清理完毕后，关好车门车窗，并通知车站取车。

（5）填写到货账单。货物卸完后，接货人员要根据货物的情况填写到货台账。具体内容应该包括到货名称、规格、数量、到货日期、货物发站、发货单位、送货车皮号、货物有无异状等信息。

（6）办理内部交接。接货工作完成后，接货人员还要办理内部的交接手续，应将到货台账及其他资料与收到的货物一并交给仓库保管人员，并让仓库保管人员为货物办理入库手续。

2. 到车站、码头接货

接货人员到车站、码头接货时，一般按照图 3 - 3 所示的步骤进行。

开始 → 安排接运工具 → 前往承运单位 → 出示领货凭证 → 检查货物状况 → 装载并运回货物 → 办理内部交接 → 结束

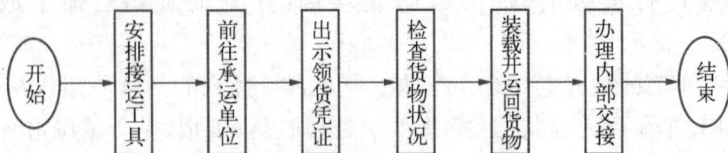

图 3-3　到车站、码头接货的步骤

3. 自提货

这是接货人员到供货处自己取回货物的接货方式,这时的验货与收货是同时进行的,具体实施步骤如图 3-4 所示。

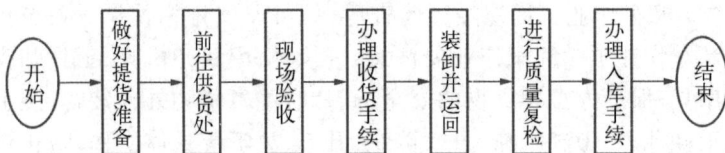

开始 → 做好提货准备 → 前往供货处 → 现场验收 → 办理收货手续 → 装卸并运回 → 进行质量复检 → 办理入库手续 → 结束

图 3-4　自提货的步骤

4. 送货到库

这是供货单位或其委托的承运单位把货物直接送到仓库的一种供货方式。当货物到达后,接货人员及验收人员应直接与送货人员办理接收工作,当面验收并办理交接手续。

如果有差错,应该会同送货人查实,并由送货人出具书面证明、签章确认,留作处理问题的依据。

(二) 安排接货作业的原则

1. 作业顺序最优原则

应该综合考虑货物的紧急程度、货物在承运单位的保存时间和费用、仓库的人力与物力资源等各种因素,合理地安排接货顺序。

2. 作业路线最短原则

规划距离最短的接货作业线路,可以减少设备和人员在各个设施之间的运动距离,节省作业时间。

3. 时间有效利用原则

要使接货作业的各项作业衔接顺畅,减少各个环节上人员和设备的闲置时间,从而缩短整个物流作业时间。

4. 设备合理使用原则

应综合考虑货物的装卸搬运要求、设备的使用要求以及各种设备之间的协调,以此发挥不同设备的使用特点,提高作业效率。

5. 作业流程合理设计原则

根据作业内容的不同有储存型仓库和流转型仓库之分。不同类型的仓库其作业流程差异很大,如储存型仓库其进出库基本上为整进整出,货物基本按原包装入库和出库,业务流程比较简单;流转型仓库是整进零出或零进整出,需要大量的分拣备货工作,业务流程复杂。为了以最小的人力、物力耗费和在最短的时间完成各项作业,就必须按照各个作业环节之间的内在联系对作业场地进行合理配置,使作业环节之间密切衔接。

(三) 接货差错的处理

在接货过程中,有可能会发生错发、混装、漏装、丢失、损坏、受潮、污损等差错。面对这些情况,我们要先认定产生差错的原因,要求责任单位作出合理赔偿,同时完善有关制度。处理接货差错的步骤如图 3-5 所示。

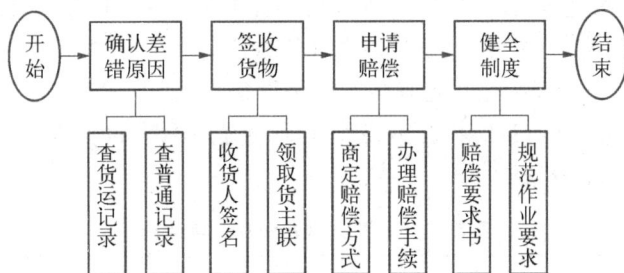

图 3-5 处理接货差错的步骤

1. 确认差错原因

接货过程中发现差错,应立即核对承运单位的运输记录,以尽快确认产生差错的原因。

2. 签收货物

确认货物情况与运输记录的内容相符后,接货人员应在运输记录的"收货人"栏签名,并领取运输记录的货主联。

3. 申请赔偿

一般来说,仓库向承运单位申请赔偿都是有时间限制的,通常是自领到货运记录的次日起 180 天内。收货单位向货物到达站或发出站提出赔偿,首先要商定赔偿方式、然后办理赔偿手续、最后填写赔偿要求书。

根据承运单位是否办理了保价及保险,承运单位的赔偿方式有三种。第一种,办理保价运输的货物,全批货物损失时,赔偿金额最高不超过保价金额;部分损失时,赔偿金额按损失货物占全部货物的比例乘以保价金额计算。第二种,未办理保价运输的货物,按照实际损失赔偿,但最高不超过国家管理部门规定的赔偿限额。第三种,办理保险运输的货物,凭承运单位出具的货运记录按照保险合同的约定,到当地保险公司办理赔偿。

二、搬运输送设备选择

在仓储作业中,各类搬运输送设备都有特定的用途和适应环境,在选择搬运输送设备时必须考虑货物特性、作业方式与作业量、设备系统的配合、环境条件等因素。具体选择的方法有以下几种。

(一) 根据仓库结构选择装卸搬运设备

根据仓库的设计及构造,在作业时要选择不同的装卸搬运方法及工具,具体见表 3-1。

表 3-1　装卸搬运方法及工具选择

场所		装卸方式	装卸用具	装卸对象
仓库内	高站台	人力	无	少量轻小的货物
		利用搬运装卸机器	手推车、手车、搬运车、手推平板车、电动平板车、轮式箱体拖车	一般货物、托盘货物
		输送机	动力式输送机	箱装货物、纸板箱

续　表

场所		装卸方式	装卸用具	装卸对象
仓库内	低站台	叉车	叉车＋侧面开门的车身	托盘货物
			叉车＋托盘等带移动装置的车体	
		输送机	动力式输送机	箱装货物、纸板箱
仓库外		人力	与动力输送机并用	一般杂货
		机械（利用卡车特设的装卸机械）	卡车携带小型吊车	机械类托盘货物、建材
			自动升降板装置	桶罐、储气罐搬运车、托盘与平板车组合

（二）根据货物特点选择装卸搬运设备

根据货物自身的重量、尺寸、形状、数量等物理特性,要选择不同的装卸搬运工具及方法。

第一,成件包装的货物,一般重量不超过 50 千克,体积不超过 0.5 立方米,包装形式可以是软包装、半硬包装或硬包装三种。这类货物一般选用人工装卸,利用各种手推车、胶带输送机、固定吊杆和搬运车及各种移动式叉车等。

第二,长、大、重的货物,如大型设备或集装箱,一般装在敞车和平板车上进行运输,需保存在露天场地或大型仓库内。可以采用起升质量为 3 吨、5 吨、10 吨及以上的移动式起重机,如轮胎式、汽车式、履带式、轨道式起重机,同时配备各种器具,也可采用 3～5 吨大型叉车。作业量大时,可以采用龙门起重机或桥式起重机。

第三,罐装货物,一般是以油罐车装载进库的油料和桶装油料,会挥发出有毒或有异味的气体,并有燃烧或爆炸的危险。油罐车一般采用电动离心式油泵或油泵管路系统,桶装油料采用带桶夹的移动式起重机或叉车。

第四,散装货物,如矿石、煤炭、水泥等,采用带有自动抓斗的起重机、刮板机、高台站输送机等。

第五,危险品,如化工品、压缩气体、易燃液体等,一般先对其进行成件包装,再实施装卸搬运作业。

第三节　货　物　验　收

一、货物验收的作用

货物验收是按验收业务流程,核对凭证等规定的程序和手续,对入库货物进行数量和质量检验的经济技术活动的总称。

所有到库货物,必须在入库前进行验收,只有验收合格后才算正式入库。货物验收的作用,主要表现在以下四个方面。

(一) 验收是商品保管、保养的基础

货物的验收工作是做好货物保管、保养和使用的基础。到库货物经过了一系列的储运环节,货物外包装会出现损坏、散失的情况,没有外包装的货物更容易发生变化。这些情况的出现都将影响到货物的保管及保养。只有在货物入库时进行验收检查,判明货物的实际状况,才能针对货物的实际情况采取相应的措施,对货物进行保管及保养。

(二) 验收有利于避免货物积压,减少经济损失

对于一批不合格货物,如果不经过检查验收,就按合格货物入库,必然造成货物积压;对于计重货物,如果不进行检斤验数,就按有关单据的供货数量付款,当实际数量不足时,就会造成经济损失。因此,严格的货物验收可以确保仓库内部劳动的有效性。

(三) 验收记录是仓库提出退货、换货和索赔的依据

货物验收过程中,若发现货物数量不足,或发现规格不符,或质量不合格时,仓库检验人员应做出详细的验收记录,据此由业务主管部门向供货单位提出退货、换货或向承运责任方提出索赔等要求。倘若货物入库时未进行严格的验收,或没有做出严格的验收记录,而在保管过

程中,甚至在发货时才发现问题,就会使责任不分,丧失理赔权,带来不必要的经济损失。所以,货物只有经过严格的检验,在分清了商品入库前供货单位以及各个流转运输环节的责任后,才能将符合合同规定、符合企业生产需要的货物入库。

(四) 对进口货物的验收能确保国家利益

改革开放,使我国经济与世界经济的联系日益紧密,进口货物的数量和品种不断增加。对于进口货物,国别、产地和厂家等情况更为复杂,必须依据进口货物验收工作的程序与制度,严格认真地做好验收工作。否则,数量与质量方面的问题就不能得到及时发现,若超过索赔期,即使发现问题,也难以交涉,这就会给国家经济造成重大损失。

二、货物验收的作业流程

货物验收包括验收准备、核对凭证和实物检验三个作业环节。

(一) 验收准备

仓库接到到货通知后,应根据到库货物的特性做好验收前的准备工作。验收准备是做好整个验收工作的前提。

1. 人员准备

安排好负责验收工作的检验人员,对于技术特性复杂的货物,要及时和用货单位的专业技术人员进行有效沟通。

2. 文件准备

收集并熟悉待验货物的有关文件,如技术标准、订货合同等。

3. 器具准备

准备好验收用的检验工具,如衡器、量具等,并校验正确。

4. 防护准备

对某些特殊货物的验收,如毒害品、腐蚀品、放射品等的检验,需要相应的防护用品准备。

5. 设备准备

大批量货物的数量验收,必须要有装卸搬运机械的配合,应做好设备的申请调用。

(二) 核对凭证

1. 了解证件种类

需要核对的证件,按照提供的对象的不同,主要有三类:第一,仓库采购部门或其他部门提供的货物入库通知单、订货合同、协议书等;第二,供货单位或货主提供的质量证明书、合格证、装箱单或磅码单,检验单及发货明细账等;第三,运输单位提供的运单及普通记录、商务记录,保管员与提货员、接运员或送货员的交接记录等。

2. 核对相关证件

在核对凭证时,必须先对上述证件记录内容进行核实,再根据这些证件上所列示内容对货物进行逐项核对。也就是说:第一,进行证证核对,按照货物运送的过程,对相应证件进行分类整理,根据证件之间的相关性,核对各种证件的真实性及准确性;第二,进行物证核对,根据证件上所列的送货单位、收货单位、货物名称、规格数量等具体内容,与货物的各项标志比对。

如果发现证件不齐或不符等情况,要与货主、供货单位、承运单位及相关业务部门尽快取得联系,加以妥善解决。

(三) 实物检验

所谓实物检验,就是根据入库单等相关凭证对货物进行质量和数量检验。

三、货物质量验收的方法

货物的质量验收主要是检验货物的外观质量,而货物的内在质量则由货物的生产厂家保证或由质量检验机构检验。

(一) 检验货物包装

货物包装的完善程度及干湿状况与其内装的货物的质量有着直接联系。通过对货物包装的检验,能够发现在储存、运输过程中可能发生的意外,并据此判断货物的受损情况。所以在验收货物时,首先要严格地对货物包装进行验收,并据此提出对货物进一步检验的措施。

(二) 检验外观质量

主要是检验外观质量缺陷、外观质量受损情况及货物受潮、霉变和锈蚀等情况。

对货物外观质量的检验主要采用感官验收法,即用人的感觉器官如视觉、听觉、触觉、嗅觉等来检查货物质量。这种方法简便易行,不需要专门设备,但受到检验人员经验、操作方法和环境等因素的影响,而且带有一定的主观性。看——通过观察货物的外观颜色、形状等来确定其质量是否符合要求。听——通过轻敲某些货物,细听发声,鉴别其质量有无缺陷。摸——通过触摸包装内货物,以判断其是否受潮、变质等异常情况。嗅——通过鼻嗅货物是否已失应有的气味,或有无串味及漏臭异味等来判断货物质量。

四、货物数量验收的方法

对货物数量的验收应该与货物质量的验收同时进行。对到库货物进行数量验收时,主要是对货物进行数量和重量的验收。具体验收项目包括毛重、净重、容积、面积、件数、体积、长度等。

(一)验收数量

对计件的货物,要对货物的具体件数进行数量清点,可以采用逐件点数法、集中堆码点数法、抽检法、重量换算法等,具体内容参见表3-2。

表3-2　数量验收的方法

方　　法	作 业 要 求	适 用 货 物
逐件点数法	采用人工或简易计算器,逐一计数,累计以求得总数	散装,非固定包装的货物
集中堆码点数法	把货物按照每行、每层件数一致的原则,堆成固定的垛型,然后通过计算得出总数	花色品种单一、包装大小一致、数量大或体积较小的货物
抽检法	按照一定比例对货物进行开箱点数	批量大、采用定量包装的货物
重量换算法	通过过磅,称得货物重量,然后换算成货物数量	包装标准,且货物标准、重量一致

(二) 验收重量

对依重量计算的货物，要对其进行重量验收。货物的重量一般有毛重、皮重、净重之分。毛重是货物包括包装重量在内的实际重量；皮重是货物包装物的重量；净重是货物本身的重量，即毛重减去皮重的余数。仓库管理中通常所说的货物重量，是指货物的净重。

验收重量的方法主要有以下三种。

1. 直接测量法

对于没有包装或包装物很轻的货物，采用对货物直接过磅，以测定其实际重量。实际操作中，可以用检斤验收法，对非定量包装的、无码单的货物进行打捆、编号、过磅，并填写码单；也可以用抄码复衡抽验法，对定量包装且附有码单的货物，根据有关合同的规定，按数量抽取一定比例的货物，对其进行过磅验收。

2. 净重计算法

对于有包装且包装占毛量比重较大的货物，验收中要先除去货物包装，计算其净重。有三种方法：第一，平均扣除皮重法，是指按一定比例把货物包装拆下过磅，求得包装的平均重量，再把未拆除包装的货物过磅，通过计算求得该批货物的全部皮重和毛重；第二，除皮核实法，是指选择部分货物分开过磅，分别求得货物的皮重和净重，再核对货物包装上标记的重量，如果未超出允许范围，即可以其数值计算净重；第三，整车复衡法，是指对大宗无包装、散装的块状、粒状、粉状货物，检验时将整车引入地磅过磅，然后扣除空车重量，即可求得货物净重。

3. 理论换算法

这是指通过货物的长度、体积等便于测量的因素，利用一定的公式计算出货物重量的方法，适合于定尺长度的金属材料、塑料管材等货物。

值得注意的是，在重量验收中，如果合同规定了验收方法的，应该按照合同规定的检验方法验收，以防止人为造成磅差。验收方法确定后，入库验收和出库验收都必须采取同样的方法进行检验。另外，对于不需要进一步进行质量和数量检验的货物，仓库管理人员在完成以上检验并判断货物合格后，就可以办理货物入库手续了。而对于那些需要进一步进行内在质量检验的货物,应通知质量检验部门,对它们进行检验,待检验合格后方可办理货物入库手续。

五、货物验收中问题的处理

仓库到库货物来源复杂,涉及货物生产、采购、运输等多个作业环节,不可避免地会出现诸如证件不齐、数量短缺、质量不符合要求等问题。因此,在收货验收过程中,要认真细致,区别不同的情况,及时进行处理。

(一) 质量检验问题的处理

验收过程中,凡发现质量不符合验收规定的情况,应及时向供货单位办理退货、换货交涉,或征得供货单位同意代为修理,或在不影响使用的前提下降价处理。

货物规格不符或错发时,应先将规格对的予以入库,规格不对的货物应做好验收记录并交给相应部门办理换货。

(二) 数量检验问题的处理

数量短缺或溢余在规定范围内的,可按原数入账。凡超过规定范围的,应查对核实,作成验收记录和磅码单交主管部门向供货单位办理交涉。对于数量溢余较大的情况,可选择货物退回或补发货款的方式解决;对于数量短缺较大的情况,可选择按实数签收并及时通知供应商的方式解决。

(三) 验收凭证问题的处理

验收凭证问题主要是指验收需要的证件未到或证件不齐全。验收过程中发现此类问题时,要及时向供应商索取,到库货物应作为待检验品堆放在待验区,待证件到齐后再进行验收。证件未到之前,不能验收,不能入库,更不能发货。

(四) 证物不符问题的处理

验收过程中发现验收单证与实物不符的情况时,应把到库货物放置于待检区,并及时与供应商进行交涉,可以采取拒绝收货、改单签收或退单、退货的方式解决。

此外,在对验收过程中发现问题进行处理时应做到:第一,在货物入库凭证未到或未齐之前不得正式验收;第二,发现货物数量或质量不符合规定,要会同有关人员当场作出详细记录,交接双方在记录上签字;第三,在数量验收中,计件货物应及时验收,发现问题要按规定的手续,在规定的期限内向有关部门提出索赔要求。

第四节　入库表单制作

货物验收合格后,仓库管理人员就应该为货物办理入库手续,根据货物的实际检验和入库情况填写货物入库单,然后对货物进行登账、设卡以及建立档案等管理。

一、填写入库单

(一)了解入库单

货物入库单是记录入库货物信息的单据,应该记录货物的名称、货物编号、实际验收数量、货物价值及价格等内容。根据入库货物来源的不同,可以把入库单分为外购货物入库单、成品材料入库单、退料入库单等。

货物入库单格式见表3-3。

表3-3　货物入库单

采购合同号:　　　　　　　件数:　　　　　　　入库时间:

货物名称	品种	型号	编号	数量			进货单价	金额	结算方式	
				进货量	实点量	量差			合同	现款

采购部经理:　　　　　采购员:　　　　　仓库管理员:　　　　　核价员:

货物入库单一般为一式三联。第一联留作仓库登记实物账;第二联交给采购部门,作为采购员办理付款的依据;第三联交给财务记账。如果需要的话,也可适当地增加一联,交给送货人员留作货物已经送达的依据。

（二）掌握填写方法

货物验收合格后,仓库管理人员要根据验收情况和验收结果,据实填写货物入库单。在填写货物入库单、成品入库单、退料入库单时,一定要做到内容完整、字迹清晰,并于每天工作结束后,把所有入库单的存根联整理好,进行统一保存。

另外,在仓库管理实务中,根据需要还可能填写一些其他的报表,如成品原料明细表、包装和运送日报表、材料进库日报表、货物收发日报表、材料收发日报表、货物收货日报表、货物交货日报表等。

二、登记明细账

为了便于对入库货物的管理,正确反映货物的入库、出库和结存情况,并为对账、盘点等作业提供依据,仓库管理人员要建立实物明细账,以记录库存货物的动态。

（一）选择账册类型

实物明细账有两种:一种是无追溯性要求的普通实物明细账;另一种是有追溯性要求的库存实物明细账。仓库管理人员要根据对货物的具体保管要求,选择适当的账册来记录货物的库存情况。

1. 普通实物明细账

普通实物明细账适用于只需反映库存动态的货物,如进入流通环节的货物或企业内的工具、备品备件等,应该包含的内容见表3-4。

表3-4 普通实物明细账

年		凭证		摘要	收入	发出	结存
月	日	种类	号码				

2. 库存实物明细账

库存实物明细账适用于需要区分批次、有一定追溯要求的货物,如企业生产所需的零部件、原材料等,应该包含的内容见表 3-5。

表 3-5　库存实物明细账

年		凭证		摘要	收入		发出		结存		其中(A)			其中(B)			其中(C)		
月	日	种类	号数		批号	数量	批号	数量	批号	数量	批号	数量	库存	批号	数量	库存	批号	数量	库存

(二)掌握登账方法

为了保证实物明细账的准确性、可用性,仓库管理人员在填写账册时要做到实事求是,依据合法的凭证,掌握正确的记录方法,采用恰当的书写方式。

登账凭证的要求:必须以正式合法的凭证,如货物入库单、出库单、领料单等为依据。

记录方法的要求:要按照时间顺序连续、完整的填写各项记录,不能隔行、跳页,并对账册依次编号,在年末结存转入新账后,旧账册应交给档案部门妥善保管。

书写要求:必须使用蓝黑墨水笔,并注意书写内容的工整、清晰,数字最好只占空格的 2/3,以便于改错。

记账改错要求:发现记账错误时,不得刮擦、挖补、涂抹或用其他药水更改字迹,应该在错误处画一红线,表示注销,然后在其上方填写正确的文字或数字,并在更正处加盖更改人的印章,红线画过后的原来字迹必须可以辨认。

三、设置保管卡

货物保管卡又叫货卡、料卡,它是一种实物标签,是仓库管理人员管理货物的"耳目"。

(一)确定保管卡内容

货物保管卡主要包括以下三方面内容：第一，货物的状态，如待检、待处理、不合格、合格等；第二，货物的名称、规格、供应商和批次等；第三，货物的入库、出库与库存动态等信息。

货物保管卡的内容不是一成不变的，可以根据仓储业务的具体情况和特别要求，对其内容进行适当的调整。比如，对于设置了专门的待检区、待处理区、合格货物区、不合格货物区的仓库，保管卡上可以省略货物的状态；但为了便于对货物的库存量进行控制和管理，则可以在保管卡上增设货物的估计用量、安全存量、订货点等信息，具体内容可以见表3-6。

表3-6 货物保管卡

货位编号：　　　　　　　　　　　　　　　　标示日期：

材料名称		用途					
材料编号		主要供应商					
估计年用量		订货期		经济订量			
安全存量		代替品					
月份	实际用量	需求计划					平均单价
一月							
二月							
十二月							
合计							
收发记录							
日期	单据号码	发出量	库存量	收料量	退回	订货记录	备注

（二）规范设置保管卡

使用货物保管卡，不但能够便于仓库管理人员随时进行实物核对，有利于货物进出库业务的及时进行，减少差错的发生，而且便于合理组织相关作业，提高仓库作业效率的目的。

为了使保管卡的作用充分发挥出来，在设置保管卡时要注意三个问题：第一，选择适当的地方放置保管卡。一般把保管卡悬挂在上架货物的下方或放在货物堆垛上，位置要明显、牢固，且便于随时书写。第二，及时更新保管卡的内容。使用保管卡时，一定要根据作业的内容及时更新卡上的信息。第三，按照要求设置保管卡。新货物入库时要为其设立专门的保管卡，货物入库、出库、盘点后，立即在保管卡的相应位置填写具体信息，某货物清库后要收回保管卡，并放在该货物的档案中。

四、建立货物档案

建立货物档案就是把与入库作业过程有关的、在具体操作过程中填写的各种资料、单据、凭证进行分类保存，从而详细地了解货物入库前后的活动全貌。这样做有助于总结和积累仓库保管经验，研究货物入库管理的规律，提高仓库科学管理的水平。

（一）收集档案资料

货物档案反映了货物从入库、保管及出库的所有变化过程的信息。为了建立完善货物档案，仓库管理人员需要收集整个过程的有关资料。

货物入库时的资料：货物出厂时的各种凭证和技术资料，如货物技术证明、合格证、装箱单、发货明细表等；货物运输过程中的各种单据，如运输单、货运记录、提货单等；货物验收入库的入库通知单、验收记录、磅码单、技术检验报告等。

货物保管时的资料：货物在库保管期间的检查、保养、损益、变动等情况，以及库内外温度、湿度的记载及其对货物的影响。

货物出库时的资料：货物出库时的凭证，如领料单、出库通知单、调拨单、发运单等。

（二）建立并保管档案

在货物入库后，仓库管理人员应该先收集货物入库时的资料，并建立货物档案,加以妥善保存。这时应注意三个问题:第一,对档案进行统一编号。主要是为了防止档案的丢失,同时为了便于查阅。第二,确定档案的保管期限。要根据有关的规定和实际情况,由仓库管理人员与档案管理人员一起确定保管期限,对有些资料应长期保存,如库区的气候资料、货物储存保管的试验资料等。第三,及时更新档案。要及时收集库存货物变化的最新资料,归纳到货物档案中;已经全部出库的货物,技术证件必须随货同行而不能以复印件或抄送形式抄送,其余都应该保留在档案内,并将货物出库凭证、动态记录等整理好,一并归档。

本章小结

收货管理的业务主要包括入库前的准备、货物接运交接、货物验收、入库表单制作。

接运货物是货物入库的第一道作业环节,需要根据不同的接运方式,安排人员和设备进行接货,并处理接货过程中的各种问题。

所有到库货物,必须在入库前进行验收,只有验收合格后才算正式入库。货物验收包括验收准备、核对凭证和实物检验三个作业环节。实物检验的主要任务是进行数量检验和质量检验。

货物验收合格后,仓库管理人员就应该为货物办理入库手续,根据货物的实际检验和入库情况填写货物入库单,然后对货物进行登账、设卡以及建立档案等管理。

复习参考题

一、单项选择题

1. 安排接运工具——前往承运单位——出示领货凭证——检查货物状况——装载并运回货物——办理内部交接,这是( )的作业步骤。

   A. 铁路专运线路接货　　　B. 到车站、码头接货

   C. 到送货单位提货　　　　D. 送货到库

2. 接车卸货准备——卸车前的准备——卸车作业——卸车后的清理——填写到货账单——办理内部交接,这是(   )的作业步骤。
   A. 铁路专运线路接货
   B. 到车站、码头接货
   C. 到送货单位提货
   D. 送货到库

3. 根据划分标准的不同,储存货物编号的方法可以有很多种分类。目前各国常用的编号方法中,使用价值最高的是(   )。
   A. 逐次数字法
   B. 数字范围编号法
   C. 记忆符号法
   D. 混合编号法

4. 在专门从事保管业务的第三方物流服务仓库中,货物分类存放的具体位置是按货物的(   )确定的。
   A. 种类和性质
   B. 储存作业特点
   C. 归属单位
   D. 运输方式

5. 根据划分标准的不同,储存货物编号的方法可以有很多种分类。目前各国常用的编号方法中,最为简易的是(   )。
   A. 英文字母法
   B. 逐次数字法
   C. 数字范围编号法
   D. 记忆符号法

6. 在仓库中,货物质量验收主要是进行(   )。
   A. 内在质量检验
   B. 外观质量检验
   C. 理化检验
   D. 数量和重量检验

二、多项选择题

1. 货物存放的方法主要有(   )。
   A. 专仓专储
   B. 先进先出储存
   C. 后进先出储存
   D. 分区分类储存
   E. 共享储存

2. 确定储位的管理方法有(   )。
   A. 定位储存
   B. 随机储存
   C. 分类储存
   D. 分类随机储存
   E. 共享储存

　3. 在商品入库操作中,商品接运的方式有(　　　)。

　　A. 车站、码头提货　　　　　B. 产地接货

　　C. 仓库内接货　　　　　　　D. 专用线接车

　　E. 仓库自行接货

　4. 按照一批货物在仓储工作中的先后顺序,可以将仓储管理工作划分为哪几个阶段?(　　　)。

　　A. 采购管理　　　　　　　　B. 收货管理

　　C. 存储管理　　　　　　　　D. 库存管理

　　E. 发货管理

　5. 下列货物中,适合采用专仓专储的是(　　　)。

　　A. 粮食　　　　　　　　　　B. 烟酒

　　C. 食糖　　　　　　　　　　D. 香料

　　E. 烟花爆竹

　6. 储位管理的基本原则是(　　　)。

　　A. 空间利用节约化　　　　　B. 储位明确化

　　C. 存放货物合理化　　　　　D. 储存环境优良化

　　E. 储位上货物存放状况明确化

三、是非题

　　1. 凡商品进入仓库储存,必须经过检查验收,只有验收后的货物,方可入库保管。

　　2. 货棚的编号一般写在场地上,书写的材料要耐摩擦、耐雨淋、耐日晒。

　　3. 在专门从事保管业务的第三方物流服务仓库中,货物分类存放的具体位置是按货物的运输方式确定的。

　　4. 在物流中转仓库或待运仓库中,较多采用按货物的归属单位来确定货物分类存放的具体位置。

　　5. 入库验收是货物入库作业的第一道作业环节。

　　6. 为安全有效地卸货和仓库能按期而准确地组织货物入库,在规划入库作业时必须把码头月台到储区的活动尽量设计为直线流动,并

使距离最小。

7. 库房的编号一般写在库房的外墙上或库门上,字体要统一、端正,色彩鲜艳、清晰醒目、易于辨认。

8. 对货物数量的验收应该与货物质量的验收同时进行。

9. 对到库货物进行数量验收时,主要是对货物进行具体件数的验收。

10. 对于库房、货棚的货位,在编号时,应对库房和货棚有明显区别,可加注"库""棚"等字样,或加注"K""P"字样。

四、论述题

1. 画图表达收货作业的流程。
2. 在组织收货作业时应该遵循哪些原则?
3. 简述铁路专运线接货的步骤。
4. 接货差错该如何处理?
5. 简述货物验收的步骤。
6. 试结合你的工作实际说明几种入库表单的内容。

五、案例分析题

某出版物流中心的收货管理

当物流用地的厂址决定之后,有可能是一块四四方方很完整的土地,也有可能是一块不规则的土地,首先请设计师以地籍图及现场放样,同时考虑防火巷、容积率等因素,决定可用之物流中心用地面积,同时决定最佳的建筑方位和出入口。虽然出版物流中心能使用的面积约为100亩,但是实际物流中心的占地面积需要根据物流中心所在区域的地价来决定,同时是造一层还是多层也需要详细的计算,因为我们追求的是以最少的成本做最多的事情。

(一) 收货管理

收货管理系统是指货物进入出版物流中心后的有关作业管理。处理客户的各种进货指令及提供相应的查询服务,教材、图书、音像制品、印刷物资进仓均必须卸货,然后再办理验货、入库等工作。出版物流中心进货在作业上区分为有通知的收货与无通知收货。对于有通知的收货在接到通知后将资料先输入或转入电脑,以待收货。

货主发出进货通知给出版物流中心告知何日、何时,有哪些教材、图书、音像制品、印刷物资需要进入出版物流中心,物流中心据此于到货前打印卸货单,用以通知负责卸货的单位;而卸货单位应依此资料于货物到达后进行卸货、填写卸货内容并于货主的送货单(或其他单据)上签收。卸货部门主管应就送货单和卸货单上的内容进行比对,确实无误后签字,并交付人员输入电脑。依输入的卸货资料打印验收单,交由验收人员实地点货查看是否有包装破损等外部问题(货品质量问题应由货主派人检验或是物流中心有能力代检),确认可接受的各货品数量与拒收量并输入电脑。依据输入数量打印包装条码以贴印在外箱上,最后将货品置放于指定的仓区与位置上,每日应将进/退货资料通知货主。如此周而复始地进行进货入库作业。

教材、图书、音像制品、印刷物资如有零散,而不足一个基本包装单位时,应分开填列验收单而置放于可存放零散货品的区域并要求货主另外给零散货品的货号。如果不是另外的货号,则在作业上很容易造成混乱。对于拒收的货品与数量应尽快通知货主以利办理退货作业。

(二)库位分配作业

1. 对要入库的货件进行库位分配。分配原则有两种:按货件分配库位和按库位分货件。(1)按货件分配库位。根据货主、货件的尺寸、体积、重量、货件等级和保管等级等货件因素,以及库位的尺寸、体积、承重量及库位等级等库位因素,自动从库位中找出合适的库位。(2)按库位分配货件。根据库位的尺寸、体积、承重量、库位等级以及货件尺寸、体积、重量、货件等级和保管等级等货件因素,自动从货件清单中选出合适的货件。

2. 系统分配库位时,根据分配方式的不同可分为自动分配和人工分配两种。(1)人工分配:人工为入库货件分配库位,电脑辅助人工查询空库位情况及各库位的使用情况。(2)自动分配:按库位使用情

况、体积、重量及优化分配原则的优先级,自动排出货件的安排库位。(具体分配可能还要考虑其他实际情况)

3. 库位清单打印,根据预先安排的库位,打印出货件库位清单,以便保管员对号入库。其主要内容包括:客户、单号、货件、规格、库位、数量、实际入库数量等信息。

(三)入库过程的其他信息作业

1. 入库确认。当所有的货件已经入库后,按库位清单的实际入库数量进行入库确认。

2. 直接入库处理。为了操作上的简便,根据实际情况有些货件可经验收后不作库位分配,而直接进行入库处理。

3. 收货查询。可以提供已收货、正收货、待收货等收货信息的查询。

4. 收货单打印。该功能是打印收货单据。单据内容有:收货日期、订单号、收货流水号、客户、货件代码、货件名称、规格、单位、通知数量、接收数量、破损数量、货件重量、货件体积等内容。

(根据上海某传媒有限公司新华书店的资料改编)

请思考:

1. 运用仓储管理的基本理论说明该企业收货管理系统的优缺点。

2. 从入库管理的要素说明该案例中的库位分配作业应注意哪些问题?

3. 分析说明该案例收货管理的主要作业。

第四章

仓储存货管理

学习目标

- 掌握储位指派策略和方法
- 了解储位管理目标和基本原则
- 掌握货物堆码与苫垫的方法及相关计算
- 理解温度、湿度的概念
- 掌握仓库温度与湿度控制的方法
- 理解货物盘点的方法与程序
- 理解库存的种类；ABC 分类管理法；EOQ 管理法
- 了解 JIT 类管理法；MRP 类管理法

引入案例

快速消费品存货管理中的问题

在大型快速消费品生产企业中,东美公司是一家以日化产品为主,兼营食品饮料的中小企业。多数大型快速消费品生产企业或是自建配送中心,或是将仓储、配送业务外包给第三方物流商,而中小生产企业像东美公司这样的日化经销商,一般采用附属仓库,面积不大,通常在一千平方米以下,按说管理难度不大,但实际问题却不少。

东美公司有一个大约 500 平方米的附属仓库。由于仓容面积小,为图省事,对仓库没有做更多规划,只划分了收货区、发货区、储存区以及杂物区,在运行过程中反映出许多问题。如 2008 年夏,由于促销政策到位,加上气温居高不下,东美公司经销的佳加洗发水供不应求。销售部正想乘胜追击,扩大战果,仓库却回话说没货了。向厂家求援吧,远水不解近渴;区域调货吧,其他区域货源也很紧张。虽然紧急调货五天后到达了,但已错过最佳销售时机,出货不到两成,剩余的只好又放进仓库里,留待处理。更令人恼火的是,后来仓库清理包材、垃圾时,竟发现一大堆废纸底下还有 1 托盘佳加洗发水,100 多箱!

东美公司遇到的这个问题是什么原因造成的?

(案例选编自东美公司的资料)

货物经检验合格后就进入存货管理阶段,在这一阶段,仓储的主要任务是对储存货物进行合理的保管和经济的管理。这就需要对货物的储位进行管理,为货物提供良好的保管环境和条件,并对在库货物进行数量监控。

第一节　储位管理

一、储位管理概述

(一) 储位管理的目标

储位管理的目标是充分有效地利用空间,尽可能提高人力资源及设备的利用率,有效地保护好货物的质量和数量,维护良好的储存环境,使所有在储货物处于随取随取状态。

(二) 储位管理的基本原则

1. 储位明确化

在仓库中所储存的货物应有明确的存放位置。

2. 存放货物合理化

每一货物的存放是遵循一定的规则精细指定的。

3. 储位上货物存放状况明确化

当货物存放于储位后,货物的数量、品种、位置、拣取等变化情况都必须正确记录,仓库管理系统对货物的存放情况明确、清晰。

二、储位指派策略

良好的储位指派策略可以减少出入库移动的距离、缩短作业时间,甚至能够充分利用储存空间。

（一）定位储存

一种物品固定存放在固定的位置上,货物不能串位存放。规划储位时要注意,储位容量不能小于需要存放货物的最大库存量。

定位储存的优点:每一种货物都有固定的存放位置,方便拣货人员拣货,提高拣货人员的作业效率;由于货物固定位置存储,规划储位时,可以将不同特性的货物分开存放,使货物间的影响降到最小;储位可以按照周转量来规划,可以缩短搬运距离,提高搬运作业效率。

定位储存的缺点:由于储位是按照最大库存量设计的,储位的使用效率较低。

定位储存的适用情况:储区空间大;货物品种较多而数量较小。

（二）随机储存

货物的储存位置是随机产生的,任何一种物品可以摆放在任何一个位置上。一般来说,随机储存是由仓储管理人员按照工作习惯来操作的。

随机储存的优点:储位的使用效率较高,可以最大限度地利用储位空间。

随机储存的缺点:仓库的管理难度大,给盘点、拣货作业造成困难;周转量大的货物可能被放在距离出口较远的储位上,降低了搬运装卸效率;容易造成货物的相互伤害或者由于化学特性不同的货物毗邻存放发生危险。

随机储存的适用情况:仓库空间有限;储存货物的品种少;货物体积较大。

（三）分类储存

对需要存放的货物按照一定的特性进行分类,每一类货物存放在固定的位置区域上,而同一类中的不同物品又按一定的法则来指派储位。

分类储存的优点：具备定位储存的各项优点；各分类的储存区域可根据物品特性再作设计，有利于储存管理。

分类储存的缺点：由于储位必须按每一类物品最大库存设计，降低了储位的使用效率。

分类储存的适用情况：货物的相关性比较大，经常一起出库；货物周转率差别大；货物尺寸差别大。

（四）分类随机储存

每一类货物都有固定的储存位置区域，在每一类货物的固定储区内，货物的指派是随机的。

分类随机储存的优点：较分类储存而言，可节省储位数量，提高储区的使用效率。

分类随机储存的缺点：入库管理和盘点作业难度较高。

分类随机储存的适用情况：仓库面积相对不足，货物的品种又多。

（五）共享储存

在确定各种货物的入库时间的前提下，不同的货物可以共用同一储位。

共享储存的优点：节省储存空间，提高作业效率。

共享储存的缺点：需要清楚货物的到库时间，管理难度较大。

共享储存的适用情况：货物的品种少，流转很快。

三、储位指派方法

在完成储位确定、储位编号等工作之后，需要考虑用什么方法把货物指派到合适的储位上。指派的方法有人工指派法、计算机辅助指派法和计算机全自动指派法三种。

（一）人工指派法

人工指派法是指货物的存放位置由人工进行指定，其优点是计算机等设备投入费用少，缺点是指派效率低、出错率高。

人工指派管理要点是：第一，要求仓管人员必须熟记储位指派原则，并能灵活应用；第二，仓储人员必须按指派单证把货物放在指定储位上,并做好详细记录;第三,实施动态管理,在补货或拣货作业时,仓储人员必须做好登记消除工作,保证账物相符。

(二)计算机辅助指派法

计算机辅助指派储位法是利用图形监控系统,收集储位信息,并显示储位的使用情况,把这作为人工指派储位依据来进行储位指派作业。采用此法需要投入计算机、扫描仪等硬件设备及储位管理软件系统支持。

(三)计算机指派法

计算机指派法是利用图形监控储位管理系统和各种现代化信息技术,如条形码自动阅读机、无线电通讯设备、网络技术、计算机系统等,收集储位有关信息,通过计算机分析后直接完成储位指派工作。

第二节　堆码苫垫

一、货物堆码技术

货物堆码就是根据货物的特性、形状、规格、质量及包装等情况,同时综合考虑地面的负荷、储存时间,将货物分别叠堆成各种码垛。合理科学的货物堆码技术,对提高入库货物的储存保管质量,提高仓容利用率,提高收发作业及养护工作的效率,有着相当重要的作用。

(一)货物堆码的基本原则

1. 分类存放

分类存放是仓库储存规划的基本要求,是保证物品质量的重要手段,因此也是堆码需要遵循的基本原则。包括:不同类别的货物分类存放,甚至需要分区分库存放;不同规格、不同批次的货物也要分位、分堆存放;残损货物要与原货分开存放;需要分拣的物品,在分拣之后,应分位存放。此外,分类存放还包括不同流向货物、不同经营方式货物的分类分存。

2. 选择适当的搬运活性

为了减少作业时间、次数,提高仓库物流速度,应该根据货物作业的要求,合理选择物品的搬运活性。对搬运活性高的入库存放货物,也应注意摆放整齐,以免堵塞通道,浪费仓容。

3. 节约仓容和苫垫材料

为使堆码在符合安全、方便的原则下达到多储(节约仓容),堆码方法和操作技术要不断改善与提高,货垛大小、高低要适当,垛型要合理,这样能节约仓容和苫垫材料。

4. 面向通道,不围不堵

货垛以及存放货物的正面,尽可能面向通道,以便察看;同时,所有货物的货垛、货位都应有一面与通道相连,处在通道旁,以便能对物品进行直接作业。只有在所有的货位都与通道相通时,才能保证不围不堵。

(二) 货物堆码的常用方法

1. 重叠法

重叠法又叫直堆法、垂直堆码法。它是按单件货物往上一层层地重叠堆放,如图 4-1 所示。

2. 牵制法

牵制法又叫衬垫堆码,此方法是在直堆法的基础上,在每隔一层或每隔两层之间夹进衬垫(如木板),利用衬垫来牵制本层货物,以增强货垛的稳固性,如图 4-2 所示。

3. 纵横交错法

纵横交错法适用于长方形包装货物,并且长宽成一定比例。每层货物并列摆放,上下层的货物纵横向交错摆放。即一层纵向排列,上下层则横向排列。特点是堆垛成方形,便于计数,能充分利用空间,牢固性强。每层货物可由 2~10 件货物并列摆放。按并列货物之间是否留有空隙,分为不留空隙交错和留空隙交错两种垛形,如图 4-3 所示。

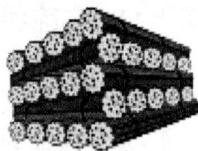

图 4-1 重叠法   图 4-2 牵制法   图 4-3 纵横交错法

4. 压缝法

压缝法是将上一层的货物跨压在下层两件货物之间的缝隙上,逐层如此堆高。具有货垛稳固的特点,但是不能充分利用仓库空间。如图4-4所示。

5. 通风法

货物在堆码时,任意两件相邻的货物之间都留有空隙,以便通风。层与层之间采用压缝式或者纵横交错式。通风法堆码可以用于所有箱装、桶装以及裸装货物堆码,起到通风防潮、散湿散热的作用,如图4-5所示。

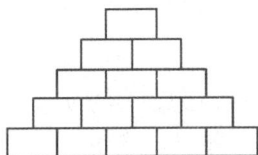

图4-4　压缝法

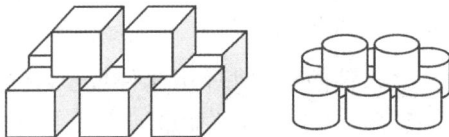

图4-5　通风法

6. 栽柱法

码放货物前先在堆垛两侧栽上木桩或者铁棒,然后将货物平码在桩柱之间,几层后用铁丝将相对两边的柱拴连,在往上摆放货物。此法适用于棒材、管材等长条状物品,如图4-6所示。

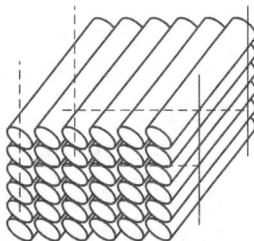

图4-6　栽柱法

(三) 货物堆码作业的要求

1. 合理

应根据货物的性能、包装形状和仓库设备条件,选择合理的垛形,符合货物保管和养护技术的要求。

2. 安全

包括人身、货物和设备三方面的安全。注意堆码的牢固稳定,保证堆垛不倒,不能压坏底层货物和损坏地面,注意保持五距(墙距、柱距、顶距、灯距、垛距),符合仓库作业、货物养护和消防的要求。

3. 方便

即等高、整齐堆放,便于存取、检查、盘点货物,利于货物先进先出。

通常要求做到每行、每层货物数量成整数,每垛高度相等,堆垛整齐,主通道和支通道畅通,堆放时货物包装标志一律朝外。

4. 节约

即充分利用空间,节约仓容量。货物堆垛,必须在安全的前提下,尽量做到"三个用足",即面积用足,高度用足,荷重定额用足,充分发挥仓库使用效率。

(四) 货物堆码的相关计算

货物堆码作业要考虑到库房最大负荷量和堆码强度。

库房最大负荷量是每单位面积能够负荷的最大货物重量,单位是 kg/m^2。判断的方法是:

(每件面积×每平方米件数×每件毛重×垛层数)/1 平方米
≤库房每平方米负荷量

例题 1　某库房负荷量为 $1\,000\ kg/m^2$,某货物的面积为 $0.4\ m^2$,一平方米中存放 2 件,堆垛 10 层,每件毛重 100 kg,是否超负?

解:依判断公式:(每件面积×每平方米件数×每件毛重×垛层数)/1 m^2≤库房每平方米负荷量

可计算:$0.4 \times 2 \times 100 \times 10 = 800\ kg/m^2$,小于库房负荷量 $1\,000\ kg/m^2$,没有超负。

堆码强度指仓库储存的瓦楞纸箱包装在静态压力之下堆垛,即将坍塌之前所能承受的载荷。堆码强度可通过堆码强度实验进行测试,也可根据测试的抗压强度进行推算。堆码强度中所指的载荷均指最低层的纸箱承受载荷,即最低层箱的堆码强度。

1. 堆码强度的一般表达

堆码强度的表达式:$P_w = [(H-h)/h] \times k \times W$　　　　(4.1)

式中,P_w——堆码载荷,单位 kg

　　　h——瓦楞纸箱外部高度,单位 cm

　　　W——商品重量(产品加箱重),单位 kg

　　　H——箱体堆码高度,单位 cm(受运输工具、仓库以及气候条件的影响)

k——瓦楞纸箱的疲劳系数(与堆码时间有关)

$[(H-h)/h]$——表示底层之上的层数,要取整数

疲劳系数与堆码时间的关系如表 4-1:

表 4-1 疲劳系数与堆码时间的关系

堆码时间(天)	疲劳系数
<30	1.6
30~100	1.65
>100	2

例题2 农工商超市仓库的一种商品要求堆码载荷为 100 kg,商品包装瓦楞纸箱外部高度为 70 cm,商品重量(产品加箱重)20 kg,箱体堆码高度要求 3 米。堆码时间估计为一个月(瓦楞纸箱的疲劳系数 k 取 1.6),试测算是否符合堆码载荷要求。

解:堆码强度的表达式:

$$P_w = [(H-h)/h] \times k \times W$$
$$= [(300-70)/70] \times 1.6 \times 20$$
$$= 96 \text{ kg}$$

小于堆码载荷要求 100 kg,所以符合堆码载荷要求。

2. 堆码强度的安全系数法

安全系数指瓦楞纸箱在实际堆码情况下所具有的安全程度。用公式表达就是纸箱的抗压强度与其最大堆码负荷之比。

纸箱的抗压强度是在瞬时动态使纸箱损坏的负荷,而堆码强度则是指纸箱在持久静态下所能承受的负荷,所以前者比后者大得多。两者之间有一定的比例关系,即为安全系数。

$$K = P/P_s \qquad (4.2)$$

式中,K——安全系数

P——空箱抗压强度,单位 kg

P_s——最大堆码负荷,单位 kg

因为在堆码的过程中，只有最下层的纸箱承受最大的堆码负荷，故最下层纸箱的承载能力就是堆码作业所要求的，最大的堆码负荷为：

$$P_s = G(N_{max} - 1) \qquad (4.3)$$

式中，P_s——最大堆码负荷，单位 kg

　　　G——单个纸箱重量，单位 kg

　　　N_{max}——最大堆码层数

经实践证明，安全系数一般为 2～5。

当安全系数为 2 时，说明最下层纸箱可堆码其抗压强度为 50% 的负荷。可以通过安全系数求出纸箱的承载能力或最大堆码层数。即有：

$$P_s = P/K \qquad (4.4)$$

$$N_{max} = P/KG + 1 \qquad (4.5)$$

安全系数取决于堆码时间、堆码尺寸、印刷方式、箱体开孔状况、产品特性、环境条件、装卸与搬运次数及其作业文明程度等，安全系数 K 一般有下列表达式：

$$K = 1/(1-\alpha)(1-\beta)(1-\gamma) \qquad (4.6)$$

式中，α——箱体开孔强度降低率，一般取值 10%～20%

　　　β——运输过程强度降低率，一般取值 20%

　　　γ——仓储过程强度自然降低率，一般取值 30%～50%

将式 4.6 代入式 4.4 和式 4.5 便可计算出纸箱的承载能力（最大堆码负荷）和最大堆码层数。

例题 3　长虹电器公司仓库要堆放电视机，所用包装箱体开孔强度降低率为 10%，运输过程强度降低率为 20%，仓储过程强度自然降低率为 30%，单个纸箱重量为 15 kg，空箱抗压强度为 200 kg。请通过安全系数求出纸箱的承载能力和最大堆码层数。

解：安全系数：

$$K = 1/(1-\alpha)(1-\beta)(1-\gamma)$$
$$= 1/(1-10\%)(1-20\%)(1-30\%)$$
$$= 2$$

纸箱的承载能力：

$$P_s = P/K = 200/2 = 100 \text{ kg}$$

最大堆码层数：

$$N_{\max} = P/KG + 1 = 200/(2 \times 15) + 1 = 7.67 \text{ 层} \approx 7 \text{ 层}$$

二、货物苫垫技术

（一）垫垛技术

垫垛即垫底、下垫，是指在货物码垛前，按垛形的大小和重量，在货垛底部放置铺垫材料。垫垛的目的主要是使货垛底部货物与地面隔离并垫高，防止地面潮气和积水浸湿货物，也便于通风排湿；有时通过强度较大的衬垫材料也可以使重物的压力分散，避免损坏地坪。

1. 垫底的常用材料

露天垫底的材料：枕木、水泥块、花岗石等，适用于长度大于 50 米的场合。

库房垫底的材料：垫板、垫架、花岗石等，适用于长度在 30 米左右的场合。

2. 垫垛的方法

库房的货垛垫底，按货物的防潮要求决定，一般使用垫板、垫架，高度 20 厘米以上。有的货物可以不用垫板、垫架垫铺，只用防潮纸、塑料薄膜垫铺即可。垫板、垫架的排列，要注意将空隙对准走道和门窗，以利通风散潮。

对露天货场的货垛垫底，应先将地面平整夯实，周围挖沟排水，再用枕木、石块、水泥墩作为垫底材料，高度不低于 40 厘米，在条石上铺苇席和塑料薄膜等材料。

3. 衬垫物数量的确定

一些单位质量大的货物在仓库中存放时，如果不能有效分散物品对地面的压力,则有可能会对仓库地面造成损害,因此要考虑在货物底部和仓库地面之间衬垫木板或钢板。

衬垫物的使用量除考虑将压力分散在仓库地坪载荷限度之内外,还需要考虑这些库用耗材所产生的成本。因此,需要确定使压力小于地坪载荷的最少衬垫物数量。计算公式为:

$$n = \frac{Q_m}{l \times w \times q - Q_{自}}$$

式中,n——衬垫物数量

　　Q_m——物品重量

　　l——衬垫物长度

　　w——衬垫物宽度

　　q——仓库地坪承载能力

　　$Q_{自}$——衬垫物(单位)自重

例题4　某仓库内要存放一台自重 30 吨的设备,该设备低架为两条 2 米×0.2 米的钢架。该仓库库场单位面积技术定额为 3 t/m²。问需不需要垫垛? 如何采用 2 米×1.5 米、自重 0.5 吨的钢板垫垛?

解:货物对地面的压强为:$P_{货} = 30/(2 \times 2 \times 0.2) = 37.5$ t/m²

远远超出该仓库库场单位面积技术定额 3 t/m²,必须垫垛。

假设:衬垫钢板为 n 块

$$\begin{aligned} n &= \frac{Q_m}{l \times w \times q - Q_{自}} \\ &= 30/(2 \times 1.5 \times 3 - 0.5) \\ &= 3.53 \text{ 块} \end{aligned}$$

所以,需要使用 4 块钢板衬垫。将 4 块钢板平铺展开,设备的每条支架分别均匀地压在两块钢板上。

（二）苫盖技术

苫盖是货垛的遮盖物。露天货场存放的货物,除了垫垛外,一般都应苫盖,可以使堆码货物避免受到日光、雨水、冰雪、潮气、风露的损害。对库房或货棚内堆码的货物苫盖,可以遮光、防尘、隔离潮气。

1. 苫盖的常用材料

通常使用的苫盖用品有篷布、塑料布、芦席、草帘、油毡、塑料薄膜、铁皮、铝皮、玻璃钢等。选择苫盖用品时，应符合"防火、安全、经济、耐用"的要求。

2. 苫盖的方法

（1）就地苫盖法。直接将大面积苫盖材料覆盖在货垛上遮盖，一般采用大面积的帆布、油布、塑料膜等。就地苫盖法操作便利，但基本不具备通风条件。

（2）鱼鳞式苫盖法。将苫盖材料从货垛的底部开始，自下而上呈鱼鳞式逐层交叠围盖。该法一般采用面积较小的瓦、席等材料苫盖。鱼鳞式苫盖法具有较好的通风条件，但每件苫盖材料都需要固定，操作比较繁琐、复杂。

（3）活动棚苫盖法。将苫盖材料制作成一定形状的棚架，在货物堆垛完毕后，移动棚架到货垛加以遮盖；或者采用即时安装活动棚架的方式苫盖。该法较为快捷，具有良好的通风条件，但活动棚本身需要占用仓库空间，也需要较高的购置成本。

第三节　温度、湿度控制

影响仓储货物质量变化的环境因素中最重要的是仓库的温湿度。货物对温度和湿度都有一定的适应范围，如果超过此范围，就会产生不良影响，甚至会发生质的变化。因此，货物养护的首要问题，就是采用科学的方法控制与调节温湿度，使之适合于货物的储存，以保证货物完好无损。

一、温度、湿度的含义

（一）温度的概念

温度是指物体（包括空气）冷热的程度，以水沸腾时的温度（沸点）与水结冰时的温度（冰点）作为基准点。

温度只能通过物体随温度变化的某些特性来间接测量。目前国际上用得较多的温标有华氏温标(℉)、摄氏温标(℃)、热力学温标(K)和国际实用温标。

温度的变化,可以提高或降低货物的含水量,引起某些易溶、易挥发的液体货物以及有生理机能的货物发生质量变化。为此,必须对仓库提出适合于货物长期安全储存的温度界限,即"安全温度"。对一般货物来说,只要求最高温度界限;一些怕冻货物和鲜活货物,则要求最低温度界限。

(二) 湿度的概念

湿度分为货物湿度、空气湿度(大气湿度)。笼统来说,湿度表示含水量的多少,但在不同场合又有不同的表示方法。货物含水量用百分比表示;空气湿度常用绝对湿度、饱和湿度、相对湿度、露点等物理量来表示。

1. 绝对湿度

绝对湿度是指在单位体积的空气中,实际所含水蒸气的量。可以按密度来计算,即按每立方米空气中实际所含水蒸气的重量来计算,用克/立方米表示。如,每立方米含有水蒸气 10.8 克时,则空气的绝对湿度就是 10.8 克/米^3。温度愈高,水蒸气蒸发的愈多,绝对湿度愈大。反之,温度愈低,水蒸气蒸发的愈少,绝对湿度愈小。

2. 饱和湿度

饱和湿度表示在一定温度下,单位体积空气中所能容纳的水汽量的最大限度。空气的饱和湿度是随着温度的升高而增大,随温度降低而减小的。

3. 相对湿度

空气中实际含有的水蒸气量(绝对湿度)距离饱和状态(饱和湿度)程度的百分比叫作相对湿度。相对湿度用百分率来表示,公式如下:

相对湿度 =(绝对湿度 / 同温度下的饱和湿度)× 100%

在同样多的水蒸气的情况下温度升高相对湿度就会降低。因此在提供相对湿度的同时也必须提供温度的数据。

4. 露点

当含有一定数量水蒸气的空气(绝对湿度)的温度下降到一定程度时,所含水蒸气就会达到饱和(饱和湿度,即相对湿度达 100%),并开始液化成水,这种现象叫结露。水蒸气开始液化成水的温度叫作露点温度(简称露点)。如果温度继续下降到露点以下,空气中的水蒸气就会凝集在物体的表面上,俗称"出汗"。有时可以看到在一些表面光滑、导热较快的金属制品、水泥地、石块或柱脚上有一些水珠,就是这种现象。

由此可见,温度的变化对空气的潮湿程度有很大影响。原来比较干燥的空气,如温度逐渐降低,空气就会变得越来越潮湿;反之,则变得干燥。因此,仓库保管人员应随时掌握温度的变化情况,控制库内温湿度。

(三) 空气湿度的测定

空气湿度可以采用"干湿球温度计(表)"测定和经过换算得出。干湿球温度计(表)由干球温度计(表)和湿球温度计(表)组成。干球温度计(表)直接测量空气温度;湿球温度计(表)下端裹缠纱布,纱布部分浸泡在水中,测量得到湿球温度。由于纱布的水分蒸发吸热,湿球温度计(表)的测量温度一般比干球温度计(表)低,当空气中水汽达到饱和时,两者相同。通过"温度与湿度查对表"(见表 4-2),可以确定空气相对湿度、露点等。

表 4-2　温度与湿度查对表

气温/℃	干球温度—湿球温度									
	0		1		2		3		4	
	t_d	r	t_d	r	t_d	r	t_d	r	t_d	r
16	16	100	14	89	12	79	10	69	9	60
17	17	100	15	90	14	80	12	70	11	61
18	18	100	16	90	15	80	13	71	12	62
19	19	100	17	90	16	81	14	72	13	63

注:t_d 表示露点(℃),r 表示相对湿度(%)

二、温度、湿度的控制

温湿度是货物质量变化的重要因素。控制与调节温湿度,必须熟悉货物的性能,了解货物质量的变化规律及货物储存的最适宜温湿度;掌握本地区的气候变化规律及气象、气候知识;采取相应措施控制温湿度的变化,对不适宜货物储存的温湿度要及时调节,保持适宜货物安全储存的环境。

下表中列示了一些货物对温湿度的要求。

表 4 - 3　几种货物的温湿度要求

种　类	温度 (℃)	相对湿度 (%)	种　类	温度 (℃)	相对湿度 (%)
金属及制品	5～30	≤75	重质油、润滑油	5～35	≤75
碎末合金	0～30	≤75	轮胎	5～35	45～65
塑料制品	5～30	50～70	布电线	0～30	45～60
压层纤维塑料	0～35	45～75	工具	10～25	50～60
树脂、油漆	0～30	≤75	仪表、电器	10～30	70
汽油、煤油、轻油	≤30	≤75	轴承、钢珠、滚针	5～35	60

(一)仓库温湿度管理的基本要求

第一,在库内外适当地点设立"干湿球温度计",一般可在每个库房内的中部悬挂一个,悬挂的高度离地面约 1.5 米。库外则应挂在"百叶箱"内。

第二,指定专人每天按时观察和记录。观察时间一般上下午各一次,记录的内容应包括:干湿球温度计所表示的温度,依据换算表计算出当时的绝对湿度、相对湿度和饱和湿度,气候变化情况。每天的气候和温湿度情况,可用"气候通知牌"公布以引起注意。每个大中仓库都可以在库外设置气候通知牌,有关人员每天上下午,及时将库外气候变化情况通知仓库保管人员,以便根据库内外温湿度情况,及时控制和调节库内温湿度。

第三,按月、季、年分析记录,统计该时期内最高、最低和平均温湿度。以便积累资料。

第四，当发现库内温湿度超过要求时，应立即采取相应措施，以达到安全储存的目的。

（二）仓库温度控制的措施

除了冷库外，仓库的温度直接受天气温度的影响，库存货物的温度也就随天气温度同步变化。货物温度高时，会融化、膨胀、软化，容易发生腐烂变质、挥发、老化、自燃，甚至物理爆炸等现象；温度太低时，会变脆、冻裂、液体冻结膨胀等。一般来说，绝大多数货物在常温下都能保持正常的状态。

普通仓库的温度控制主要是避免阳光直接照射货物，因为在阳光直接照射的地表温度要比气温高很多，午间甚至高一倍。仓库遮阳采用仓库建筑遮阳和苫盖遮阳，当然不同建筑材料的遮阳效果不同，混凝土结构遮阳效果最佳。对怕热货物应存放在仓库内阳光不能直接照射到的货位。

对温度较敏感的货物，在气温高时可以洒水降温。对怕水的货物可以对苫盖物、仓库屋顶洒水降温。在日晒降低的傍晚或夜间，将堆场货物的苫盖适当揭开通风，也是对露天堆场货物降温保管的有效方法。

货物自热是货物升温损坏的一个重要原因。对容易自热的货物，应经常检查货物温度。当发现升温时，可以采取加大通风、洒水等方式降温，翻动货物散热降温。必要时可以采用在货垛内存放冰块、释放干冰等措施降温。

此外，仓库里的热源也会造成温度升高，应避开或者在高温季节避免使用仓库内的热源。

在严寒季节，气温极低时，可以用加温设备对货物加温防冻。对突至的寒潮采取寒潮到达前对货物进行保暖苫盖，也具有短期保暖效果。

（三）仓库湿度控制的措施

1．降湿的方法

（1）通风降潮。当库内湿度大、库外空气比较干燥时，就可以利用通风降低库内湿度。通风降潮时不但要比较库内外湿度，而且要比较库内外温度，经过换算后再决定是否适宜通风。

(2) 吸湿。是在梅雨季节或阴雨天,库内湿度过大,又不宜通风时,在密封条件下使用机械或吸潮剂来降低库内湿度的方法。机械吸湿通常是使用空气去湿机吸湿;吸潮剂吸湿是当库内湿度大,又不能采用通风方式降低湿度时采用的方法,此时库房应尽可能地严密封闭,否则会降低吸湿效果。

(3) 密封防潮。是利用一些不透气,能隔热、隔潮的材料,把货物严密地封闭起来,以隔绝空气,降低或减少空气温湿度变化对货物的影响。它要求密封前要检查货物含水量、温度、湿度,选择绝热防潮材料(沥青纸、塑料薄膜、芦席等),确定密封时间,密封后要加强管理。密封的主要方法有:货架密封、货垛密封、库内小室密封和整库密封。

(4) 通电驱潮。是利用某些电器通电后所产生的热量驱除潮气。一般有绕组线圈的电器货物内部受潮后,均可采取通电驱潮的方法。但要注意货物的电气性能,否则容易发生事故。

(5) 气幕隔潮。气幕俗称"风帘",是利用机械鼓风产生强气流,在库门口形成一道气流帘子,其风速大于库内、外空气的流速,可以阻止库内、外空气的自然交换,从而防止库外热潮空气进入库内。

2. 加湿的方法

当库区空气过于干燥时,则需要增加空气的湿度。可以减少库内空气流动,人工或机械洒水,也可利用离心加湿器,电极式蒸汽加湿器,超声波加湿器等。

例题 5　在某仓库外测得干球温度即气温为 16℃,湿球温度为 14℃,该仓库的货物要求保管在 50％~60％的湿度范围内,仓库应该采取怎样的保管措施?

解:因为:16－14＝2(℃)

查表知:气温 16℃时,干球温度与湿球温度差为 2℃的露点是 12℃,相对湿度是 79％。

那么:① 该仓库内的温度必须控制在 12℃以上才能保证货物不会造成湿损;② 如果该仓库的货物要求保管在 50％~60％的湿度范围内,仓库应采取防潮除湿的保管方法,具体的方法要根据仓库条件来决定采用相应的密封技术、通风技术或湿度调节技术。

第四节　在库物品盘点

盘点,是对在库货物进行账(货物保管账)、卡(货卡)、货(库存货物)三方面的数量核对工作。通过核对,管理人员可以及时发现库存货物数量上的溢余、短缺、品种互串等问题,以便分析原因,采取措施,挽回和减少保管损失;同时,还可以检查库存货物有无残损、呆滞、质量变化等情况。

一、盘点的作用

(一)确定货物现存量

盘点可以确定现有库存货物实际库存数量,以便核查账实差异及其发生原因,明确责任,并通过盈亏调整使库存账面数量与实际库存数量一致。

(二)确认企业资产的损益

库存货物总金额直接反映企业流动资产的使用情况,库存量过高,流动资金的正常运转将受到威胁,而库存金额又与库存量及其单价成正比,因此为了能准确地计算出企业实际损益,必须进行盘点。

(三)确保货物安全与合理储备

通过盘点,可以掌握各种货物的保管现状,查明堆码是否稳固整齐,货物摆放是否合理,有无损失浪费、霉烂变质、贪污盗窃等情况;查明各项货物的储备和利用情况,明确哪些货物积压,哪些货物不足。针对问题,要建立健全各项制度,确保货物安全与合理储备。

(四)核实货物管理成效

通过盘点,可以发现作业与管理中各项制度的执行情况和存在的问题,这有利于督促制度的贯彻执行以及存在问题的解决,提高管理质量。

二、盘点的方法

(一)按盘点货物的全面性划分

1. 全面盘点

全面盘点是对仓库中的所有货物都进行盘点,包括已经付款但仍在途的货物,以及已发至生产现场待用的货物。

由于全面盘点内容庞杂,范围广泛,工作量十分巨大,参与的人员也很多,所以一般只是在年终、工厂生产停工、设备检修期间进行。但当仓库货物的种类较少时也可以在其他期末时间进行。

2. 局部盘点

局部盘点只对仓库中的部分货物进行盘点。一般是对使用比较频繁的材料、产成品等根据实际情况在年内进行轮流盘点或重点盘点。

动碰盘点就是一种常用的局部盘点,即对每天动过、碰过、发出过的货物在发货后随即查核。其特点是花费时间少、发现差错快,能及时解决问题、挽回损失。

(二) 按盘点时间的固定性划分

1. 定期盘点

定期盘点是指对各项货物在固定的时间内进行盘点,一般是在每季度、每半年或年终财务结算前。

由于定期盘点是将所有货物一次盘清,因此工作量较大、要求严格。通常采用分区、分组的方式进行,其目的是为了明确责任,防止重复盘点和漏盘。

2. 临时盘点

临时盘点是当仓库发生货物损失事故,或保管员更换,或仓库与货主认为有必要盘点对账时,组织一次局部性或全面的盘点。

(三) 按盘点对象划分

1. 账面盘点

账面盘点又称永续盘点,是根据期初货物实际库存资料和本期货物入库、出库、损溢的记录,推算出期末货物的库存量。

2. 现货盘点

现货盘点又叫实地盘点(实盘),是到实地对库存现货进行盘点。

如果要得到最正确的库存情况并确保盘点无误,最直接的方法就是确定账面盘点和现货盘点的结果是否一致,如有账实不符的现象,就应该分析查找错误原因,划清责任归属。

（四）按盘点计划安排划分

1. 月末盘点

月末盘点是在月末对全部库存货物进行逐品、逐垛、逐架的清点，并与实物账核对。

2. 循环盘点

循环盘点是将货物逐区逐类连续盘点，或在某类货物达到最低存量时盘点。这种方法通常用于价值高或重要的货物盘点，周而复始，分批循环进行。

3. 月末账盘、季末实盘

在每季前两个月的月末对库存货物进行账面盘点并推算月末库存，到季末才进行实地盘点。

三、盘点的程序

一般情况下，盘点作业可分为盘点准备、盘点实施、盘后管理三个阶段，具体作业程序还可细分如下。

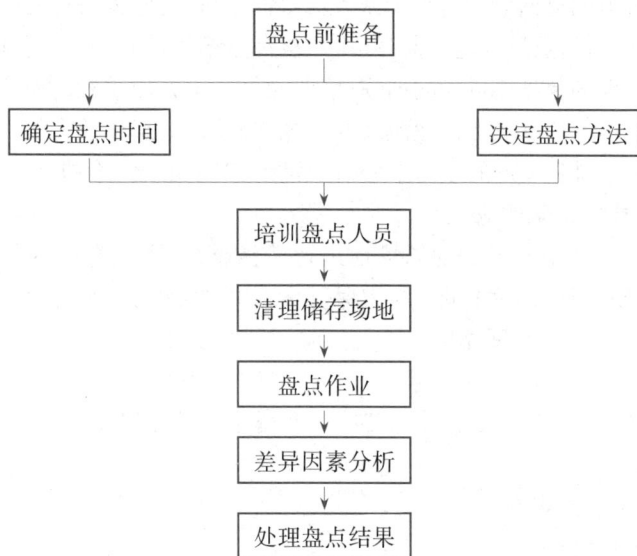

图 4-7　盘点作业的程序

(一) 盘点准备

盘点前的准备工作是否充分,直接关系到盘点作业能否顺利进行,甚至盘点是否成功。盘点的基本要求是必须做到快速准确。为了达到这一基本要求,盘点前的充分准备十分必要,应做的准备工作有以下四步。

1. 确定盘点的作业程序、时间、方法

仓库对以往盘点工作的不理想之处先加以检讨并修正后,确定盘点的作业程序、时间、方法。

盘点时间可以根据货物的不同特性、价值大小、流动速度、重要程度、成本会计决算等来确定不同的盘点时间,盘点时间间隔可以是每天、每周、每月、每年盘点一次。

盘点方法可以根据盘点场所、要求的不同而合理选择。

2. 确定并培训盘点人员

盘点人员的确定主要是选定总盘人、主盘人、会点人、协点人以及监点人。

大规模的全面盘点必须增派人员协助进行,这些人员通常来自管理部门,主要对盘点过程进行监督,并复核盘点结果,因此必须对他们进行熟悉盘点现场及盘点货物的训练;培训的另一个方面是针对所有盘点人员进行盘点方法及盘点作业流程的训练,必须让盘点作业人员对盘点的基本要领、表格、单据的填写十分清楚,盘点工作才能顺利进行。

3. 清理储存场地

要对仓库中放置货物的场地进行清洁整理,做到仓库内货物摆放整齐,以便于计数;库存账、货物保管卡及货物档案整理就绪,未登账、销账的单据均应处理完毕。

4. 准备盘点资料和用具

准备盘点时需要的计量器具,准备盘点单、判断盈亏汇总表等单据。

(二) 盘点实施

1. 进行分工

将仓库分成几个区域,并确保各区之间不重合、不留有空白。然后把盘点人员分成几个组,每组负责一个区域。分组时尽量把专业人员和非专业人员进行搭配组合,以提高盘点效率。

2. 清点货物数量

盘点人员依据分工,按顺序对负责区域内的货物进行点数。① 计件货物,以件(箱、捆、包)为单位的货物先清点件数,再换算成记账单位与账卡核对,注意对包装容量不同的货物要分别清点。② 计重货物,有标准重量的只要件数相符,即可作为账货相符处理;无标准重量的,要注意:原垛未动的,可复核原磅码单;原垛已动的,要进行理论换算。③ 计尺货物,包装容量一致的以件为单位计数,包装容量不一致的必须逐件核对磅码单。

3. 填写盘点单

盘点人员根据清点后得到的货物数量,填写盘点单(见表4-4)的第一联,并将此联悬挂于对应的货物上。盘点单属于原始凭证,有连续号码,应按顺序填写。填写错误也不得撕毁,应保留并上交。

表4-4　盘点单

盘点日期:　　　　　　　　　　　　　　　　　　　　　　　编号:

商品编号	商品名称	存放位置	盘点数量	复查数量	盘点人	复查人
⋮	⋮	⋮	⋮	⋮	⋮	⋮

4. 复盘

在初盘人员清点完货物并填写了盘点单后,复盘人员要对清点结果进行检查,并据实填写盘点单的第二联。复盘数量与初盘数量不一致时,要共同进行再次清点,以确定其最终数量。

5. 统计盘点结果

将盘点单按编号及发出数收回,并根据每张盘点单上的最终货物数量,统计出货物的总量。再将盘点所得库存货物实存数量与库存账目数量进行核对,以确定盘盈数量或盘亏数量。

6. 填写盘点表

根据盘点的结果填写好盘点表,如果货物有损溢、残损、变质,还要填写货物损溢报告单、货物残损变质报告单,经过审核无误以后,由参与盘点的人员和保管员共同签名盖章。

核对账与货、账与账、货与卡是否相符,将盘点表单分送财务、业务、统计部门,根据审批后的盘点表单,调整货卡、实物账。

7. 填写其他报表

盘点中还要填写货物价值跟踪表、出、入库和变更登记、安全存量警示表、库存变动明细表等报表。

表4-5是库存货物价值跟踪表,填写目的是帮助记录库存中货物的入库时间等信息,避免由于存储造成货物价值损失。

表 4-5　库存货物价值跟踪表

货物名称	类别(ABC)	入库时间	存储时间	保留价值	备注

表 4-6　出、入库和变更登记

	2A	国外购生产料品	NO. _____ _____年_____月_____日
	2B	国内购生产料品	
	2C	杂项料品	

续　表

厂商	代号		厂商全名			说明	
	简称						
序号	品类代号	料号	品名规格	计量单位	入库数量	计价单位	验收合格量	原订购单NO.	备注（扣款项）
说明	核准		仓库		验收		点收		

表 4 - 7　安全存量警示表

品类							
料号	品名规格	单位	现有库存量	安全存量	差异数量	建议采购量	

表 4 - 8　库存变动明细表

品类						
料号	品名规格	单位	原有库存量	现有库存量	差异数量	建议采购量

（三）盘点后的管理

盘点后，对发现盘盈、盘亏、毁损、变质、报废、久储、滞销等情况，要查明原因，报业务部门处理。

1. 盘点差异的原因分析

造成账实不符的原因通常是：第一，盘点方法不当，存在漏盘、重盘和错盘情况。第二，由于计量、检验方面的问题造成的数量或质量上的差错。第三，由于保管不善或工作人员失职造成的货物的损坏、霉烂、变质或短缺等。第四,因气候影响发生腐蚀、硬化、结块、变色、锈烂、生霉、变形以及受虫鼠之啮食等,致使物资发生数量短缺或无法再使用。第五,由于自然灾害造成的非常损失和非常事故发生的毁损。第六,原始单据丢失,保存不齐全;登账不及时,有未达账项;存在计算错误、漏登、重登和错登情况。第七,由于贪污、盗窃、徇私舞弊等造成的货物损失。第八,由于供方装箱装桶时,每箱每桶数量有多有少,而在验收时无法每箱每桶进行核对,所造成的短缺或盈余。第九,由于使用的度量衡器具不够准确,或使用方法错误,而造成数量有差异,或由于整进零发所发生的磅差。第十,由于用作样品,而又未开单,造成数量短缺。

2. 盘点的盈亏处理

查清原因后,为了通过盘点使账面数与实物数保持一致,需要对盘点盈亏和报废品一并进行调整。除了数量上的盈亏,有些货物还将会通过盘点进行价格的调整,这些差异的处理,可以通过填写"货物盘点盈亏调整表"和"货物盈亏价格调整表",经有关主管审核签认后,登入存货账卡,调整库存账面数量。存货保管账的格式可参考表4-9、表4-10、表4-11。

表4-9　货物盘点盈亏调整表

货物编号	货物名称	单位	账面数量	实存数量	单价	盘盈		盘亏		备注
⋮	⋮	⋮	⋮	⋮	⋮	⋮	⋮	⋮	⋮	⋮

表4-10　货物价格调整表

货物编号	货物名称	单位	数量	原价	金额	现价	金额	差异		备注
								单价	金额	
⋮	⋮	⋮	⋮	⋮	⋮	⋮	⋮	⋮	⋮	⋮

表 4 - 11　存货账卡

货物名称：					储位号：				
订货点：					经济订购批量：				
日期		凭证及 号码	订购 数量	入库 数量	单价	余额	出库 数量	余额	
月	日							数量	金额
⋮	⋮	⋮	⋮	⋮	⋮	⋮	⋮	⋮	⋮

3. 盘点评价指标

盘点不应该仅限于资产的结算及财务报表的用途,而应该有更高层次的目标,那就是改善货物管理问题,提升仓库管理水准。尤其是"实地盘点"劳师动众,产销活动甚至不得不停下来,因此要通过管理活动,使盘点作业发挥更大的管理效益。

仓库管理人员应该对库存管理的绩效进行评估,通过一系列的指标计算,如吞吐量、年平均库存量、物质收发差错率、物资损坏率等,找出管理中的主要问题。

吞吐量 ＝ 到库货物总量 ＋ 出库货物总量

年平均库存量 ＝（年初货物总量 ＋ 年末货物总量)/2

（其中,年末货物总量＝年初货物总量＋到库货物总量－出库货物总量）

物质收发差错率＝全年错收错发货物量/吞吐量×100％

物资损坏率＝损坏变质货物量/年平均库存量×100％

例题 6　某仓储公司 2010 年到库货物总量共 2 000 吨,出库货物总量 1 500 吨,年初货物总量 500 吨。全年错收错发货物共 50 吨,损坏变质货物共 15 吨。请计算吞吐量、年平均库存量、物质收发差错率、物资损坏率。

解:吞吐量 ＝ 到库货物总量 ＋ 出库货物总量 ＝ 2 000 ＋ 1 500 ＝

3 500(t)

年末货物总量 ＝ 年初货物总量 ＋ 到库货物总量 － 出库货物总量 ＝ 500 ＋ 2 000 － 1 500 ＝ 1 000(t)

年平均库存量 ＝ (年初货物总量 ＋ 年末货物总量)/2 ＝ (500 ＋ 1 000)/2 ＝ 750(t)

物质收发差错率 ＝ 全年错收错发货物量/ 吞吐量 × 100％ ＝ 50/ 3 500 × 100％ ＝ 1.43％

物资损坏率 ＝ 损坏变质货物量/ 年平均库存量 × 100％ ＝ 15/ 750 × 100％ ＝ 2％

第五节　库存管理

一、库存管理概述

(一) 库存的意义

库存,指为了使生产正常而不间断地进行或为了及时满足客户的订货需求,必须在各个生产阶段或流通环节之间设置的必要的物品储备。

按照企业库存管理的目的不同,必要的库存可以分为以下几种类型。

1. 运转库存

运转库存又称经常库存,是指为了满足日常需求而建立的库存。这种库存是不断变化的,当物品入库时到达最高库存量,随着生产消耗或销售,库存量逐渐减少,直到下一批物品入库前降到最小。这种库存的补充是按一定的规则反复进行的。

2. 安全库存

安全库存是指为了防止由于不确定因素(如突发性大量订货或供应商延期交货)影响订货需求而准备的缓冲库存。

3. 加工和运输过程库存

加工库存是指处于加工或等待加工而处于暂时储存状态的货物。

运输过程的库存是指处于运输状态(在途)而暂时处于储存状态的货物。

4. 季节性库存

季节性库存是指为了满足特定季节中出现的特定需求而建立的库存,或指对季节性生产的货物在出产的季节大量收储所建立的库存。

5. 促销库存

促销库存是指为了应付企业促销活动产生的预期销售增加而建立的库存。

6. 时间效用库存

时间效用库存是指为了避免货物价格上涨造成损失,或者为了从货物价格上涨中获利而建立的库存。

7. 沉淀库存或积压库存

沉淀库存或积压库存是指因货物品质变坏或损坏,或者是因没有市场而滞销的货物库存,还包括超额储存的库存。

(二) 库存管理的意义

库存管理是对在库货物品种及其存量的管理和控制,它只考虑其合理性、经济性与最优性,而不是从技术上考虑存货的保管、储存和运输。因此,库存管理就是要维持必要的库存,减少不必要的库存。

(三) 影响库存管理的因素

1. 需求的性质

需求性质的不同对库存管理决策有着决定性的影响。它们表现为以下几种情况。

(1)需求确定或不确定。若需求是确定而已知的,则可只在需求发生时准备库存,库存的数量根据给定的计划确定;若需求是不确定的,则需要保持经常储备量,以供应随时发生的需求。

(2)需求有规律变化或随机变动。需求虽有变动但其变动存在着规律性,如季节性变动,则有计划地根据变动规律,在旺季到来之前准备较多的库存储备以备销售增长的需要。若需求变动没有一定的规律,呈现为随机性变化,就需要设置经常性库存,甚至准备一定的保险储备量来预防突然发生的需求。

(3) 独立性需求或相关性需求。需求的独立性或相关性是指某种物品的需求与其他物品的需求互不相关或相互依赖。相关性需求一般根据某项相关需求计划直接推算该物品的供货数量和时间。独立性需求是企业所不能控制的,它们随机发生,只能用预测的方法而无法精确计算。在确定供货数量和时间上主要考虑成本上的经济性。本章讨论的库存物品主要是独立性需求的物品。

(4) 需求的可替代性。有些物品可由其他物品替代,它们的库存量就可以定得少些,万一发生缺货也能用替代品来满足需要。对于没有替代品的物品,则必须保持较多的库存才能保证预期的供应需求。

2. 提前期

提前期是指从订购或下达生产指令时间开始,到物品入库的时间周期。在库存控制中,都是根据库存量将要消耗完的时间,提前订货,以避免在订货到达之前发生缺货。显然这与订单处理时间、物品在途时间以及该物品的日常用量有关。

3. 自制或外购

所需要的物品是自制还是外购,也影响对库存的决策。若从外部采购,应着重从经济性,即节约成本的要求来确定它们的供货数量和供货次数。若属于本厂自制,则不但要考虑成本的经济,还需要考虑生产能力的约束、生产各阶段的节奏性等因素来确定供货的数量和时间。

4. 服务水平

服务水平指的是由库存满足用户需求的百分比。如果库存能够满足全部用户的全部订货需要,则其服务水平为 100%。若 100 次订货,只能满足 90 次,则服务水平为 90%,相应地这时的缺货概率为 10%。服务水平一般是由企业领导部门根据经营的目标和战略而规定的。服务水平的高低影响到库存水平的选择,服务水平要求高,就需要较多的储备来保证。

5. 管理水平

通过仓储与库存的管理,可以减少库存失误。分析造成库存的失误性原因,有利于加强仓储与库存的管理。

二、ABC分类法

（一）ABC分类法的概念

ABC分类法又称帕累托分析法，它是根据事物在技术或经济方面的主要特征，进行分类排队，分清重点和一般，从而有区别地确定管理方式的一种分析方法。由于它把被分析的对象分成A、B、C三类，故称为ABC分类法。

（二）ABC分类法的应用

在库存管理中应用ABC法，如果对库存货物进行年成本分析，有以下四个步骤。

（1）收集各个品目货物的年销售量、货物单价等数据。

（2）对原始数据进行整理并按要求进行计算，如计算成本、品目数、累计品目数、累计品目百分数、累计成本、累计成本百分数等。

（3）以累计品目百分数为横坐标，累计成本百分数为纵坐标，根据相关数据，绘制ABC分析图（见图4-8）。

（4）根据ABC分析的结果，对ABC三类货物采取不同的管理策略（见表4-12）。

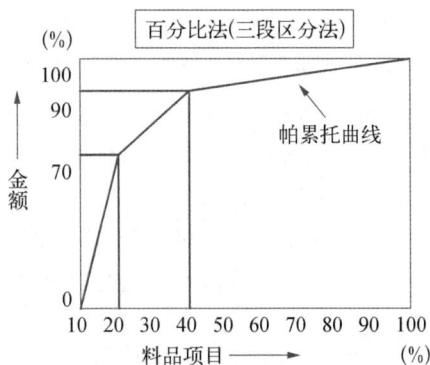

图4-8 ABC分析图

表4-12 ABC三类货物的管理策略

库存类型	特点（按货币量占用）	管 理 方 法
A	品种数约占库存总数的15%，成本约占70%～80%	进行重点管理。现场管理要更加严格，应放在更安全的地方；为了保持库存记录的准确要经常进行检查和盘点；预测时要更加仔细

续　表

库存类型	特点(按货币量占用)	管　理　方　法
B	品种数约占库存总数的 30%,成本约占 15%~25%	进行次重点管理。现场管理不必投入比 A 类更多的精力;库存检查和盘点的周期可以比 A 类要长一些
C	成本也许只占成本的 5%,但品种数量或许是库存总数的 55%	只进行一般管理。现场管理可以更粗放一些;但是由于品种多,差错出现的可能性也比较大,因此也必须定期进行库存检查和盘点,周期可以比 B 类长一些

三、EOQ 管理法

(一) EOQ 的意义

EOQ 就是经济订货批量,是固定订货批量模型的一种,可以用来确定企业一次订货(外购或自制)的数量。当企业按照经济订货批量来订货时,可实现订货成本和储存成本之和最小化。

(二) EOQ 的计算

经济批量法可以随时加以调整使它能够适应各种不同的需要,这种方法还可以扩充延伸,以便在复杂的情况中使用,在应用中主要考虑以下因素。

1. 购买及保管储备物资

除了要支付物资的购买价格之外,还要支付多种其他费用,主要为:占用资金的利息支出、订购物资的行政开支及其他各种存贮费用,如建筑物的折旧费、租金、地方捐税、供暖、照明、机械操作设备、仓库费用、工作人员薪给、存贮物品的老化过时、建筑物及储备物资的保险费用以及储备物资变质报废等等。

2. 订货费用

订货费用是因订货而支付的费用。一个规模很小的公司,订购货物的工作只不过由某个人兼任,或者就由公司的老板兼任这项工作。这就很难把这位兼职的人在其领取的薪金中划出一部分纳入订货的费用之内。不过,即使如此,也应该计算因订货而支付的文具纸张及秘书工作的费用。在大公司里,是很容易估计订货费用的,因为大公司有独立的采购部门。很容易把采购部门的总管理费用按全年发出的订货单予以分摊。

3. 存贮及其他费用

有些类别费用是随着存贮数量的变化而变化的,而其他类别费用却保持相当长的时间不变,如租金、地方税、人员薪金及折旧费等,并不受库存总额的影响。至于供暖、照明、用于操作的设备等,所得的费用有一部分是固定不变的,有一部分则是变动不定的。保险费的开支一般根据平均库存量来计算,并加上一些其他因素。上述有关项目构成的固定存贮费用是很大的,这项固定费用加上很多较小的随着库存数量的增加而变化的费用,就是总的存贮费用。为了表示各种变动成本之间的关系,通常的做法是,设存贮费用为从其起点为零的一条直线,总的订货费则为一矩形双曲线。据此可以绘出一条总费用曲线,而两线相交之点就是最低的费用。

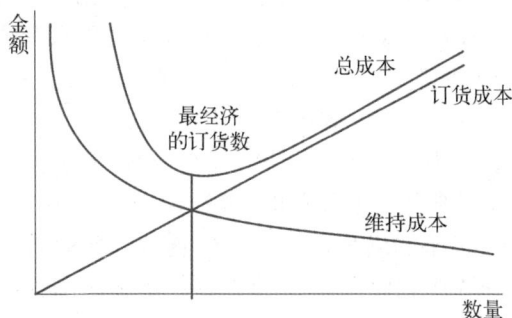

图 4-9　经济批量 EOQ 的计算

经数学处理后,经济订货批量的公式为

$$Q^* = \sqrt{(2 \times DS/C)}$$

式中,Q^*——经济订货批量

　　　D——商品年需求量

　　　S——每次订货成本

C——单位商品年保管费用

经济订货批量反映了持有成本与订货成本之间的平衡。

例题 7　已知某产品的年需求量为 10 000 箱,每箱进价 30 元,单次订货成本为 2 元/次,单位产品的库存成本为每年 1 元/箱一年,求经济订货批量,采购周期,总订购成本。

解:经济订货批量 $= \sqrt{2 \times 10\,000 \times 2/1} = 200$ 箱/次

采购次数 $= D/Q^* = 10\,000/200 = 50$ 次

采购周期 $= 365/$ 采购次数 $= 365/50 = 8$ 天

总订购成本 $=$ 货物的总进价 $+$ 全年的保管费 $+$ 全年订货费

货物的总进价 $=$ 年需求量 $\times$ 每箱进价 $= 10\,000 \times 30 = 300\,000$ 元

全年的保管费 $=$ 经济订货批量 $/2 \times$ 单位产品的库存成本 $= 200/2 \times 1 = 100$ 元

全年订货费 $=$ 采购次数 $\times$ 单次订货成本 $= 50 \times 2 = 100$ 元

总订购成本 $= 300\,000 + 100 + 100 = 300\,200$ 元

经济订货批量 EOQ 是存货维持与订货处理相结合使成本最低的补给订货批量。这种批量的确定,是假设全年的需求和成本相对较稳定。既然 EOQ 是根据单一的产品进行计算的,那么,该基本公式的形成中不考虑产品联合订货的影响。

虽然 EOQ 模型可以确定最佳的补补数量,但它需要某些相当严格的假设才能直接应用。在简单的 EOQ 模型中需要作出的主要假设有:① 已知全部需求的满足数;② 已知连续不变的需求速率;③ 已知不变的补给完成周期时间;④ 与订货数量和时间保持独立的产品的价格不变(即购买数量或运输价格不存在折扣);⑤ 不限制计划制定范围;⑥ 多种存货项目之间不存在交互作用;⑦ 没有在途存货;⑧ 不限制可得资本等。

四、订货点管理法

(一) 定量订货法

1. 定量订货法的基本原理

定量订货法是指当库存量下降到预定的最低库存量(订货点)时,

按规定(一般以经济批量为标准)进行订货补充的一种库存控制方法。如图 4 – 10 所示。

图 4 – 10　定量订货法

当库存量下降到订货点 R 时,即按预先确定的订购量 Q 发出订货单,经过缴纳周期(订货至到货间隔时间)L_T,库存量继续下降,到达安全库存量 S 时,收到订货 Q,库存水平上升。

该方法主要靠控制订货点 R 和订货批量 Q 两个参数来控制订货,达到既最好地满足库存需求,又能使总费用最低的目的。

2. 确定订货量的方法

(1) 基本经济订货批量

基本经济订货批量是简单、理想状态的一种。通常订货点的确定主要取决于需要量和订货缴纳周期这两个因素。在需要是固定均匀、订货缴纳周期不变的情况下,不需要设安全库存,这时订货点: $R = L_T \times D/365$

式中,R—— 订货点的库存量;

L_T—— 缴纳周期,即从发出订单至该批货物入库间隔的时间;

D—— 该货物的年需求量。

但在实际工作中,常常会遇到各种波动的情况,如需要量发生变化,缴纳周期因某种原因而延长等,这时必须要设置安全库存 S,这时订货点则应用下式确定:

$$R = L_T \times D/365 + S$$

式中,S——安全库存量。

例题8 某产品年需求量 1 000 件,订货成本 5 元/次,单价 10 元/件,储存费率为 10%,提前期为 5 天,安全库存量为 12 件。求订购批量、订货点。(一年 365 天)

解:订购批量 $= \sqrt{2 \times 1\,000 \times 5/(10 \times 10\%)} = 100$ 件

订货点 $R = L_T \times D/365 + S = 5 \times 1\,000/365 + 12 = 26$ 件

(2) 批量折扣购货的订货批量

供应商为了吸引顾客一次购买更多的货物,往往会采用批量折扣购货的方法,即对于一次购买数量达到或超过某一数量标准时给予价格上的优惠。这个事先规定的数量标准,称为折扣点。在批量折扣的条件下,由于折扣之前购买的价格与折扣之后购买的价格不同,因此,需要对原经济批量模型做必要的修正。

在多重折扣点的情况下,先依据确定条件下的经济批量模型,计算最佳订货批量(Q^*),而后分析并找出多重折扣点条件下的经济批量。

(3) 分批连续进货的进货批量

在连续补充库存的过程中,有时不可能在瞬间就完成大量进货,而是分批、连续进货,甚至是边补充库存边供货,直到库存量最高。这时不再继续进货,而只是向需求者供货,直到库存量降至安全库存量,又开始新一轮的库存周期循环。分批连续进货的经济批量,仍然是使存货总成本最低的经济订购批量。

(二) 定期订货法

1. 定期订货流程

定期订货是按预先确定的订货时间间隔按期进行订货,以补充库存的一种库存控制方法。其决策思路是:每隔一个固定的时间周期检查库存项目的储备量。根据盘点结果与预定的目标库存水平的差额确定每次订购批量。

这种库存控制系统的库存量 Q 随时间 t 变化的情况如图 4-11 所示,T_k 为订货时间。这里假设需求为随机变化,因此,每次盘点时的库存量都是不相等的,为达到目标库存水平 Q_{max} 而需要补充的数量也随着变化。定期订货系统的决策变量是:订货周期 T、目标库存水平 Q_{max}。图中 Q_S 为安全库存量。

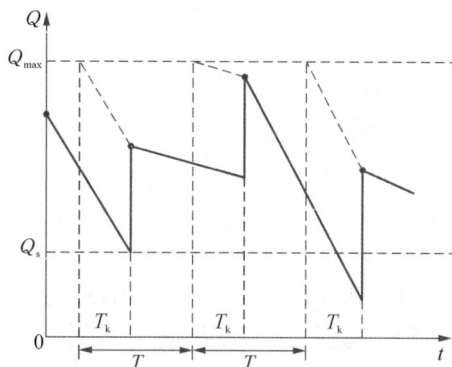

图 4 - 11 定期订货法库存变化

2. 定期订货模型

（1）订货周期的确定。订货周期一般根据经验确定，主要考虑制订生产计划的周期时间，常取月或季度作为库存检查周期，但也可以借用经济订货批量的计算公式确定使库存成本最有利的订货周期。

$$订货周期 = 1/订货次数 = Q/D$$

式中，Q——经济订货批量

D——商品年需求量

（2）目标库存水平的确定。目标库存水平是满足订货期加上提前期的时间内的需求量。它包括两部分：一部分是订货周期加提前期内的平均需求量；另一部分是根据服务水平保证供货概率的保险储备量。

（三）定量与定期订货法的区别

1. 提出订购请求时点的标准不同

定量订货法提出订购请求的时点标准是，当库存量下降到预定的订货点时，即提出订购请求；而定期订货法提出订购请求的时点标准则是：按预先规定的订货间隔周期，到了该订货的时点即提出请求订购。

2. 请求订购的货物批量不同

定量订货法每次请购货物的批量相同，都是事先确定的经济批量；

而定期订货法每到规定的请求订购期,订购的货物批量都不相同,是根据库存的实际情况计算后确定的。

3. 库存货物管理控制的程度不同

定期订货法要求仓库作业人员对库存货物进行严格的控制、精心地管理,经常检查,详细记录,认真盘点;而定量订货法,对库存货物只要求进行一般的管理,简单的记录,不需要经常检查和盘点。

4. 适用的货物范围不同

定量订货法适用于品种数量少、平均占用资金大的、需重点管理的A类货物;而定期订货法适用于品种数量大、平均占用资金少的、只需一般管理的B类、C类货物。

五、JIT管理法

(一) JIT库存管理法的基本思想

JIT生产方式作为一种管理思想,在库存控制中主要应用在订货管理,即库存管理中形成一种先进的库存管理模式——准时化库存管理。它的基本思想是:在恰当的时间、恰当的地点,以恰当的数量、恰当的质量提供恰当的物品。JIT库存管理既做到了很好地满足用户的需求,又使得用户的库存量最小,用户不需要设库存,只在货架上(或在生产线边)有一点临时的存放,一天销售完毕(一天工作完,生产线停止时),这些临时存放就消失,库存完全为零,真正实现了零库存。这样的库存管理模式,就是JIT库存管理模式。

(二) JIT库存管理法的意义

根据资料统计,JIT库存管理在以下几个方面已经取得了令人满意的成果。

(1) 大幅度减少原材料和外购件的库存。根据国外一些实施JIT库存管理策略企业的测算,JIT库存管理可以使原材料和外购件的库存降低40%～85%。原材料和外购件库存的降低,有利于减少流动资金的占用,加速流动资金的周转,同时也有利于节省原材料和外购件库存占用的空间,从而降低库存成本。

(2) 提高库存管理物资的质量。一般来说,实施JIT库存管理,可以使购买的原材料和外购件的质量提高 2～3 倍。而且,原材料和外购件质量的提高,又会引致质量成本的降低。据估计,推行 JIT 库存管理可使质量成本减少 26%～63%。

（3）降低原材料和外购件的库存管理价格。由于供应商和制造商的密切合作以及内部规模效益与长期订货,再加上消除了库存管理过程中的一些浪费（如订货手续、装卸环节、检验手续等）,就使得购买的原材料和外购件的价格得以降低。例如,生产复印机的美国施乐（Xerox）公司,通过实施 JIT 库存管理策略,使其库存管理物资的价格下降了 40%～50%。

此外,推行 JIT 库存管理策略,不仅缩短了交货时间,节约了库存管理过程所需资源（包括人力、资金、设备等）,而且提高了企业的劳动生产率,增强了企业的适应能力。

六、MRP 管理法

（一）MRP 的基本原理

MRP 的基本原理是由主生产进度计划（MPS）和主产品的层次结构逐层逐个地求出主产品所有零部件的出产时间、出产数量,这个计划也被叫作货物需求计划。其中,如果零部件靠企业内部生产的,需要根据各自的生产时间长短来提前安排投产时间,形成零部件投产计划;如果零部件需要从企业外部采购的,则要根据各自的订货提前期来确定提前发出各自订货的时间、采购的数量,形成采购计划。确实按照这些投产计划进行生产和按照采购计划进行采购,就可以实现所有零部件的出产计划,从而不仅能够保证产品的交货期,而且还能够降低原材料的库存,减少流动资金的占用。

（二）MRP 的过程

货物需求计划 MRP 是根据主生产进度计划（MPS）、产品的结构文件（BOM）和库存文件而形成的。

1. 主产品

主产品就是企业用以供应市场需求的产成品。例如,汽车制造厂生产的汽车,电视机厂生产的电视机,都是各自企业的主产品。

2. 主产品的结构文件 BOM

主要反映出主产品的层次结构、所有零部件的结构关系和数量组成。根据这个文件,可以确定主产品及其各个零部件的需要数量、需要时间和它们相互间的装配关系。

3. 主生产进度计划 MPS

主要描述主产品及由其结构文件 BOM 决定的零部件的出产进度,表现为各时间段内的生产量,有出产时间、出产数量或装配时间、装配数量等。

4. 产品库存文件

包括了主产品和其他所有零部件的库存量、已订未到量和已分配但还没有提走的数量。制定货物需求计划有一个指导思想,就是要尽可能减少库存。产品优先从库存物资中供应,仓库中有的就不再安排生产和采购,仓库中有但数量不够的,只安排不够的那一部分数量投产或采购。

5. 制造任务单和采购订货单

由货物需求计划再制订产品投产计划和产品采购计划,根据产品投产计划和采购计划组织物资的生产和采购,生产制造任务单和采购订货单,交制造部门生产或交采购部门采购。

(三) MRP 的应用条件

应用 MRP 库存管理必须有一定的基础条件,最为重要的基础条件有三点,一是企业应用了 MRP 管理系统,二是企业有良好的供应商管理,三是要及时更新数据库。

如果企业没有应用 MRP 系统,就谈不上进行 MRP 库存管理。不运行 MRP 系统,货物的需求计划就不可能由相关性需求转换成独立性需求。没有 MRP 系统生成的计划订货量,MRP 库存管理就失去了依据。

应用 MRP 库存管理需要有良好的供应商管理作为基础。在 MRP 库存管理中,购货的时间性要求比较严格,如果没有严格的时间要求,那么 MRP 库存管理也就失去了意义。如果没有良好的供应商管理,不能与供应商建立起稳定的客户关系,则供货的时间性要求很难保证。

MRP 库存管理同一般库存管理有一点不同，就是货物到达后，需要及时更新数据库。不仅更新库存记录，而且还要更新在途的货物和已发订货单数量和计划到货量。这些数据都会添加到 MRP 系统中，作为下次运行 MRP 系统的基础数据。

本章小结

储位管理的目标是充分有效地利用空间，尽可能提高人力资源及设备的利用率，有效地保护好货物的质量和数量，维护良好的储存环境，使所有在储货物处于随存随取状态。

合理、科学的货物堆码苫盖，可以提高在库货物的储存保管质量，提高仓容利用率，提高收发作业及养护工作的效率。堆码的要求是合理、安全、方便、节约。

温湿度是货物质量变化的重要因素。应根据库存货物的保管保养要求，适时采取密封、通风、吸潮和其他控制与调节温度、湿度的办法，力求把仓库温度、湿度保持在适应货物储存的范围内。

对在库货物的盘点，是对账、卡、货三方面的数量核对。通过核对，管理人员可以及时发现库存货物数量上的溢余、短缺、品种互串等问题，以便分析原因，采取措施，挽回和减少保管损失。

库存管理的方法主要有 ABC 分类法、EOQ 管理法、订货点管理法、JIT 管理法、MRP 管理法等。

复习参考题

一、单项选择题

1. （　　）是空气中实际含有的水蒸气量距离饱和状态的百分比。
   A. 绝对湿度　　　　　　　B. 饱和湿度
   C. 相对湿度　　　　　　　D. 露点

2. （　　）的主要目的是便于对货物进行维护、查点等管理和提高仓容利用率。

A. 密封　　　　　　　　　B. 堆码

C. 垫垛　　　　　　　　　D. 苫盖

3. JIT 的中心思想是(　　)。

A. 零缺陷　　　　　　　　B. 零库存

C. 备货期短　　　　　　　D. 消除一切无效劳动和浪费

4. 既可以防潮、防热、防干裂、防冻,又可以防霉、防虫、防锈蚀、防老化的商品养护措施是(　　)。

A. 通风　　　　　　　　　B. 密封

C. 吸潮　　　　　　　　　D. 药物防治

5. 要了解空气的干湿程度,主要看空气(　　)的高低。

A. 露点　　　　　　　　　B. 饱和湿度

C. 绝对湿度　　　　　　　D. 相对湿度

6. (　　)是在每季前两个月的月末对库存货物进行账面盘点推算月末库存,到季末才进行实地盘点。

A. 月末账盘季末实盘　　　B. 定期盘点

C. 循环盘点　　　　　　　D. 局部盘点

7. (　　)表示水蒸气开始液化成水的温度。

A. 绝对湿度　　　　　　　B. 饱和湿度

C. 相对湿度　　　　　　　D. 露点

8. (　　)是指为了满足日常需求而建立的库存。

A. 安全库存　　　　　　　B. 加工和运输过程库存

C. 经常库存　　　　　　　D. 时间效用库存

9. 在库存管理技术中,(　　)是一种依据一定的原则对众多事物进行分类的方法。

A. ABC 分析法　　　　　　B. EOQ 管理法

C. MRP　　　　　　　　　D. ERP

10. (　　)是指为了避免货物价格上涨造成损失,或者为了从货物价格上涨中获利而建立的库存。

A. 安全库存　　　　　　　B. 沉淀库存或积压库存

C. 促销库存　　　　　　　D. 时间效用库存

二、多项选择题

1. 货物储存期间,导致其质量变化的因素有(　　　)。
   A. 货物的成分　　　　　B. 货物的自然属性
   C. 货物的结构　　　　　D. 货物的存储环境
   E. 仓库中的微生物

2. 定期订货法的特点是(　　　)。
   A. 每次订购量是相同的　B. 每次订购量是不同的
   C. 平均库存量较大　　　D. 平均库存量较小
   E. 工作计划性强

3. 选择苫盖用品时,应符合(　　　)的要求。
   A. 防火　　　　　　　　B. 防潮
   C. 耐用　　　　　　　　D. 经济
   E. 安全

4. 空气的干湿程度叫作"湿度"。在此意义下,常用来表示湿度的物理量有(　　　)。
   A. 绝对湿度　　　　　　B. 相对湿度
   C. 饱和湿度　　　　　　D. 沸点
   E. 露点

5. 堆码作业的基本要求是(　　　)。
   A. 合理　　　　　　　　B. 安全
   C. 通风　　　　　　　　D. 方便
   E. 节约

6. 按盘点的计划安排不同,可将其分为(　　　)。
   A. 定期盘点　　　　　　B. 月末盘点
   C. 循环盘点　　　　　　D. 临时盘点
   E. 月末账盘季末实盘

7. 货物养护中的温、湿度控制措施主要有(　　　)。
   A. 通风　　　　　　　　B. 吸潮
   C. 分区分类　　　　　　D. 定量
   E. 密封

三、是非题

1. 定期盘点是指在一定时间内,一般是每季度、每半年或年终财务结算前进行一次全面的盘点。

2. 沉淀库存或积压库存是指为了避免货物价格上涨造成损失,或者为了从货物价格上涨中获利而建立的库存。

3. 空气的干湿程度叫作"湿度"。在此意义下,常用绝对湿度、相对湿度、饱和湿度以及露点等物理量来表示。

4. 局部盘点是在每天、每周,分批对部分货物进行盘点,到月末才完成全部货物的盘点。

5. 垫垛的主要目的是便于对货物进行维护、查点等管理和提高仓容利用率。

6. 温度的变化,可以提高或降低货物的含水量;引起某些易溶、易挥发的液体货物以及有生理机能的货物,发生质量变化。

7. 密封防潮是利用机械鼓风产生强气流,在库门口形成一道气流帘子,其风速大于库内、外空气的流速,可以阻止库内、外空气的自然交换,从而防止库外热潮空气进入库内。

8. 库存管理就是要维持必要的库存,减少不必要的库存。

9. 对一般货物来说,只要求最高温度界限;一些怕冻货物和鲜活货物,则要求最低温度界限。

10. 相对湿度 ＝(绝对湿度/饱和湿度)×100％

四、论述题

1. 储位指派策略有哪几种? 各有何特点?
2. 储位指派的方法有哪几种?
3. 堆码作业的目的和要求是什么?
4. 温湿度控制的方法有哪些?
5. 简述盘点工作的程序。
6. 简述库存的分类。
7. ABC 分类管理法的基本思想是什么?

8. EOQ 管理法的基本原理是什么？

9. JIT 的基本思想是什么？

10. 某时仓库外测得干球温度为 18℃,湿球温度为 15℃。请问:该仓库内的温度必须控制在什么范围内才能保证货物不会造成湿损?如果该仓库的货物要求保管在 80%～90% 的湿度范围内,仓库应采取哪些具体的保管措施?

五、计算题

1. 宝钢公司一库房的负荷量为 2 000 kg/m²,要存放的钢材面积 0.8 m²,一平方米中存放 2 件,堆垛 15 层,每件毛重 100 kg,是否超负?

2. 上海建筑公司仓库的一种物资要求堆码载荷为 500 kg,物资包装瓦楞纸箱外部高度为 100 cm,商品重量(产品加箱重)120 kg,箱体堆码高度要求 4 米。堆码时间估计为三个月(瓦楞纸箱的疲劳系数 k 取 1.9)。试测算是否符合堆码载荷要求。

3. 海尔电器公司仓库要堆放空调机,所用包装箱体开孔强度降低率为 15%,运输过程强度降低率为 20%,仓储过程强度自然降低率为 40%,单个纸箱重量为 25 kg,空箱抗压强度为 300 kg。请通过安全系数求出纸箱的承载能力和最大堆码层数。

4. 某仓库内要存放一台自重 45 吨的设备,该设备低架为两条 2.5 米×0.3 米的钢架。该仓库库场单位面积技术定额为 5 t/m²。问需不需要垫垛? 如何采用 2 米×1.5 米、自重 0.8 吨的钢板垫垛?

5. 已知某产品的年需求量为 3 000 箱,每箱进价 20 元,单次订货成本为 1.5 元/次,单位产品的库存成本为每年 1 元/箱一年。求经济订货批量、采购周期、总订购成本。

6. 隧道股份公司某货物年需求量 3 000 件,订货成本 2 元/次,单价 150 元/件,储存费率为 2%,提前期为 7 天,安全库存量为 16 件。求订购批量、订货点。(一年 365 天)

7. 中国商飞公司一仓库 2009 年到库物质共 30 000 吨,出库 28 000 吨,年初库存 5 000 吨。全年错收错发货共 560 吨,损坏变质货物共 17 吨,请计算吞吐量、年平均库存量、物质收发差错率、物资损坏率。

六、案例分析题

某光电科技有限公司的仓储货位管理

某光电科技有限公司位于广东惠州金源工业区,成立于1998年,是一家专业照明器与电气装置产品制造商,它是行业的龙头企业。凭借优异的产品品质、卓越的服务精神,获得了客户的广泛认可与赞誉。为了适应新形势下的战略发展需要,公司对现有的客户关系网络进行了整合,在全国各地成立了35个运营中心,完善了公司供应链系统、物流仓储与配送系统以及客户服务系统。

该公司总部共有成品仓库3个,分别是成品一组仓库、成品二组仓库和成品三组仓库。它们是按产品的型号不同而将产品分放在不同的仓库:其中成品一组仓库位于一楼,目的是方便进出货,所以它那里存放的货物相对种类比较多一点,如筒灯、灯盘等,并且所有的外销品也存放在一组;成品二组仓库储存的主要是路轨灯、金卤灯、T4灯、T5灯以及光源。公司的几大光源都存放在成品二组仓库;成品三组仓库主要存放特定的格栅灯、吸顶灯、导轨灯以及别的公司的一些产品。

该公司的仓库货位管理的储存方式是采用的定位储存原则。定位储存是指每一类或每一个储存货品都有固定货位,货品不能互用货位。所以在规划货位时,每一项货品的货位容量不得小于其可能的最大在库量。但在实际操作中,定位储存一般会按照情况不同而做适当的调整,它会根据实际情况而做改变。在该仓库的货位管理中,经该公司有关工作人员研究,把理论与实际相结合,实行了定位、定点、定量管理的原则。因此,它的货位容量不是全部按照最大在库量进行定位的。因为该公司的产品是属于季节性差异比较大的产品,如果按照最大在库量设定就会使仓库的空间利用率下降,从而出现浪费资源的情况。

由于该公司仓库的所有库位都用定位储存,按照该公司的仓库现状来看,全部使用定位储存原则是不太合理的,应该按照产品不同特点与存储要求,将产品进行分类,对于重要的产品、数量少而品种多的产品使用定位储存。而由于公司的产品特性几乎都一样，它们的特性是不会相互排斥的，这从产品特性上看是可以把它们随机放在一起的。

该公司在仓储管理的货位分配上也有一些原则：（1）先进先出原则，即先入库的货品先出库的原则，该原则一般适用于寿命周期短的货品。（2）面对通道原则，即指将货品的标志、名称面对通道摆放，以便让作业员容易地辨识，这样可以使货品的存取能够容易且有效率地进行，这也是使仓库内能流畅作业的基本原则。（3）重量特性原则，即指按照货品重量的不同来决定货品在保管场所的高低位置。一般而言，重物应该保管于地面上或货架的下层位置，轻的货品则保管于货架的上层位置。如果是以人工进行搬运作业的时候，人的腰部以下的高度用于保管重物或大型货品，而腰部以上的高度则用来保管轻的货物或小型货品。这个原则，对于采用货架的安全性及人工搬运作业有很大的意义。根据这个原则，该公司的仓库备货就采用了摘果式。这种方式，对于该公司对仓储要求的现状来说，是非常合理的，而且对于工作人员来说也是很方便的。

在具体的货位管理过程中，他们使用了较多的现代管理方法和原则。而这些方法和原则，对于大多数较为传统的仓储业务管理来说还是比较科学合理的。当然，在管理的过程中也会有问题，比如在实际操作中，有些操作人员的不注意、不仔细、不小心也使得我们的一些原则执行得不够好。在公司产品的销售旺季，仓库的货位管理会出现混乱局面，有些产品还会存放在作业通道和安全通道上，这样不利于我们作业，特别影响仓库作业人员的安全，存在安全隐患。这些问题往往是在销售旺季的时候特别突出。

（资料来源：http://www.studa.net/guanliqita/100301/14310025.html）

请思考：

1. 该公司在仓库货位管理上采用定位储存原则，请你评价其合理性。
2. 请你评价该公司在仓储管理的货位分配上的原则。

第五章

仓储发货管理

📖 **学习目标**

- 掌握发货作业的程序和方式
- 了解发货作业的管理要求
- 掌握发货的方法
- 了解发货单证的流转;发货问题的处理;发货检验的方法
- 理解发货作业排序中的优先调度技术

引入案例

超量领料的后果

上海某大型造船公司的作业现场,靠近原材料仓库。在一次检查中发现,生产系统的员工为了省时省力,往往超出批量领料的规定,并将多余的物料遗留在生产现场。员工的这种懒惰习惯将使物料管制失去控制,造成严重的资源浪费和管理问题。

1. 成品库房数量虚估

由于生产部门的工人超量领料,成品仓储部门往往会认为这些物料都已经投入到生产之中,以此估测应该入库的成品数量,并将这些不真实的数据反馈给销售部门,结果造成了生产与供货的脱节,很可能延误交货日期。

2. 生产现场物料损耗

领取的物料数量超过了生产的需求,多余的物料被闲置在生产现场,由于生产管理人员大多数并不具备物料和仓储管理的技能,对生产现场的物料管理往往不到位,造成了生产现场的多余物料的大量损耗、变质、腐烂,甚至遗失。

3. 形成虚假的物料需求

在安全存量法中,如果一下子领走大量的物料,使得库存量低于安全存量,这样就会发生采购行为。当物料采购完成后,才发现生产线上依旧堆积了很多物料,从而增加了不应有的库存维护费用。

该造船公司遇到的这个问题是什么原因造成的?

(案例选编自《高效的物料与仓储管理》,北京大学出版社,2004年版)

第一节　发货管理概述

发货作业,也称出库作业,是仓库根据业务部门或存货单位开出的发货凭证(提货单、调拨单),按其所列物料名称、规格、型号、数量等项目,组织货物出库登账、配货、复核、包装、分发出库等一系列作业的总称。

仓储发货是物料储存阶段的终止,也是仓储作业管理的最后一个环节,发货环节是仓储部门与配送部门和物料使用单位直接发生联系的作业环节。因此,做好发货工作对仓库提高经营管理和服务质量具有一定的作用。

一、发货作业的管理要求

(一) 准确

发货准确与否关系到仓储服务的质量。在短促的发货时间里做到准确无误,就要求在发货工作中做好复核工作。要认真核对提货单,从配货、包装直到交给提货人或运输人的过程中,要注意环环复核。

(二) 及时

无辜拖延发货是违约行为,这将造成经济上的损失。为掌握发货的主动,平时应注意与货主保持联系,了解市场需求的变动规律。同时,加强与运输部门的联系,预约承运时间。在发货的整个过程中,各岗位的责任人员应密切配合,认真负责,这样才能保证发货的及时性。

（三）安全

在仓储发货作业中,要注意安全操作,防止作业过程中损坏包装,或震动、压坏、摔坏物料。同时,应保证物料的质量,在同种物料中,应做到先进先出,对于已经发生变质的物料应禁止发货。

二、发货作业的方式

（一）托运

由仓库物料会计根据货主事先送来的发货凭证转开仓储发货单或备货单,交仓库保管员做好物料的配送、包装、集中、理货、待运等准备作业。设有理货员的仓库应由理货员负责进行集中理货和待运工作,保管员和理货员之间要求办理物料交接手续,然后,由仓库保管员（或直接由理货员）与运输人员办理点验交接手续,以便明确责任,最后由运输人员负责将物料运往车站或码头。

托运是较普遍采用的一种物料发货方式。它适合于距离远、数量大的商品。采用这种方式,仓库应注意加强同运输单位的联系和衔接。

（二）提货

由提货人凭货主填制的发货凭证,用自己的运输工具到仓库提货,仓库会计根据发货凭证转开仓储发货单。仓库保管员按证单配货,经专人逐项复核后,将物料当面点交给提货人员,并办理交接手续,开出门单,由提货人员提走物料。

提货方式一般适用于有自备车辆的存货单位,并且提货数量较少、运输距离较近。

（三）送货

是仓库根据收货单位的要求,按照提货单所开列的物料品种、数量,用仓库自备的车辆将物料运往货主指定地点。其交接手续在卡车卸货地点进行。

送货有利于改善仓库的服务态度,提高仓库车辆的使用效率,增加仓库收入,也可方便客户。

（四）移仓

因业务或保管需要而将储存的物料从某一仓位转移到另一仓位的发货方式。移仓分内部移仓和外部移仓。内部移仓填制仓储企业内部的移仓单,并据此发货;外部移仓则根据货主填制的物料移仓单结算和发货。

（五）过户

在不转移仓储物料的情况下,通过转账单变更物料的所有者的一种发货方式。物料过户时,仍由原货主填制正式的发货凭证,仓库据此作过户转账处理。

（六）取样

物料所有者为介绍物料或检验物料而向仓储部门提取货样。在办理取样业务时,要根据货主填制的正式样品发货单转开仓储发货单,在核实物料的名称、规格、牌号、等级和数量等项后备货,并经复核,将物料交提货人。

三、发货作业的程序

一般来说,根据物料在库内的流向,或发货单的流转,仓储发货作业的程序大致可由以下几个环节组成,见图 5-1。

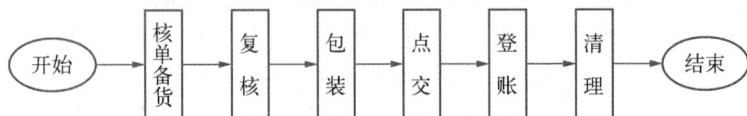

开始 → 核单备货 → 复核 → 包装 → 点交 → 登账 → 清理 → 结束

图 5-1 发货作业的流程

（一）核单备货

物料发放需有正式的发货凭证,仓库保管员必须认真核对发货凭证。首先,要审核凭证的真实性;然后,核对物料的品名、型号、规格、单价数量、收货单位等;最后,审核发货凭证的有效期等。

审核凭证之后,按照单证所列项目开始备货工作。出库物料应按出库凭证上开列的各项信息发货,不得有任意变更、代用或增减数量,如有通用材料也必须经主管业务部门重新开具凭证才能发货。同时出库物料应有质量证明证件,同一批到达的物料只有一份技术证明资料者,应按原件转抄,并加盖公章,原件由仓库保存,便于必要时查阅。机械、仪器仪表、配套产品附带的使用说明书、产品合格证等证件不另抄写,将原件发出。备货时应按"先进先出""易坏先出""已坏不出"的原则进行。

(二) 复核

复核货物出库凭证的抬头、印鉴、日期是否符合要求,经复核不符合要求的货物应停止发货。对货物储存的结余数进行复核,查看是否与保管账目、货物保管卡上的结余数相符。对于不符的情况应及时查明原因。复核的内容包括三核对、三齐全、三不走、三清点。

三核对:核对单据、核对品名规格、核对数量与质量。

三齐全:配套齐全、证件齐全、随商品资料齐全。

三不走:包装不好不走、数量与质量不符不走、装载不合安全规则不走。

三清点:仓库保管员清点、库房负责人清点、押运员或收发人员清点。

发货复核通常可以采取以下几种方式。

(1) 托运复核。仓库保管员根据发货凭证负责配货,由理货员或其他保管员对货单进行逐项核对,即核对货物的名称、规格、货号、花色、数量和细数等,检查货物发往地与运输路线是否有误,复核货物的合同号、件号、体积、重量等运输标志是否清楚。经复核正确后,理货员或保管员应在出库凭证上签字盖章。

(2) 提货复核。仓库保管员根据货主填制的提货单和仓库转开的货物出库单所列货物的名称、规格、牌号、等级、计量单位、数量等进行配货,由复核员逐项进行复核。复核正确,则由复核人员签字后,保管员将货物当面交提货人。未经复核或复核不符的商品不准出库。

(3) 取样复核。保管员按货主填制的正式样品出库单和仓库转开的货物出库单配货,核实无误,经复核员复核、签字后,将货物样品当面交提货人,并办理各种交接、出库手续。

(三)包装

在货物出库时,往往需要对货物进行拼装、加固或换装等工作,这均涉及货物的包装。对货物包装的要求是,封顶紧密,捆扎牢固,衬垫适当,标志正确、清楚。这项工作在大型仓库中由专职人员负责。

对出库商品的包装应符合下列要求。

(1)根据商品的特点和运输部门的规定,选择包装材料,确定包装大小,包装应牢固和便于搬运装卸。

(2)充分利用原包装皮,节约包装材料,尽量以旧代新,废物利用。

(3)充分注意商品在运输途中的安全。

(4)严禁性质不同、互相影响的商品混合包装。危险品必须单独包装。

(5)包装时,箱装商品应每箱附有装箱单,计重商品应附有磅码单。

(四)点交

物料经复核无误后,必须当面向提货人或运输人按单列货物逐件点交,明确责任,办理交接手续。如是用户自提,即将货物和全部证件向提货人员当面点交,办清交接手续。如是用户委托代运,则需办理内部交接手续,向负责代运和包装的部门或人员点交清楚,由接收人签章。在货物装车时,发货人员应在现场进行监装,直到货物装运出库。发货结束后,应在出库凭证的发货联上加盖"发讫"印戳,并留据存查。

(五)登账

点交后,仓管人员应在发货单上填写实发数、发货日期等内容,并签章。

(六)现场和档案的清理

现场清理包括清理库存物料、库房、场地、设备等。档案清理是指对收发、保养、盈亏数量等情况进行整理。

第二节　发货方法

一、先进先出法

先进先出法,指的是先入库的产品在需要时优先发货的方法。因为每个物料都有一定的保存期限,在仓库中存放得太久容易变质或发霉。这种发货方法能够增强仓库中物料的流动性,可以最大限度地保证物料的使用价值。

先进先出法经常持有固定保管数量(标准库存数)。而计算库存时,若在库存仍有余额的情形下,另有补充入库,则将先入库的物品出库,再将后入库的新物料保存下来,因此可有以下几种措施。

(一)贯通式货架系统

利用货架的每层,形成贯通的通道,从一端存入货物,从另一端取出货物,货物在通道中自行按先后顺序排队,不会出现越位等现象。贯通式货架系统能非常有效地保证先进先出。

(二)"双仓法"储存

给每种被储货物都准备两个仓位或货位,轮换进行存取,规定必须在一个货位中取光才可补充,则可以保证实现"先进先出"。

(三)计算机存取系统

采用计算机管理,开始储存时向计算机输入时间记录,编入一个简单的按时间顺序输出的程序,取货时计算机就能按时间给予指示,以保证"先进先出"。

这种计算机存取系统还能将"先进先出"和"快进快出"结合起来,即在保证一定先进先出前提下,将周转快的货物随机存放在便于存储之处,以加快周转,减少劳动消耗。

二、后进先出法

这是一个和先进先出法恰好相反的货物出库方法,是从最新入库的物品依序出库的方法；采用此法时，每次所出库的物品都在接近门口的地方，因此在搬运及管理方面有很多方便之处。

此实际的运用是：预期在一周左右之内需要出库的物品放置在接货地点附近而不加收藏，以便随时应付出库。若有余货则将其收进仓库里。如果再没有进货而需出库时，就将最近入库的物品先搬出。

长久持续使用此种出库方法时，往往在剩余库存逐渐增多时，造成留在仓库里的都是一些储存时间较长的商品，极容易陈旧或变质。因此，采用后进先出法时，必须周密地研究库存管理的各个方面，即控制入库，或经常改变出库方式，或对库存最高额加以限制等，以弥补它的不足。

但是，这种方法也有其独特的优点，计算起来比较简便。

现有库存量 ＝ 前日余额＋（本日进货量－本日出库量）

通过以上公式，便能立即得出当时的库存数量，因而有利于库存对策的抉择。

三、限额发料法

限额发料法是指仓库依据计划部门制定的物料消耗定额，在规定的数额内对生产车间、部门发料，超过规定数额以外，除非另经批准，不再发料。这是企业内部物料发货中出于控制用料的考虑常采用的一种发货方法。

限额发料法的实际应用步骤见图 5 - 2。

采用限额发料法的作用主要有三个方面。第一，可以监督消耗定额的执行，加强生产部门对物料消耗定额的管理。第二，可以加强物料供应的计划性，有利于正确地制定物料采购计划。第三，可以使物

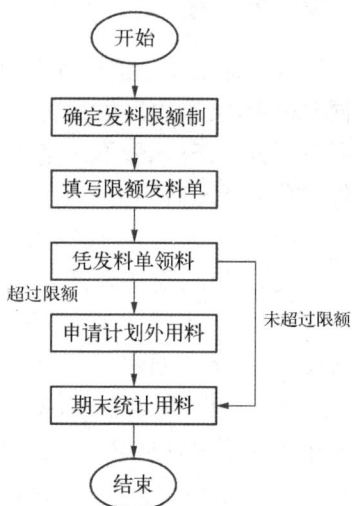

图 5 - 2　限额发料法的步骤

料管理部门做好发料前的准备工作,避免临时忙乱、发生被动应付的情况。

因此,企业内部凡是用料品质中比较固定而又需要多次领用的物料,都应尽可能地实行限额发料。

此外,发货的常用方法还有需要量通知出库法、定量出库法等。

需要量通知出库法,是预先由使用负责人提出所需出库量的要求,仓库负责人则在预定出库时间之前,将账簿数额整理妥当,有需要时则把库存商品分拨出来以备出库。

定量出库法,是预先规定每次出库的商品数量的方式。若每个包装单位(箱、袋或捆等)也维持固定数量的话,每一次出库时都不需重新计算出货数量,此法用于少件多量物品(如螺丝、螺帽、垫圈……)时特别方便。

第二节　发货作业实务

一、发货单证的流转

发货单证主要是指提货单,它是向仓库提取物料的正式凭证。在不同单位中,会采用提货和送货这两种不同的出货方式,而不同单位在不同发货方式条件下,单证流转与账务处理的程序都会有所不同。这里针对典型情况做一些介绍。

(一)提货方式下的提货单

提货方式中,财务人员在收到提货单后,经审核无误,向提货人开出物料出门证,出门证上应列明每张提货单的编号,出门证中的一联交给提货人,账务人员将根据出门证的另一联和提货单在物料明细账发货记录栏内登账,并在提货单上签名,批注出仓吨数和结存吨数,并将提货单传递给保管员发货。提货人凭出门证向发货员领取所提物料,待货付讫,保管员应盖付讫章和签名,并将提货单返回给账务人员。提货人凭出门证提货出门,并将出门证交给守护员(门卫)。守护员在每天下班前应将出门证交回账务人员,账务人员凭此与已经回笼的提货单号码和所编代号逐一核对。如果发现提货单或出门证短少,应该立即追查,不得拖延。自提的提货单流转和出库账务处理程序如图 5-3 所示。

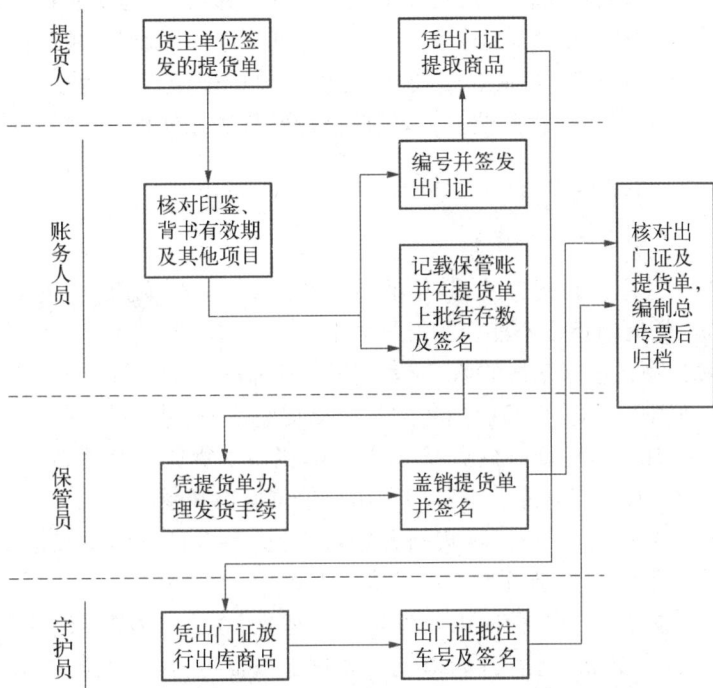

图 5-3 自提提货单流转和出库账务处理程序

以上介绍的是仓库"先记账后发货"的处理方式,另外仓库也可以采用"先发货后记账"的发货形式,这里不做介绍。

(二) 送货方式下的提货单

送货方式中,一般是采用"先发货后记账"的形式。提货单随同送货通知单经内部流转送达仓库后,一般是直接送给理货员,而不先经过账务人员。理货员接单后,经过理单、编写地区代号,分送给保管员发货,待货发讫后再交给账务人员记账。

此外,对于其他的几种发货方式,其单证的流转与账务的处理过程也基本相同。取样和移仓对于货主单位而言并不是物料的销售和调拨，但对仓库来说却也是一笔发货业务。货主单位签发的取样单和移仓单也是仓库发货的正式凭证，它们的流转和账务处理程序与提货单基本相同。物料的过户，对仓库来说物料并不移动，只是所有权在货主单位之间转移。所以，过户单可代替入库通知单，开给过户单位储存凭证，并另建新账务，即做入库处理；对过户单位来说，等于做过仓储发货。过户单位与提货单位一样，凭此进行发货账务处理。

二、发货问题的处理

（一）发货凭证的问题

（1）凡用户自提方式，其凭证超过提货期限，必须办理相关手续方可发货，任何白条都不能作为发货凭证。

（2）物料进库未经验收，或者期货未进库的发货凭证，一般暂缓发货，并通知供应商，待验收后再发货。提货期顺延，保管员不得代验。

（3）凡发货凭证有疑点或情况不明，以及发货凭证有复制、涂改等情况时，应及时与仓库有关部门和用户单位取得联系。

（4）提货时，用户发现规格开错，保管员不得自行调换规格发货，必须通过制票员重新开票方可发货。

（5）如客户因各种原因将发货凭证遗失，客户应及时与仓库发货员和账务人员联系挂失；如果挂失时货已被提走，保管人员不承担责任，但要尽力协助货主单位找回货物；如货还没有提走，经保管人员和账务人员查实后，做好挂失登记，将原凭证作废，缓期发货。

（二）发货数与实有数不符

若出现发货数与物料实存数不符的情况，仓储部门要认真分析原因，根据具体情况及时进行处理。属于入库时错账，可以采用报出报入方法进行调整，即先按库存账面数开具仓储发货单销账，然后再按实际库存数量重新入库登账，并在入库单上注明情况；属于用户单位漏记账而多开发货数，应由用户单位出具新的提货单，重新组织提货和发货；属于仓库仓储过程中的损耗，需要考虑损耗数量是否在合理的范围之内，并与用户单位进行协商，合理范围之内的损耗应由用户单位承担，超过合理范围之外的损耗则由仓库负责赔偿。

（三）错发货

所谓错发货，是仓储部门发货人员对物料种类不熟悉，或者由于工作中的疏漏，把错误规格、数量的物料发出库的情况。如果物料尚未离库，应组织力量重新发货；如果物料已经发货，保管人员应根据库存实际情况，如实向仓库主管部门和用户单位讲明错发货的品名、规格、数量等情况，与用户单位协调解决问题。

（四）包装破漏

包装破漏是指在发货过程中，因物料外包装破散等情况而引起的物料泄漏、裸露等问题。对此种问题，发货时应对其进行整理或更换包装，方可发货，否则造成的损失应由仓库承担。

（五）漏记账和错记账

漏记账是指物料出库作业中，由于没有及时核销物料明细账而造成账面数量大于或者小于实存数量的现象。错记账是指在物料出库后核销明细账时没有按实际发货出库的物料名称、数量等登账，从而造成账实不符的情况。无论是漏记账还是错记账，一经发现，除及时向有关领导如实汇报情况外，同时还应根据原出库凭证查明原因并调整保管账，使之与实际库存保持一致。如果由于漏记和错记账给货主单位、运输单位和仓储部门造成了损失，应予赔偿，同时应追究相关人员的责任。

三、发货检查

发货检查是保证单、货相符，避免差错，提高服务质量的关键，是进一步确认拣取作业是否有误的处理工作，因此，必须认真查对，找出产生错误的原因，采取措施以防止错误的产生。发货检查方法有人工检查法、条码检查法和重量计算检查法三种。

（一）人工检查法

人工检查法是由人工将物料逐个点数，查对条码、货号、品名，并逐一核对出货单，进而检验出货质量及出货状况的方法。

（二）条码检查法

条码检查法，首先必须导入条码，让条码始终与物料同行。在发货检查时,只需将所拣物料进行条码扫描,电脑便自动将拣货资料输出进行对比,查对是否有数量和号码上的差异,然后在出货前再由人工进行整理和检查。

(三) 重量计算检查法

重量计算检查法,是把货单上的物料重量自动相加求和,然后秤出发货品的总重量。把两种重量相对比,可以检查发货是否正确。

四、发货作业的排序

(一) 作业排序的主要功能

作业排序的主要功能表现在以下方面:(1)把订单、设备、人员分配到工作地点,制定一个短期作业计划。(2)决定订单执行的顺序,建立工作的优先级。(3)安排已经排序的具体作业,即订单的调度。(4)仓储作业的现场活动控制,检查工作状态,控制完成速度,加快滞后和关键工作的进程。

为了有助于工作的排序,必须利用前一天的作业状态信息、计划控制部门和工艺技术部门提供的相关信息。管理人员还要与部门主管协调排序的可行性,尤其是对工作能力和工作进行过程中可能出现的瓶颈予以考虑。排序的详细情况可以通过电脑终端发送列表,或者打印出来,或者通过在工作现场张贴工作列表的方式传达给操作人员。

(二) 排序规则

排序就是决定某些机器或者某些工作地点优先开始哪个具体工作的过程,即优先调度排序。在作业排序时要遵循一些原则,即所谓优先级规则。作业排序的九个优先级规则如下。

(1)先到先做规则,按照单据到达的先后顺序进行仓储作业。

(2)最短作业时间规则,首先完成所需时间最短的作业,然后是第二短的,依此类推。

(3)要求完成期最早规则,把要求最早完成的作业最先安排进行操作。

(4)最早开始时间规则,用要求完成的时间减去作业的时间,得到最早开始时间;把开始时间最早的作业放在第一位来进行。

（5）剩余松弛时间最短规则，用现在到要求完成前的剩余时间减去剩余的作业时间，差额就是剩余松弛时间；把剩余松弛时间最短的作业优先安排进行。

（6）关键比例规则，关键比例就是用完成时间与当前时间的差值除以剩余的工作时间，关键比例最小的作业优先进行。

（7）排队比例规则，排队比例是用计划剩余松弛时间除以计划剩余排队时间来计算的，排队比例最小的作业优先进行。

（8）后到先做规则，把后到的作业单据放在先到的单据上面，操作人员在工作中会先完成放在上面的单据。

（9）随机排序或随机处置，现场管理人员和具体操作人员通常会选择他们喜欢的作业来操作。

（三）优先调度技术

1. 多个作业单机器排序

在静态排序情况下，即一台机器在一段时间内要完成很多个作业，这个问题被称为"n 个作业——单机问题"，简称"$n/1$"。排序问题在理论方面的难度不是随着作业数量增加而提高的，而是随着机器数量的增加而提高的。因此，对 n 的唯一约束条件是，它必须是确定的有限数字。

理论和实践证明，在 $n/1$ 情况下，采用"最短作业时间规则"能产生最优解。

例题 1 上海浦东外高桥地区的一个仓储公司，它的一个自动化仓库为附近的物流公司提供保税仓储服务。该仓库的一个自动传送带本周要完成 5 个客户的出库物料输送任务。具体的排序数据如下。

作业（按到达顺序）	加工时间（天）	要求完成日期（从现在起天数）
A	3	5
B	4	6
C	2	7
D	6	9
E	1	2

所有的输送任务都要使用唯一可用的自动传送带;仓库管理人员必须决定 5 个任务的加工顺序,评价的标准是流程时间最短。

最优方案:按照"最短作业时间规则",给加工时间最短的任务以最高的优先级,计算完成任务的流程时间。

作业顺序	加工时间	要求完成日期	流程时间
E	1	2	0+1=1
C	2	7	1+2=3
A	3	5	3+3=6
B	4	6	6+4=10
D	6	9	10+6=16

2. 多个作业两台机器排序

出库作业中有时会出现两个或更多作业必须在两台机器以共同的工序进行操作,即 $n/2$ 流水操作的情况。比如,有 5 批物料先要在第一台机器上完成检验操作,然后在第二台机器上完成打包操作,操作的时间各有不同。和 $n/1$ 的情况一样,根据某个评价规则,应该有一种方法可以提供最佳方案。这种方法被称为"约翰逊规则"或"约翰逊方法",目的是使得从第一个作业开始到最后一个作业结束的总流程时间最短。

"约翰逊规则"的步骤是:第一,列出每个作业在两台机器上的操作时间。第二,选择最短的操作时间。第三,如果最短的操作时间来自机器 1,那么先完成这个作业;如果最短的操作时间来自机器 2,那么这个作业就放在最后完成。第四,对于剩余的作业重复第二步和第三步,直到整个排序完成。

例题 2 多个作业两台机器排序问题,按照"约翰逊规则"排序。

第一步,列出操作时间。

作　业	在机器 1 的操作时间	在机器 2 的操作时间
A	3	2
B	6	8
C	5	6
D	7	4

第二步和第三步,选择最短的操作时间并进行指派。作业 A 在机器 2 上的操作时间最短,首先进行指派,放到最后操作。一旦进行指派后,作业 A 就不能再排序了。

第四步,重复第二步和第三步,直到整个排序完成。在剩余的作业中选择操作时间最短的。作业 D 在机器 2 上的操作时间次短,因此排序在倒数第二操作(记住,作业 A 放在最后)。这样,作业 A 和作业 D 都不能再进行排序了。接下来,作业 C 在机器 1 上的操作时间最短,所以,安排作业 C 首先操作。现在,只剩下作业 B 了,它在机器 1 上的操作时间最短,应安排在剩下的作业中优先操作,也就是在所有作业中放在第二位操作,因为此前作业 C 已经排在第一位了。

结论:这个方案的操作顺序是 C-B-D-A,流程时间是最短 25 天。同样总空闲时间和平均空闲时间都是最短的。最终结果见图 5-4。

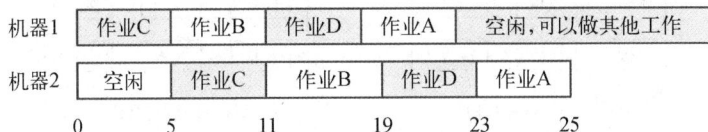

机器1	作业C	作业B	作业D	作业A	空闲,可以做其他工作
机器2	空闲	作业C	作业B	作业D	作业A

```
0      5      11      19      23    25
```

图 5-4　累计时间

这样,使得这些作业从开始操作到操作结束的总流程时间最短。同样,也使得两个机器同时加工的时间最长,最终完成全部操作所需的总时间最短。

这种排序的方法已经扩展到能对 $n/3$ 情况产生最优解。当出库管理中的所有作业需要按照流水操作排序时,其规模往往要超过 $n/3$,通过解析的方法获得最优解决方案简直是不可能的,应用"约翰逊规则"排序的方法就很有用了。

上述这些作业排序的方法可以用到仓储管理的所有作业中。

五、定期移仓作业

为了进行物料的替换,有效地防止滞料的形成,在仓库出货过程中经常进行定期移仓作业。

定期移仓作业,指的是物料在仓库中存储有若干批,每次进货时,由于储位的限制,必须移走旧的物料,也就是移走最早进入仓库的一批物料的作业。

在物料使用时限比较敏感的公司中,例如食品厂,物料的流动性要求较高,因此大多以栈板为存放单位。每日进货时,当天的物料放在同一区域内,要求必须从第一区出货,如果不够,再从第二区出货;当天,库管人员立即将第二区的物料移至第一区,依此类推,其作业过程如图5-5所示。

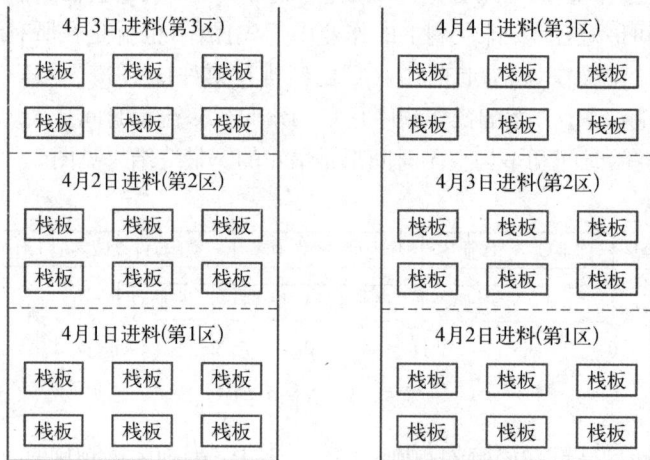

图5-5 定期移仓作业示意图

本章小结

仓储发货是物料储存阶段的终止,也是仓库作业的最后一个环节,它使仓库工作直接与运输单位和物料使用单位发生联系。

发货作业方式主要有托运、提货、送货、移仓、过户、取样。

发货作业的程序大致由核单备货、复核、包装、点交、登账、现场和档案的清理六个环节组成。

发货的常用方法有先进先出法、后进先出法、限额发料法、需要量通知出库法、定量出库法等。

发货检查方法有人工检查法、条码检查法和重量计算检查法三种。

作业排序就是决定某些机器或者某些工作地点优先开始哪个具体工作的过程，即优先调度排序。在作业排序时要遵循一些原则，即所谓优先级规则。

复习参考题

一、单项选择题

1. 出库作业排序的优先级规则中，(　　)是按照单据到达的先后顺序进行仓储作业。

   A. 最早开始时间规则　　　　　B. 先到先做规则
   C. 要求完成期最早规则　　　　D. 排队比例规则

2. (　　)是仓储部门与配送部门和物料使用单位直接发生联系的作业环节。

   A. 收货环节　　　　　　　　　B. 储存环节
   C. 发货环节　　　　　　　　　D. 配送环节

3. 出库作业排序的优先级规则中，(　　)是指用要求完成的时间减去作业的时间，其计算结果最小的作业被放在第一位来进行操作。

   A. 最早开始时间规则　　　　　B. 先到先做规则
   C. 要求完成期最早规则　　　　D. 排队比例规则

4. (　　)是物料存储阶段的终止，也是仓库作业管理的最后一个环节。

   A. 物料出库　　　　　　　　　B. 物料养护

C. 清点交接　　　　　　　　　D. 备料包装

5. (　　)是在拣货作业完成后,将所拣物料根据不同的货主或运输路线进行分类的作业。

A. 备货　　　　　　　　　　　B. 分货

C. 出库　　　　　　　　　　　D. 配送

6. "双仓法"储存属于(　　)。

A. 先进先出法　　　　　　　　B. 后进先出法

C. 需要量通知出库法　　　　　D. 定量出库法

7. 商品出库程序中的清理环节,可分为现场清理和(　　)。

A. 库位清理　　　　　　　　　B. 商品清理

C. 废品清理　　　　　　　　　D. 档案清理

8. (　　)是从最先采购进来的货物开始依次出库的方式。

A. 先进先出法　　　　　　　　B. 后进先出法

C. 需要量通知出库法　　　　　D. 定量出库法

9. 出库作业排序的优先级规则中,(　　)是把要求最早完成的作业最先安排进行操作。

A. 最早开始时间规则　　　　　B. 先到先做规则

C. 要求完成期最早规则　　　　D. 排队比例规则

二、多项选择题

1. 成品发货管理的主要工作有(　　)。

A. 分货　　　　　　　　　　　B. 审核出库单据

C. 复核物品　　　　　　　　　D. 配货

E. 发货

2. 仓储发货要求做到"三不、三核、五检查",其中"三不"是指(　　)。

A. 未接单据或电子数据不翻账　B. 未经核实不登账

C. 未经审单不备货　　　　　　D. 未经复核不发货

E. 未登记账卡不点交

3. 仓储发货要求做到"三不、三核、五检查",其中"三核"是指（　　）。

A. 核实品名　　　　　　　　B. 核实凭证

C. 核对账卡　　　　　　　　D. 核对实物

E. 核算成本

4. 仓储发货的形式有（　　）。

A. 提货　　　　　　　　　　B. 取样

C. 托运　　　　　　　　　　D. 移仓

E. 过户

5. 发货过程中最基本的库存补给策略有（　　）。

A. 定量补给方式　　　　　　B. 定期补给方式

C. 保持最大库存量的补给方式　　D. 高安全库存补给方式

E. 综合补给方式

三、是非题

1. 分货式配货是配货人员或机械工具依照某一出库凭证所示物料，巡回于各个储存点，把所需的物料一一取出，从而完成物料配备的方式。

2. 仓储备料业务的流程是：核单备货——复核——包装——点交——登账——现场和档案的清理。

3. 分货作业是在拣货作业完成后进行的。

4. 仓储发货也称物料出库，是物料存储阶段的终止，也是仓库作业管理的最后一个环节。

5. 拣选式配货可以同时完成多个客户的配货工作，是配货人员或机械工具从储存点分次集中取出各个客户共同需要的物料，巡回于各个客户的指定货位之间，然后把各种物品按客户需要量分别放置的配货方法。

四、论述题

1. 发货作业的管理要求是什么？

2. 简述发货作业程序。

3. 先进先出法在仓库中是如何实施的?

4. 限额发料法有何作用?

5. 简述发货过程中常见问题的处理方法。

6. 作业排序时要遵循哪些优先级规则?

五、案例分析题

中化广东公司保税仓库的发货管理

中化广东公司是中国中化集团公司在华南地区的成员企业公司,成立于 1950 年。历经 50 多年的发展,公司已完成从传统外贸企业向市场经济新型企业的转型,成为集进出口、内贸、仓储物流等多种经营活动于一体,业务范围涉及石油、化工品、基建材料等领域的高度市场化的分销服务商,为全球 100 多个国家和地区的供应商及客户提供专业服务,在国内外同行业中享有很高的声誉。

保税仓储业务是中化广东公司的业务之一,已有 30 多年的历史。第三方物流自主管理的保税仓储业务,是依据海关总署高效的保税货物进出口报关和完税的新管理模式,于近几年新推出的保税物流业务。在这种新管理模式下,保税仓库可以设在保税区外,海关下放部分操作程序,由第三方物流自主管理保税仓库企业来完成,海关对保税仓库只起监管作用,但可以随时查看保税仓库的库存情况。保税仓库每月向海关申报一次货物进出口清单,并与海关系统核对保税货物的库存,一次完税,大大简化了进出关的手续,加快了通关速度。

保税仓库的商品发货作业的程序如下:

整个发货作业的过程,一般都是跟随着商品在库内的流向,或发货单的流转而构成各工种的衔接。发货程序包括核单备料→复核→包装→点交→登账→现场和档案的清理过程。

发货采用何种方式,主要决定于收货人。

(一) 核单备料

发放商品必须有正式的发货凭证,严禁无单或白条发料。保管员接到发货凭证后，应仔细核对，这就是发货业务的核单（验单）工作。首先，要审核发货凭证的合法性和真实性；其次，核对商品品名、型号、规格、单价、数量、收货单位、到站、银行账号；最后，审核发货凭证的有效期等。如属自提商品，还须检查有无财务部门准许发货的签章。

（二）复核

为防止差错，备料后应立即进行复核。发货的复核形式主要有专职复核、交叉复核和环环复核三种。除此之外，在发货作业的各道环节上，都贯穿着复核工作。例如，理货员核对单货，守护员（门卫）凭票放行，账务员（保管会计）核对账单（票）等。这些分散的复核形式，起到分头把关的作用，都有助于提高仓库发货业务的工作质量。复核的主要内容包括品种数量是否准确、商品质量是否完好、配套是否齐全、技术证件是否齐备、外观质量和包装是否完好，等等。复核后保管员和复核员应在"商品调拨通知单"上签名。

（三）包装

发货的货物如果不符合运输方式所要求的包装，应进行包装。根据商品外形特点，选用适宜的包装材料，其重量和尺寸应便于装卸和搬运。发货商品包装，要求干燥、牢固。如有破损、潮湿、捆扎松散等不能保障商品在运输途中安全的，应负责加固整理，做到破包破箱不发货。此外，各类包装容器，若外包装上有水湿、油迹、污损，均不许发货。另外，在包装中严禁互相影响或性能互相抵触的商品混合包装；包装后，要写明收货单位、到站、发货号、本批总件数、发货单位等。

（四）点交

商品经复核后，如果是本单位内部领料，则将商品和单据当面点交给提货人，办清交接手续；如系送料或将商品调出本单位办理托运的，则与送料人员或运输部门办理交接手续，当面将商品点交清楚。交清后，提货人员应在发货凭证上签章。

（五）登账

点交后，保管员应在发货单上填写实发数、发货日期等内容，并签名。然后将发货单连同有关证件资料，及时交给货主，以使货主办理货款结算。保管员把留存的一联发货凭证交给实物明细账登记人员登记做账。

(六) 现场和档案的清理

现场清理包括清理库存商品、库房、场地、设备和工具等;档案清理是指对收发、保养、盈亏数量和垛位安排等情况进行分析。

在整个发货业务程序过程中,复核和点交是两个最为关键的环节。复核是防止差错的重要和必不可少的措施,而点交则是划清仓库和提货方两者责任的必要手段。

为了更好地控制发货数量,有人建议实行限额发料制。

(根据中化广东公司有关管理资料改编)

请思考:

1. 简要评价中化广东公司保税仓库的发货管理过程。
2. 说明在中化广东公司保税仓库实行限额发料制的作用。

第六章

仓储商务管理与成本控制

学习目标

- 了解仓储商务管理的概念和意义
- 掌握仓储商务管理的过程与主要内容
- 理解仓储合同的主要内容
- 掌握仓储合同的特征与分类
- 掌握仓储合同中的违约责任与免责
- 了解仓单的概念与性质
- 理解仓单的形式与内容
- 掌握仓单的注册、流通、注销的实务操作
- 理解仓储成本的控制原则
- 掌握仓储成本的构成
- 掌握仓储成本的控制策略

引入案例

　　某商场与某仓库签订了一份储存保管 20 吨苹果的合同,储存期间为 15 天。商场如期将苹果送到仓库,仓库未予验收即入了库,15 天后,商场提货时发现苹果短缺 1 吨。而且有近 30% 的苹果已经腐烂,不能食用。作为国内货物储存,其验收期为 10 天。

　　请问这短缺的 1 吨苹果和腐烂的 30% 的苹果应该分别由谁承担责任?

　　(资料来源:http://zhidao.baidu.com/question/74133589.html)

第一节 仓储商务管理概述

一、仓储商务管理的概念

(一) 仓储商务的概念

仓储商务是指仓储经营人利用仓储保管能力向社会提供仓储保管服务,并以获得经济收益为目的所进行的交换行为。仓储商务是仓储企业基于仓储经营而对外进行的经济交换活动,是一种商业性行为。

仓储商务活动涵盖制定仓储经营决策、市场调研与宣传、商务磋商与仓储合同签订、货物的接收与保管、仓储物物品交付、收货人提货六个方面,一般发生在公共仓储和营业仓储中。

(二) 仓储商务管理的概念

仓储商务管理是仓储经营人对仓储商务进行计划、组织、指挥和控制的活动,属于独立经营的仓储企业的内部管理之一。

仓储商务管理的目的是为了仓储企业充分利用仓储资源,最大限度地获得经济收入和提高经济效益。相对于其他企业项目管理,商务管理具有外向性,围绕着仓储企业与外部经济活动的管理。商务管理又有整体性的特征,商务工作不仅是商务职能部门的工作,还涉及仓储企业整体的经营和效益,也是其他部门能否获得充足工作量的保证。

二、仓储商务管理的过程

(一) 市场调查与商机选择

商务部门需要不断进行市场调查和发现商业机会,商务市场调查主要针对市场的供求关系、消费者对产品需求的变化以及发展趋势,进行准确调查和科学预测。

仓储企业根据市场对仓储服务的需求,结合仓储企业所具有的能力和实力,遵循充分运用企业资源、满足市场需要并获取最大利润的原则,采取有针对性的有效措施,对潜在客户和竞争对手的客户进行有效的宣传和推广,根据客户的资信选择合适的对象。

(二) 订立仓储合同

存货人与仓储保管人通过订立仓储合同明确双方的仓储权利和义务。

由于物资仓储往往需要较长的时间,为保证保管人严格按照存货人的要求进行处理,避免时间久远遗忘而出现争议,以及涉及仓单持有人的第三方关系,仓储合同需要条款细致、内容充分。

(三) 交接仓储物

存货人依照合同的约定向保管人交付仓储物。保管人应按照合同约定在接收仓储物之前准备好仓储场地,在接收仓储物之前必须验收仓储物,确认仓储物的状态、质量和数量。

合同约定由保管人负责仓储物装卸、堆放的,保管人应安排并妥善进行卸载、堆放。仓储物接收完毕,保管人应根据约定向存货人签发仓单。约定由存货人卸货存放的,存货人按照仓库的安排,将货物运至指定的地点卸货并按仓库的要求进行堆码摆放。

(四) 保管仓储物

仓储物入仓后,保管人应按照合理有效的方法对仓储物进行妥善保管。在存放期内,若仓储物损害或发生变化,应及时通知存货人,并采取必要的处理措施,减少损失。同意存货人或仓单持有人检查仓储物或提取样品。

(五) 仓单持有人提取货物

仓储期届满,仓单持有人可以凭仓单向保管人提取仓储物,交付仓储费用和保管人的垫费、超期存货费和超期加收费等费用。提货人在提货时要对仓储物进行检验,确认仓储物的状态和数量。提货人提货完毕,在仓单上签章后,将仓单交回保管人。

如果合同未约定存储期限,存货人或者仓单持有人可以随时要求提取仓储物,但应有合理的通知期。提货人对仓储中产生的残损货物、收集的地脚货、货物残余物等应一并提取。

三、仓储商务管理的内容

仓储商务管理涉及对企业仓储商务工作的人、财、物的组织和管理,对企业资源的合理利用,制度建设、激励机制以及仓储商务队伍的培训等方面,具体内容有以下六点。

(一) 市场调查和研究

仓储企业要广泛收集和分析市场信息,对市场环境因素以及仓储服务的消费者行为进行分析,细分市场以捕捉和选择有利的市场机会;科学制定满足客户需求的仓储服务、制定合理的价格竞争策略;加强市场监督和管理,科学规划和设计营销策略。

(二) 仓储资源管理

仓储企业需要合理、充分利用仓储资源,做到物尽其用,来为企业创造和实现更多的商业机会。仓储企业在资源配置与管理方面建立和健全规范的管理制度,明确权力、职责,规范仓储资源管理,提高效率。

(三) 商务成本管理

在商务成本管理上,一方面,企业应该准确进行成本核算、细致进行成本分析,提高成本管理效果,降低仓储商务管理成本,提高产品或服务的竞争力;另一方面,企业应该通过科学合理的组织、充分利用先进的技术来降低交易成本。

(四) 商务合同管理

仓储企业应该加强商务谈判和对合同履行的管理,做到诚实守信、依约办事,创造良好的商业信誉。

(五) 商务风险管理

仓储企业需要建立风险防范机制以及规范的商务责任制度,妥善处理商务纠纷和冲突,防范和减少商务风险。

(六) 商务人员管理

商务人员的业务素质和服务态度在很大程度上影响着仓储企业的整体形象,因此,商务管理还包含对商务人员的培训管理。仓储企业应该重视商务人员的培训和提高,通过合理的激励机制调动商务人员的积极性和聪明才智,同时加强监督管理。

四、仓储商务管理的意义

优秀的仓储商务管理有利于仓储企业降低仓储成本、控制商务风险、塑造良好的企业形象。通过对资源的充分利用,来提供适应市场需求的专业化仓储服务,提高仓储企业的行业竞争力,提高仓储企业经济效益、实现仓储企业的可持续发展。

(一)满足社会需要

仓储企业的商务管理是为了向社会提供尽可能多的仓储产品,满足社会对仓储产品的需要。仓储商务管理的任务是要积极有效地开发市场、跟随市场的需要改变产品结构,提高服务水平,降低产品价格,提供适应市场需求的仓储服务。

(二)充分利用企业资源

有效的仓储商务管理使得企业的人力、物力、财力等资源得到充分利用,为仓储企业争取更多的商业机会,并为按时、保质的仓储服务提供保证。

(三)降低仓储成本

仓储商务管理通过对仓储服务各环节上的成本分析与控制,降低整个仓储服务成本,借以提高仓储企业竞争力。

(四)降低企业风险

一般来讲,企业的经营风险绝大部分来自商务风险,高水平的商务管理能够尽可能地避免商务风险与商务事故的发生。

(五)塑造企业形象

商务的每一项工作都会对企业形象产生直接的影响,关系着客户对企业的信赖程度。因此,仓储商务管理要以人为本、用人唯贤、权责分明,配合企业守合同、讲信用的商务管理,逐步树立起仓储企业诚信、专业、优质的企业形象。

第二节　仓　储　合　同

一、仓储合同的定义

仓储合同,又称仓储保管合同。我国《民法典》第 904 条将仓储合同规定为:"仓储合同是保管人储存存货人交付的仓储物,存货人支付仓储费用的合同。"

仓储合同的标的是仓储保管行为,是仓储合同关系中存货人与保管人的民事权利义务共同指向的对象,包括仓储空间、仓储时间和保管要求,仓储人要为此支付仓储费。仓储合同的标的物是仓储物,是仓储合同标的的载体和表现。

对于易燃、易爆、易腐烂、有毒的危险品和易渗漏、超限的特殊货物,存货人与保管人在订立仓储合同时要约定必要的特别仓储事项。

二、仓储合同的特征

仓储合同从性质上看,是一种特殊的保管合同。但是,由于仓储经营的特殊性质,使仓储合同具备一些不同于保管合同的法律特征。

(一) 仓储保管人拥有仓储设备并从事保管业务

在仓储合同中,仓库保管人可以是法人,也可以是个体工商户或其他组织等,但必须具备仓储设备和专门从事仓储业务的资格。仓储保管人应当是在工商行政管理机关登记,从事仓储保管业务,并领取营业执照的法人或其他组织。

(二) 仓储合同的标的物是实物动产

在仓储合同中,存货人应当将仓储物交付给仓储保管人,由保管人按照合同的约定进行储存和保管。因此,依合同性质而言,存货人交付的仓储对象必须是实物动产。

(三) 仓储合同是双务、有偿合同

仓储经营作为一种商业活动,仓储保管人替存货人储存仓储物,提供储存、保管服务,并收取仓储费用;而存货人为获得仓储保管人提供的储存、保管服务,必须交付相应的仓储费用,双方的义务具有相应性和对价性。因此,仓储合同为双务性、有偿性的合同。

(四) 仓储合同是诺成合同

我国《民法典》第 905 条"仓储合同自保管人和存货人意思表示一致时成立"之规定,确认了仓储合同为诺成性合同,而不是等到仓储物交付才生效。

由于仓储经营者的专业性和营利性，在仓储物入库前，仓储保管人要为履行合同做必要的准备工作，支出一定的费用。仓储合同作为诺成合同，仓储保管人在签订了仓储合同但未交付仓储物的情形下，可以依据违约责任请求损害赔偿。

（五）仓单是仓储合同的重要凭证

在仓储合同中，存货人按照合同约定将仓储物交付保管人时，保管人应当给付仓单。仓单是表示一定数量、品种的货物已交付的法律文书，是一种有价证券，是记名的物权凭证。仓储合同的存货人凭仓单提取储存的货物，也可以背书方式并经仓储保管人签名后将仓单上载明的物品所有权转让给他人，被转让者可以凭借背书人的背书，请求仓储保管人返还仓储物。仓单是存货人货物已交付或行使返还请求权的凭证。

三、仓储合同的种类

仓储合同也可以依据不同的标准，做出不同分类。不同种类的仓储合同具有不同的种类特征，也更具有不同的法律效力。

（一）按照仓储合同发生的原因分类

1. 一般仓储合同

一般仓储合同是根据存货人提出的存储计划和保管人的仓储能力，基于双方的意思表示一致而达成的由保管人保管存货人的货物，存货人给付保管人一定数额保管费用的协议。一般仓储合同成立，完全是出于双方的意思表示一致，是双方自愿协商签订的。

2. 指令性仓储合同

指令性仓储合同是存货人与保管人基于国家指令性计划，遵循平等、自愿、等价有偿、诚信的原则而协商达成的仓储合同。国家依据必要的物资存储计划而授权有关部门与保管人进行协商，遵循市场经济条件下价值规律的客观要求，达成等价有偿的仓储协议，从而完成指令性计划物资的储备。

（二）按仓储合同标的物的性质分类

1. 工业仓储合同

工业仓储合同是指从事工业生产的法人或其他组织在组织工业生

产的过程中储存保管原材料、机器、工具、燃料等而订立的合同。

2. 农业仓储合同

农业仓储合同是指保管人为农业领域内的公民、法人及其他组织提供农产品保管服务的合同。农业仓储合同中的当事人,特别是保管人,不仅受《民法典》及相关实施细则的约束,还应遵守有关仓储营业管理办法,如《粮油仓储管理办法》等。

3. 商业仓储合同

商业仓储合同是指保管人与从事商业活动的存货人之间所订立的为存货人保管商业流通物的合同。

仓储物性质具有多样性和特殊性,仓储合同还可以分为其他种类,如化学危险品、特殊物资仓储合同等。

(三) 按仓储的经营方式分类

1. 一般仓储合同

一般仓储合同的仓储物为确定物,保管人必须按原样归还。例如,存货人存入 10 台海尔电冰箱,取回时依然是存入时的那 10 台海尔电冰箱。

2. 混藏仓储合同

混藏仓储合同是指存货人将一定品质数量的种类物交付保管人储藏,保管人将不同存货人的同样的仓储物混合在一起进行保存。储存保管期限届满时,保管人只需以相同种类、相同品质、相同数量的替代物返还存货人,并不需要原物归还的仓储方式。

3. 消费仓储合同

消费仓储合同是指存货人不仅将一定品质数量的种类物交付仓储保管人储存保管,而且与保管人相互约定,将储存物的所有权也移转于保管人处,在合同期届满时,保管人以相同种类、相同品质、相同数量的替代品返还的仓储合同。

消费式仓储经营人的收益,除了约定的仓储费(一般较低)外,更重要的是消费仓储物与到期购回仓储物所带来的差价收益。

4. 仓库租赁合同

仓库租赁合同是指仓库所有人将所拥有的仓库以出租的方式开展

仓储经营，由存货人自行保管商品时签订的合同。仓储人只提供基本的仓储条件，进行一般的仓储管理，如环境管理、安全管理等，并不直接对所存放的商品进行管理。仓库租赁合同从严格意义上来说不是仓储合同，只是财产租赁合同。

（四）按仓储的具体目的分类

1. 生产仓储合同

生产仓储合同针对的是发生在生产过程的仓储保管行为，其目的在于确保工业、农业生产的不间断进行，如农场主将化肥保管于保管人处的合同。

2. 流通仓储合同

发生在流通过程中的仓储保管行为，因其目的在于进入流通消费领域，故而该仓储合同应属于流通仓储合同。

3. 国家储备合同

国家因其所承担的巨大社会责任而储备物质，为了预防自然灾害、社会动荡等意外事故的发生和人民经济生活中的特殊需要而为国家储备的行为，因此订立的仓储合同应当属于国家储备仓储合同。

四、仓储合同的内容

仓储合同的内容是检验合同的合法性、有效性的重要依据。一般来说，仓储合同包括以下内容。

（一）存货人、保管人的信息

存货人和保管人是合同的当事人，是履行合同的主体，需要采用完整的企业注册名称和登记地址，或者主办单位地址。有必要时可在合同中增加通知人，但通知人不是合同当事人，仅仅履行通知当事人的义务。

（二）保管物的详细信息

仓储合同要明确标明仓储物的品名（或品类）、数量、质量、包装等详细信息。

仓储物的数量应使用标准的计量单位，计量单位应准确到最小的计量单位，并防止产生歧义。仓储物的质量应当使用国家或有关部门规定的质量标准、经过批准的企业标准、行业标准或双方自行约定的质量标准。仓储物的包装,一般应由存货人负责,应依据国家、专业标准或双方基于便于保管原则商定。

(三) 仓储物的验收要求

保管人验收仓储物的项目包括仓储物的品种、规格、数量、外包装状况,以及无需开箱、拆捆而直观可见可辨的质量情况。

货物验收期限是指自货物和验收资料全部送达保管人之日起,至验收报告送出之日止。依惯例,国内货物验收期限不超过 10 天,国外货物验收期限不超过 30 天,法律另有规定或当事人另有约定的除外。超过验收期限所造成的实际损失,由保管人负责。

(四) 仓储条件和要求

合同双方当事人应根据货物性质、要求的不同,在合同中明确规定保管条件。对特殊货物以及易燃、易爆、易渗漏、有毒等危险物品,保管人保管时,应当有专门的仓库、设备,并配备有专业技术知识的人负责管理。存货人应当明确告知保管人货物的有关保管条件、保管要求。

(五) 货物进出库手续

仓储合同要明确入库办理手续、理货方法、入库的时间和地点以及货物运输、装卸搬运的方式等,还要明确提货时应办理的手续、验收的内容、标准、方式地点、运输方式等内容。

出库时间由仓储合同的当事人双方在合同中约定,当事人对储存期间没有约定或者约定不明确的,存货人可以随时提取仓储物,但是应当给予必要的准备时间。

(六) 仓储物的损耗处理

损耗处理是指当仓储物实际发生损耗时,应参照损耗标准进行处理。仓储物的损耗标准就是由合同双方当事人事先商定的货物自然减量标准和破损率,需要考虑货物保管条件、保管要求以及储存时间的长短。

如果仓储物出库时与入库时实际验收数量不一致,在损耗标准范围之内的则视为货物完全交付。如果损耗数量超过约定的损耗标准,应核实后作出验收记录,由保管人负责处理。

(七)计费和结算项目

计费项目包括:保管费、转仓费、出入库装卸搬运费,车皮、站台、专用线占有、包装整理、商品养护等费用。此条款需要明确上述费用由哪一方承担,还应该明确各种费用的计算标准、支付方式、支付时间、地点、开户银行、账号等内容。

(八)责任划分和违约处理

仓储合同中可以从货物入库、货物验收、货物保管、货物包装、货物出库等方面明确双方当事人的责任,并同时规定违反合同时应承担的违约责任。违约责任主要有支付违约金、损害赔偿以及采取其他补救措施等方式。

(九)合同的有效期限

合同的有效期限,即货物的保管期限。对于仓库保管人员来说,不仅要注意仓库温度、湿度的变化,还应注意产品的储存期限。

根据有关规定,储存的货物临近失效期时,保管人未通知存货人及时处理而造成的货物损失,保管人负有赔偿责任。

(十)合同的变更和解除

仓储合同的当事人如果需要变更或解除合同,必须事先通知另一方,双方一致即可变更或解除合同。如果发生了法律或合同中规定的可以单方变更或解除合同的情形,拥有权利的一方可以变更或解除合同。

五、仓储当事人的权利和义务

仓储合同当事人的权利与义务是合同当事人在履行合同过程中有权要求对方采取的行为和自身需要进行的行为或不行为。当事人的权利和义务来自合同的约定和法律的规定。

(一)存货人的权利

1. 查验取样的权利

在仓储保管期间,存货人有对仓储物进行查验、取样查验的权力,可以提取合理数量的样品进行查验。由于查验,当然会影响保管人的工作,取样还会造成仓储物的减量,但存货人合理进行的查验和取样,保管人不得拒绝。

2. 保管物的领取权

当事人对保管期间没有约定或约定不明确的,保管人可以随时要求寄存人领取保管物;约定不明确的,保管人无特别事由,不得要求寄存人提前领取保管物,但存货人可以随时领取保管物。

3. 获取仓储物孳息的权利

《民法典》第900条规定:"保管期限届满或者寄存人提前领取保管物的,保管人应当将原物及其孳息归还寄存人。"如果仓储物在保管期间产生了孳息,存货人有权获取该孳息。

(二) 存货人的义务

1. 告知义务

存货人的告知义务包括两个方面:对仓储物的完整明确的告知和瑕疵告知。

完整告知是指在订立合同时存货人要完整细致地告知保管人仓储物的准确名称、数量、包装方式、性质、作业保管要求等涉及验收、作业、仓储保管、交付的资料,特别是危险货物,存货人还要提供详细的说明资料。存货人寄存货币、有价证券或者其他贵重物品的,应当向保管人声明,由保管人验收或者封存。

所谓瑕疵包括仓储物及其包装已存在的缺陷或将会发生损害的缺陷。保管人应采取针对性的操作和管理,以避免发生损害和危害。

2. 妥善处理和交存货物的义务

存货人应对仓储物进行妥善处理,根据性质进行分类、分储,根据合同约定妥善包装,使仓储物适合仓储作业和保管。

存货人应在合同约定的时间内向保管人交存仓储物,并提供验收单证。交存仓储物不是仓储合同生效的条件,而是存货人履行合同的义务。

3. 支付仓储费和偿付必要费用的义务

存货人应根据合同约定,按时、按量地支付仓储费。如果存货人提前提取仓储物,保管人不减收仓储费。如果存货人逾期提取,应加收仓储费。由于未支付仓储费,保管人有对仓储物行使留置权的权利,并可通过拍卖留置仓储物等方式获得款项。

仓储期间发生的应由存货人承担的费用支出或垫支费,如保险费、货损处理费用、运输搬运费、转仓费等,存货人都应及时支付。

4. 及时提货的义务

存货人应按照合同的约定,按时将仓储物提离。保管人根据合同的约定安排仓库的使用计划,如果存货人未将仓储物提离,会使得保管人已签订的下一个仓储合同无法履行。存货人未在约定的时间提离仓储物,保管人可向提存机关要求提存。

(三) 保管人的权利

1. 收取仓储费的权利

仓储费是保管人订立合同的目的,是对仓储物进行保管所获得的报酬,是保管人的合同权利,保管人有权按照合同约定收取仓储费。

2. 保管人的提存权

储存期间届满,存货人或者仓单持有人不提取货物的,保管人可以催告其在合理期限内提取,逾期不提取的,保管人可以提存仓储物。

提存仓储物时,首先应由保管人向提存机关呈交提存申请书。在提存书上应当载明提存的理由、标的物的信息以及存货人或提单所有人的姓名、住所等内容。其次,仓管人应提交仓单副联、仓储合同副本等文件,以此证明保管人与存货人或提单持有人的债权债务关系。此外,保管人还应当提供证据证明自己催告存货人或仓单持有人提货而对方没有提货,致使该批货物无法交付其所有人的。

3. 验收货物的权利

验收货物不仅是保管人的义务,也是保管人的合同权利。

保管人应该在接受仓储物时,对货物进行理货、计数、查验,在合同约定的期限内检验货物质量,并签发验货单证。

保管人在货物的验收中发现货物溢短,对溢出部分可以拒收,对于短少部分有权向存货人主张违约责任。对于货物存在的不良状况,有权要求存货人更换、修理或拒绝接受,否则需如实编制记录,以明确责任。

(四) 保管人的义务

1. 提供合适的仓储条件的义务

仓储人经营仓储保管的先决条件就是具有合适的仓储保管条件,有从事保管货物的保管设施和设备,包括适合的场地、容器、仓库、货架、作业搬运设备、计量设备、保管设备、安全保卫设施等条件。还应配备一定的保管人员、商品养护人员,制定有效的管理制度和操作规程等。

2. 签发仓单的义务

保管人在接受货物后,根据合同的约定或者存货人的要求,及时向存货人签发仓单。在存期届满时,根据仓单的记载向仓单持有人交付货物。保管人应根据合同条款确定仓单的责任事项,避免将来向仓单持有人承担超出仓储合同所约定的责任。

3. 合理化仓储的义务

保管人应在合同约定的仓储地点存放仓储物,并充分利用先进的技术、科学的方法、严格的制度,高质量地做好仓储管理。使用适合于仓储物保管的仓储设施和设备,从谨慎操作、妥善处理、科学保管和合理维护等各方面做到合理化仓储。

4. 返还仓储物及其孳息的义务

保管人应在约定的时间和地点向存货人或仓单持有人交还约定的仓储物。仓储合同没有明确存期和交还地点的,存货人或仓单持有人可以随时要求提取,保管人应在合理的时间内交还存储物。作为一般仓储合同,保管人在交返仓储物时,应将原物及其孳息、残余物一同交还。

5. 危险告知的义务

当仓储物出现危险时,保管人应及时通知存货人或仓单持有人,并有义务采取紧急措施处置,防止危害扩大。包括在货物验收时发现不良情况、发生不可抗力损害、仓储物的变质、仓储事故的损坏以及其他涉及仓储物所有权的情况,都应该告知存货人或仓单持有人。

六、违约责任和免责

(一) 仓储合同的违约行为

1. 拒绝履行

拒绝履行是指仓储合同的一方当事人无法律或无约定根据而不履行义务的行为。单方毁约、没有履行义务的行为、将应当交付的仓储物作其他处分等,均可以推断为不履行义务的表现。

2. 履行不能

仓储合同的履行不能是指合同当事人应履行义务的一方无力按合同约定履行义务。

履行不能可能由于客观原因不能履行,如仓储物因毁损、灭失而不能履行;也可能是由于主观过错而不能履行义务,如保管人将仓储物返还给存货人。

由保管人的违约导致履行不能,存货人可以要求解除合同,追究保管人的违约责任。由存货人违约导致履行不能,保管人可追究其违约责任。一时履行不能的情况,权利人可请求赔偿损失、解除合同、追究义务人的违约责任;也可以要求继续履行并追究其迟延责任。

3. 履行迟延

在仓储合同中,保管人未在合同规定的期限内返还仓储物,存货人未按时将货物入库,未在约定的期限内支付仓储费用等行为均属于履行迟延。义务人履行迟延,经催告后在合同期限内未履行,权利人可以解除合同、请求义务人支付违约金和赔偿损失。

4. 履行不适当

在仓储合同中,在货物的入库、验收、保管、包装、出库等任一环节未按法律规定或合同约定去履行,即属不适当履行。由于履行不适当不属于真正的履行,因此作为仓储合同权利主体的一方当事人,可以请求补正,要求义务人承担违约责任,支付违约金并赔偿损失,此外还可以根据实际情况要求解除合同。

(二) 仓储合同的违约责任及其承担方式

仓储合同的违约责任是指仓储合同的当事人在存在仓储违约行为

时,所必须承担的民事责任。违约责任的承担方式有以下几种。

1. 支付违约金

在仓储合同中,赔偿性违约金是指存货人与保管人对违反仓储合同可能造成的损失而做出的预定赔偿金额。

违约金分为法定违约金和约定违约金。法定违约金是指法律或法规有明确规定的违约金。约定违约金是指仓储合同当事人在签订合同时协商确定的违约金,它是仓储合同当事人的自主意思表示,没有比例幅度,完全由存货人与保管人协商确定。

法定违约金与约定违约金发生冲突时,约定违约金优先适用。依诚实信用及公平原则,国家对约定违约金进行适度干预也是必要的。

2. 损害赔偿

损害赔偿是指合同的一方当事人在不履行合同义务或履行合同义务不符合约定的情形下,在违约方履行义务或者采取其他补救措施后,在对方还有其他损失时,违约方承担赔偿损失的责任。

损害赔偿最显著的性质特征即为补偿性,用来补偿违约金的不足部分。

受害方的实际损失包括直接经济损失和间接经济损失。直接经济损失,又称实际损失,是指仓储合同的一方当事人因对方的违法行为所直接造成的财物的减少。间接经济损失是指因仓储合同一方当事人的违约行为而使对方失去实际上可以获得的利益,包括:利润的损失,主要是指被损害的财产可以带来的利润;利息的损失、自然孳息的损失等。

3. 继续履行

继续履行是指一方当事人在不履行合同时,对方有权要求违约方按照合同规定的标的履行义务,或者向法院请求强制违约方按照合同规定的标的履行义务,而不得以支付违约金和赔偿金的办法代替履行。

在仓储合同中,要求继续履行作为非违约方的一项权利,是否需要继续履行,取决于仓储合同非违约一方的当事人,他可以请求支付违约金、赔偿金,也可以要求继续履行。

4. 采取补救措施

补救措施是指在违约方给对方造成损失后,为了防止损失的进一步扩大,由违约方依照法律规定承担的违约责任形式。如仓储物的更换、补足数量等等。

在仓储合同中,这种补救措施表现为当事人可以选择偿付额外支出的保管费、保养费、运杂费等方式,一般不采取实物赔偿方式。

（三）仓储合同违约责任的免除

免除民事责任是指不履行合同或法律规定的义务,致使他人财产受到损害时,由于有不可归责于违约方的事由,法律规定违约方可以不承担民事责任的情况。主要有以下几种情况。

1. 不可抗力

不可抗力是指当事人不能预见、不能避免并且不能克服的客观情况,包括火山爆发、地震、台风、冰雹和洪水侵袭等自然灾害,以及战争、罢工等社会现象。因不可抗力造成仓储保管合同不能履行或不能完全履行,违约方不承担民事责任。

不可抗力的免责范围仅限在不可抗力的直接影响,当事人未采取有效措施防范、救急所造成的损失扩大部分不能免责。对于延期履行合同中所遇到的不可抗力不能免责。在发生不可抗力事件后所订立的合同不得引用不可抗力免责。

2. 仓储物自然特性

根据《民法典》及有关规定,由于储存货物本身的自然性质和合理损耗,造成货物损失的,当事人不承担责任。如国家发展和改革委员会发布的《粮油仓储管理办法》中规定,一般粮食保管的自然损耗率(即损耗量占入库量的百分比)在保管时间之半年以内的,不超过 0.10%。在规定范围内的损耗属于合理损耗,保管人对此不承担任何责任。

3. 存货人的过失

由于存货人的原因造成仓储物的损害,如包装不符合约定、未提供准确的验收资料、隐瞒和夹带、存货人的错误指示和说明等,保管人不承担赔偿责任。

4. 合同约定的免责

基于当事人的利益,双方在合同中约定免责事项,对负责事项造成的损失,不承担互相赔偿责任。如约定货物入库时不验收重量,则保管人不承担重量短少的赔偿责任;约定不检验货物内容质量的,保管人不承担非作业保管不当的内容变质损坏责任。

第三节　仓　　单

一、仓单的概念与效力

(一) 仓单的概念

仓单是保管人应存货人的请求,在接收仓储物后签发的表明一定数量的保管物已经交付仓储保管的一种有价证券。它表示一定数量的货物已由存货人交付保管人,是仓单持有人依仓单享有对有关仓储物品的所有权的法律凭证。仓单是仓储合同存在的证明,也是仓储合同的组成部分。

(二) 仓单的效力

仓单上所记载的权利、义务与仓单密不可分。因此,仓单具有以下效力:一是受领仓储物的效力。保管人一经签发仓单,不管仓单是否由存货人持有,持单人均可凭仓单受领仓储物,保管人不得对此提出异议;二是转移仓储物所有权的效力。仓单上所记载的仓储物,只要存货人在仓单上背书并经保管人签字或者盖章,提取仓储物的权利即可发生转让。

二、仓单的性质

从性质上而言,仓单应该是一种有价证券,它代表着与仓储物同值的财产权利。仓单具有如下主要性质。

(一) 仓单是要式证券

仓单作为要式证券,仓单上所记载的事项应当符合法律规定,否则,仓单不能产生效力。根据《民法典》第 909 条的规定,仓单包括下列事项:存货人的姓名或者名称和住所;仓储物的详细信息;仓储物的损耗标准;储存场所;储存期限;仓储费;保险金额、期间以及保险人的名称；填发人、填发地和填发日期。

其中，存货人的姓名或名称、住所，仓储物的品种、数量、质量、包装、件数和标记，储存场所，填发人、填发地和填发日期是绝对必要的记载事项，如不记载，那么仓单就不能发生相应的效力。

（二）仓单是物权证券

仓单是一种物权证券，仓单持有人依仓单享有对有关仓储物品的所有权，仓单发生转移，仓储物的所有权也发生转移。实际占有仓单者可依仓单所有权请求保管人交付仓单上所载的储存物品。

（三）仓单是文义证券

仓单的权利和义务是依仓单所记载的文义予以确定的，不能以仓单记载以外的其他因素加以认定或变更。若仓单上记载的内容与实际不符，保管人仍应按仓单上所载文义履行责任。

（四）仓单是背书证券

我国《民法典》第 910 条规定："存货人或者仓单持有人在仓单上背书并经保管人签名或者盖章的，可以转让提取仓储物的权利。"仓单依《民法典》需要通过背书加以转让，是一种背书证券。

（五）仓单是换取证券

换取证券又称自付证券、缴还证券，是指有价证券的签发人自己履行给付义务后，权利人须将证券返还给义务人。

三、仓单的形式和内容

仓单作为收取和提取仓储物的凭证，依据法律规定还具有转让或出质的记名物权证券的流动属性，它应当具备一定形式，其记载事项必须符合《民法典》及物权凭证的要求，使仓单关系人明确自己的权利并适当行使自己的权利。

根据《民法典》第 909 条对仓单的内容做出的具体规定，包括下列事项。

（一）存货人的姓名或者名称和住所

仓单上所载明的名称或者姓名，应当是存货人在工商行政管理机关登记注册的名称或者由国家公安机关颁发的有效身份证件上的名称。

如果存货人是法人或经济组织,仓单上应以工商行政管理机关登记注册的住所为记载的住所;如果存货人是个人,仓单应以其户籍所在地或者经常居住地为记载的依据。

(二) 仓储的物品状况

仓储物是仓单的标的物,保管人在接受存货人交付的仓储物时,应当认真验收,把上述内容详细明确地记载在仓单上,以确保持单人收取的仓储物与存货人交付的仓储物具有同一性。

(三) 仓储物的损耗标准

仓单上应明确表明仓储物的损耗标准,依主管部门的规定或者双方合理约定,明确必要的仓储自然减量标准和合理磅差。制定损耗标准后,保管人在归还仓储物时,对仓储物在损耗标准内的减量、质量变化等不予以赔偿。

(四) 储存场所

仓单上应明确储存场所,一方面便于存货人或者仓单持有人能够及时、准确地在储存期限届满时提取仓储物;另一方面,当发生纠纷引起诉讼时,对于确定诉讼管辖等方面也有重要作用。

(五) 储存期限

储存期限是保管人履行保管义务的起止时间,是存货人或者仓单持有人是否按时提取仓储物的期限,也是计算仓储费、超期费、空置费的依据。储存期间由保管人与存货人在签订仓储合同时约定,仓单有明确的记载。

(六) 仓储费

仓储费由保管人和存货人约定,包括仓储费计费标准、支付方式、支付时间、支付地点等。提货人支付仓储费或者在提货结算时,必须在仓单上准确记录,以便约束仓单持有人。仓储费在仓单转让时,可以让受让人知道其所要承担的支付义务和支付额。

(七) 仓储物的保险事项

为了降低承担的风险,通常要对仓储物进行投保,投保的费用原则上应由仓储物所有人承担。仓储物是否购买了保险,对仓单受让人有直接的利益关系。仓单的转让只是转让了入库时仓储物的物权,入库后仓储物的状态变化是受让人需要承担的风险。

仓储物已经办理保险的,仓单上应记载其保险金额、期间及保险公司的名称等保险资料,这将有利于发生事故时的保险处理,如通知保险公司和保险索赔等。

(八) 仓单的填发人、填发地和填发的时间

保管人在签发仓单时,应当将自己的名称或者姓名记载在仓单相应位置上,这是确保保管人承担义务的重要依据之一。仓单的填发地一般为存货人交付仓储物的地点。仓单的填发日期就是储存期间开始的日期。填发地和填发日期不仅表示仓单发生效力的时间和地点,也是属地管辖的依据和时效起算时间的依据。

四、仓单的操作实务

仓单作为物权凭证的有价证券,具有流通性。仓单如果要进入商品交易所进行上市流通,就必须使用标准仓单。

标准仓单是指指定交割仓库在完成入库商品验收、确认合格并签发《货物存储证明》后,按统一格式制定并经交易所注册可以在交易所流通的实物所有权凭证。标准仓单的表现形式为《标准仓单持有凭证》。如表6-1所示为吉林玉米中心批发市场的仓单持有凭证。

表6-1 吉林玉米中心批发市场仓单持有凭证

年 月 日				No.
交易商			摊位代码	
交货时间	存货数量	存货时间	指定仓库	仓单号

储运部(盖章): 　　　经办人: 　　　提交人:

第一联:交易商

第二联:储运部

(一) 标准仓单的注册

注册标准仓单须经交割预报、商品入库、验收、指定交割仓库申请注册等环节。

1. 交割预报

会员或投资者向指定交割仓库发货前,应由会员向指定交割仓库办理"入库预报",指定交割仓库根据库容情况决定入库预报数量。指定交割仓库同意接受入库预报后,于收到入库预报定金的当日(工作日),开出《入库通知单》,并在当日通报交易所。

2. 商品入库、验收

指定交割仓库凭《入库通知单》安排货位、接收商品,并按交易所有关规定对入库商品的种类、质量、包装等进行检验。

3. 指定交割仓库申请注册

入库商品检验合格后,指定交割仓库填写《标准仓单注册申请表》(附货物检验报告书)和《货物存储证明》并报交易所。货物卖方所在会员单位凭指定交割仓库开出的证明到交易所领取《标准仓单注册表》和《标准仓单持有凭证》。交易所可在一定时间内对仓库检验合格的货物进行抽查,抽查不合格的不予登记注册。

(二) 标准仓单的流通

标准仓单流通是指标准仓单的交割、转让和交易。办理抵押或质押业务的标准仓单不能流通。

1. 交割

标准仓单的交割,按各商品交易所制定的交割细则的有关规定办理。

2. 转让

标准仓单的转让是指会员自行协商买卖标准仓单的行为。

3. 交易

标准仓单交易是指交易所根据会员申请,以公开竞价方式为会员买卖标准仓单的行为。

标准仓单的转让和交易必须遵照商品交易所的具体规定,具体内容可以通过访问商品交易所的网站获得。

(三) 标准仓单的注销

标准仓单注销是指标准仓单合法持有人到交易所办理标准仓单提货手续的过程。标准仓单持有人注销标准仓单,须通过会员提交标准仓单注销申请及相应的《标准仓单持有凭证》。

交易所根据会员申请及指定交割仓库的具体情况，按照先站台后房式仓的原则开具《提货通知单》，并签发《标准仓单注销表》，同时收回原《标准仓单持有凭证》，如有剩余，签发新的《标准仓单持有凭证》。

第四节　仓储成本控制

物流成本长期以来被认为是经济领域的"黑暗大陆"，是企业的第三利润源泉。而仓储成本作为物流成本的重要组成部分，仓储成本的控制也成为目前理论研究和实践探索中的热点所在。

一、仓储成本的构成

成本是一项综合性指标。为了保证目标成本的顺利实现，必须依靠各级管理人员和全体职工的共同努力，在相关的工作环节中加以控制。了解仓储与配送成本的构成以及掌握仓储与配送成本控制的策略是对仓储成本进行有效管理的重要方面。

（一）维持成本

维持成本是指为保持存货而发生的成本，它可以分为固定成本和变动成本。其中固定成本与一定限度内储存数量的多少无关，如仓库折旧与仓储设备的维护开支、仓库职工工资等；变动成本与储存数量的多少有关，如存货资金的利息费用、存货的毁损和变质损失、存货的保险费用等。变动成本的主要构成如下。

1. 资金占用费

存货占用的资金如果投入其他方面使用会取得相应的投资报酬。任何投入存货中的资金都会失去其他盈利的能力，限制了资金的其他投资。使用推理的方法以现金替代投入存货中的资金，是估算资金占用费的常见方法。

2. 税费

许多国家将存货列入应税财产，高水平库存导致了高税费的开支。

税率和评估方法通常随地点而不同。一般情况下,税金是根据一年内某个特定日的存货水平或某一段时间内的平均存货水平征收的。

3. 保险费

保险费一般是根据风险的评估或承担风险的程度直接加以征收。风险的评估或承担的风险取决于存货和储存设施这两方面的性质。例如,存货丢失或损坏的风险高以及易燃的危害性存货将会导致相对较高的保险费用。保险费用还受到储存设施内的预防措施的影响,例如保安摄像机和自动喷水灭火系统等。

4. 陈旧费

陈旧是指存货耗损且又得不到保险的补偿,该费用的计算是根据以往的经验确定的。此外,陈旧还可以扩大到市场营销损失。陈旧费用必须小心地予以处理,并且应该仅局限于与存货储备有关的直接损失。与陈旧有关的支出应该表示为平均存货的一个百分比。

5. 储存费

储存费是与存货存放有关而不是与搬运有关的设施费用。这笔费用必须分摊到具体的物品上去,因为它与存货价值没有直接的关系。根据仓库设施的类型(如公共仓库或私营仓库等),储存费支出总计可以直接计算出来,也可能需要进行分摊。

(二)采购成本

采购成本由发出采购订单的成本与生产准备成本两部分构成。

外部采购成本是指企业为了实现一次采购而进行的各种活动的费用,如办公费、差旅费、邮资、电报电话费等支出。

生产准备成本是指当库存的某些产品不由外部供应而是企业自己生产时,企业为生产一批货物而进行改线准备的成本,实质上这也可以看成是一种"采购",只不过是采购部门向企业生产部门的采购而已。其中更换模、夹具需要的工时或添置某些专用设备等属于固定成本,与生产产品的数量有关的费用如材料费、加工费等属于变动成本。

采购成本随着采购次数或采购规模的变化而呈反方向变化。

(三)缺货成本

缺货成本是指由于库存供应中断而造成的损失,包括原材料供应中断造成的停工损失、产成品库存缺货造成的延迟发货损失和丧失销售机会的损失（还应包括商誉损失）；如果生产企业以紧急采购代用材料来解决库存材料的中断之急，那么缺货成本表现为紧急额外购入成本（紧急采购成本大于正常采购成本部分）。缺货成本主要包含以下内容。

1. 保险存货的成本

许多企业都会考虑保持一定数量的存货，来应对市场需求或提前期方面的不确定性。这部分保险存货，需要为之支付相应的保管费用。要控制保险存货的成本，就要确定合理的库存量，因此，存货太多意味着多余的库存，而存货不足则意味着缺货或失销。

2. 延期交货的成本

如果缺货商品延期交货，那么就会发生特殊订单处理和运输费用。对于延期交货的特殊订单处理费用相对于规则补充的变通处理费用要高。其费用较高，主要是因为由于延期交货经常是小规模装运，运输费率相对要高；部分延期交货的商品需要长距离调运；需要选用快速、昂贵的运输方式等。

3. 失销成本

许多公司都有生产替代产品的竞争者。当一个供货商没有客户所需的产品时，客户就会从其他供货商订货，在这种情况下，缺货导致失销。对于卖方的直接损失是这种产品的利润。除了利润损失，还包括当初负责销售人员的精力浪费（机会损失），而一次缺货有可能对未来销售产生长远影响。

4. 失去客户的成本

由于缺货而使客户永远转向另一个供货商，企业失去了未来一系列的收入，并对企业的信誉产生不利影响。

5. 期望损失的计算

为了确定需要保持多少库存，有必要确定缺货造成的期望损失。首先，分析发生缺货可能产生的后果，包括：延期交货、失销和失去客户。其次，计算与可能结果相关的利润损失。最后，计算一次缺货的损失。

例如：首先假设70％的缺货导致延期交货,延期交货成本是1 000元;20％导致失销,失销成本是2 000元;10％导致失去客户,其成本是20 000元。计算总的期望损失：

$$1\ 000 \times 70\% = 700(元)$$
$$2\ 000 \times 20\% = 400(元)$$
$$20\ 000 \times 10\% = 2\ 000(元)$$
$$700 + 400 + 2\ 000 = 3\ 100(元)$$

即：每次缺货的期望损失＝3 100元。

如果增加库存的成本少于一次缺货的损失,那么就应增加库存以避免缺货。

如果发生内部短缺,则可能导致生产损失(人员和机器的闲置)和完工期的延误。如果由于某项物品短缺而引起整个生产线停工,这时的缺货成本就非常高。尤其对于实施即时生产管理(JIT)的企业来说更是这样。为了对保险存货量作出最好的决策,企业应该对由于原材料或零配件缺货造成停产的成本有全面的理解。

(四) 在途存货成本

仓储成本中还有一个常年被忽视的地方,即已订购而未到货物的成本,即在途存货成本。这项成本不像前面讨论的三项成本那么明显,然而在某些情况下,企业必须考虑这项成本。如果企业以目的地交货价出售产品,这意味着企业负责将产品运达客户,因此,当客户收到订货产品时,产品的所有权才转移。从财务观点来看,产品仍是卖方的库存。因为这种在途库存直到交给客户之前仍然属企业所有,运货所需的时间是储存成本的一部分。然而快速交货意味着更高成本的运输。因此,企业要对运输成本与在途存货储存成本进行权衡抉择。

二、仓储成本的控制原则

(一) 节约的原则

节约就是对人力、物力和财力的节省,它是提高经济效益的核心,是按照客观经济规律办事的要求,也是控制成本的一项基本原则。在这个原则指导下,我们必须树立新观念:成本控制应是积极的指导和干预,重点必须转移到成本发生前的事前控制,做好经济预测,充分挖掘仓储与配送企业内部的节约潜力,处处精打细算。只有这样,才能把损失和浪费消灭在事前,做到"防患于未然",有效地发挥前馈控制的作用。

（二）全面性的原则

在成本控制中实行全面性原则,通常有以下两种含义。

1. 全员成本控制

成本是综合性的经济指标,它涉及企业的所有部门和全体职工的工作实绩。要想降低成本,必须充分调动每个部门和每位职工关心成本、控制成本的主动性和积极性。在加强专业成本管理的基础上,要求人人、事事、时时都要按照定额、标准或预算进行成本控制。

2. 全过程成本控制

发挥物流成本控制的范围应贯穿成本形成的全过程。实践证明:只有当产品的整个寿命周期成本得到有效控制,成本才会显著降低;而且从整个社会的角度来说,只有这样才是真正的节约成本。

（三）责、权、利相结合的原则

要使成本控制真正发挥效益,必须严格按照经济责任制的要求,贯彻责、权、利相结合的原则。在经济责任制中,控制责任成本是每个成本责任中心应尽的职责,同时也是一种权力。

此外,为了充分调动各个成本责任中心在成本控制方面的主动性和积极性,还必须定期对他们的实绩进行评价与考核,并同职工本身的经济利益紧密挂钩,做到奖罚分明。

（四）按目标管理的原则

目标管理是 20 世纪 50 年代在美国产生的,它是指企业管理当局以既定的目标作为管理人力、物力、财力和各项重要经济指标的基础。成本控制必须以目标成本为根据,作为对企业经济活动进行限制和指导的准绳,力求做到以最少的成本开支,获得最佳的经济效益和社会效益。

制定目标成本既要根据本企业的具体情况(如现有设备条件、业务能力、技术水平,以及历史成本资料等),也要考虑到企业的外部条件(如国家的财经政策、市场供需情况、国内外同行业同类部门的成本信息等)。

(五) 按例外管理的原则

日常成本控制主要是通过对各种成本差异进行分析研究,从而发现问题,挖掘降低成本的潜力,提出改进工作或纠正缺点的具体措施。

为了提高成本控制的工作效率,管理人员应把精力和时间集中用在那些不正常的、不符合常规的关键性差异("例外")上,查明原因并及时反馈给有关成本责任中心。确定"例外"的标准,通常有下列四条。

1. 重要性

一般来说,只有在金额上具有重要意义的差异,才能获得管理人员的重视。这里的差异包括顺差与逆差。因为物流企业中某一成本责任中心的顺差,也可能给另一责任中心带来不利影响或产生不良后果。有的企业除规定一个百分率外,再用一项最低金额加以限制。

2. 一贯性

如果某项差异虽然从未超过规定的百分率或最低金额,但这一差异却持续一个相当长时间(如两周或一个月)在这限度附近徘徊,则应视为"例外",需要引起管理人员的充分注意。因为这种"例外"可能反映原来的预算或标准已经过时失效,应及时加以调整;也可能是由于成本控制不严而产生,必须迅速纠正。

3. 可控性

凡属管理人员无法控制的成本项目,即使发生重要性的差异,也不要视为"例外"。例如,由于公共仓库收费标准、保险费率,或国家税率等的变动而发生金额较大的差异,管理人员无需采取任何追查行动。

4. 特殊性

凡对于物流企业的长期获利能力有重要影响的成本项目,即使其差异没有达到重要性的程度,也应受到管理人员的密切注意,甚至凡有差异均应视为"例外",需要追查原因,迅速作出补救决策。例如,如果固定设备的维修费片面追求节约,就会使机器带病运转,造成未来工作效率的降低而引起收益的减少等等,这些损失往往比节约的维修费要大得多,必须引起管理人员的高度重视。

三、仓储成本的控制策略

仓储成本的大小与仓储物资的数量、品种等因素有密切的关系。下面介绍几种常用的存储成本控制策略。

(一) 挂签制度

挂签制度(hang-label system)是一种传统的存货控制策略。其基本要领是针对库存商品材料物资的每一项目均挂上一张带有编号的标签。当存货售出或发给生产单位使用时,即将标签取下,记入"永续盘存记录"上,以便控制。在这种情况下,为保证不发生停工待料或临时无货供应,必须在永续盘存记录上注明最低储存量(即保险储备量),一旦实际结存余额达到最低水平,应立即提出订购申请。如果企业没有使用永续盘存记录,则应将每次取下的存货标签集中存放,到规定的订购日期,再将汇集存放的标签分类统计其发出数量,并据此作为进货的依据。

挂签制度虽然简便易行,但在一定期间内,存货储存波动很大时,往往需要有较高的保险储备量。

(二) ABC分析法

ABC分析法是一种存货分类管理的控制策略。当库存的存货品种异常繁杂,单价高低悬殊,存量又多寡不一时,需要突出重点、区别对待。

它的基本原理是"关键的是少数,次要的是多数",根据各项存货在全部存货中重要程度的大小,将存货分为ABC三类:A类存货数量较少,资金占用多,应重点实行管理。B类存货为一般存货,数量较多,资金占用一般,应实行常规管理。C类存货数量繁多,资金占用少,不必花费太多精力,一般凭经验管理即可。

(三) 双堆存货进货

双堆存货进货管理系统将库存分作两堆存放:第一堆是订货点库存量;其余作第二堆。发放时,先动用第二堆,当第二堆用完,只剩下第一堆时,意味着库存下降到了订货点,应立即提出订货。也可将保险储备量从第一堆订购量中分出来,另作一堆,称为三堆法。双堆或三堆法,无须盘点,库存量形象化,简便易行,缺点是没有连续的库存记录,占用较多的仓库面积。

双堆存货进货管理系统适合于廉价的、用途单一的物品。

此外,随着计算机信息系统的广泛应用,相应地开发出了与存货成本数量有关的其他策略。如"物料需求计划"(Material Requirements Planning),简称 MRP 系统。它既是一种存货成本控制策略,也是一种时间进度安排方法;"制造资源计划"(Manufacturing Resources Planning),亦称 MRPⅡ。它是物料需求计划扩展成了一个范围更为广泛的对制造业企业资源进行计划与安排的方法。"及时生产系统"(Just-In-Time,JIT),较为广义的理解是一个导致在制品与存货低水平的生产时间安排系统。JIT 代表的是一种理念,在这种理念指导下的系统运行,存货水平最低,浪费最小,空间占用最小,事务量最少。

本章小结

仓储商务管理是为了仓储企业充分利用仓储资源,最大限度地获得经济收入和提高经济效益,仓储经营人对仓储商务所进行的计划、组织、指挥和控制的活动。仓储商务的过程:市场调查与商机选择,合理的管理体系,订立仓储合同,存货人交付仓储物,保管人接收、保管货物,仓单持有人提取货物。

仓储合同是指保管人储存存货人交付的仓储物,并进行妥善保管,在仓储期满时将仓储物完好地交还,保管人收取保管费用的协议。仓储合同按照仓储合同发生的原因,分为一般仓储合同与指令性仓储合同。按照不同仓储经营方式不同,仓储合同可以分为一般仓储合同、消费仓储合同、混藏仓储合同与仓库租赁合同。按仓储具体目的的不同,仓储合同可以分为生产仓储合同、流通仓储合同与国家储备合同。

仓单是保管人应存货人的请求,在接收仓储物后签发的表明一定数量的保管物已经交付仓储保管的一种有价证券。

仓储成本包括:维持成本、采购成本、缺货成本和在途存货成本。

常用的存储成本控制策略：挂签制度、ABC 分析法、双堆存货进货系统等。

复习参考题

一、单项选择题

1. 下列哪一种情况下，仓储合同的违约责任不能免除？（　　）。
   A. 不可抗力
   B. 储存货物本身的自然性质和合理损耗
   C. 保管人的过失
   D. 存货人的过失

2. 按照仓储合同发生的原因分类，可以将其分为（　　）。
   A. 工业仓储合同与农业仓储合同
   B. 一般仓储合同与指令性仓储合同
   C. 混藏仓储合同与仓库租赁合同
   D. 生产仓储合同、流通仓储合同与国家储备合同

3. 存货人与保管人基于国家指令性计划，遵循平等、自愿、等价有偿、诚信的原则而协商达成的仓储合同属于（　　）。
   A. 一般仓储合同　　　　　　　　B. 农业仓储合同
   C. 消费仓储合同　　　　　　　　D. 指令仓储合同

4. 下列哪项是仓储合同的标的物？（　　）。
   A. 知识产权　　　　　　　　　　B. 货币
   C. 仓储物　　　　　　　　　　　D. 保管行为

5. 双堆存货进货管理系统最适合于（　　）。
   A. 规模较小的便利店
   B. 存货数量较少，资金占用多的物品
   C. 廉价的、用途相当单一的物品
   D. 仓储管理复杂的配送中心

6. 下列哪一项不属于仓储成本的控制策略？（　　）。
   A. 挂签制度　　　　　　　　　　B. ABC 分析法

C. 双对存货进货系统　　　　　　D. 周期性盘点

7. 仓储合同的义务一方当事人无法律或约定根据而不履行义务的行为属于(　　)。
   A. 履行不能　　　　　　　　　　B. 拒绝履行
   C. 履行迟延　　　　　　　　　　D. 履行不适当

8. 仓储合同的存货人凭以提取储存的货物,表示一定数量、品种的货物已交付的法律文书是(　　)。
   A. 仓单　　　　　　　　　　　　B. 仓储合同
   C. 仓储费用　　　　　　　　　　D. 仓储条款

9. 下列哪一项属于仓储缺货成本?(　　)。
   A. 资金占用费　　　　　　　　　B. 保险存货的成本
   C. 陈旧费　　　　　　　　　　　D. 保险费

二、多项选择题

1. 作为一种有价证券,仓单具有哪些主要性质?(　　)。
   A. 要式证券　　　　　　　　　　B. 物权证券
   C. 文义证券　　　　　　　　　　D. 背书证券
   E. 换取证券

2. 按照仓储的经营方式,可以将仓储合同分为(　　)。
   A. 一般仓储合同　　　　　　　　B. 农业仓储合同
   C. 消费仓储合同　　　　　　　　D. 混藏仓储合同
   E. 仓库租赁合同

3. 按照仓储的具体目的不同,可以将仓储合同分为(　　)。
   A. 生产仓储合同　　　　　　　　B. 国家储备合同
   C. 流通仓储合同　　　　　　　　D. 混藏仓储合同
   E. 仓库租赁合同

4. 下列哪些选项是仓储合同违约行为的表现形式?(　　)。
   A. 履行不能　　　　　　　　　　B. 拒绝履行
   C. 履行迟延　　　　　　　　　　D. 履行不适当
   E. 履约提前

5. 仓储的缺货成本主要涉及以下几个方面?(   )。

    A. 保险存货的成本   B. 延期交货的成本

    C. 失销成本   D. 失去客户的成本

    E. 在途存货成本

6. 仓储商务管理具有哪些特点?(   )。

    A. 经济性   B. 外向性

    C. 整体性   D. 局部性

    E. 效益性

7. 仓储合同是(   )。

    A. 双务合同   B. 有偿合同

    C. 诺成合同   D. 技术合同

    E. 买卖合同

8. 按照仓储合同发生的原因,可以将仓储合同分为(   )。

    A. 一般仓储合同   B. 指令性仓储合同

    C. 工业仓储合同   D. 农业仓储合同

    E. 商业仓储合同

9. 在仓储活动中,保管人的义务包括哪些?(   )。

    A. 合理化仓储的义务   B. 危险告知的义务

    C. 提供合适仓储条件的义务   D. 签发仓单的义务

    E. 返还仓储物及其孳息的义务

10. 在仓储活动中,存货人的权利包括哪些?(   )

    A. 查验取样的权利   B. 保管物的领取权

    C. 获取仓储物孳息的权利   D. 收取仓储费的权利

    E. 验收货物的权利

三、是非题

1. 仓储商务一般发生在公共仓储和营业仓储之中,企业自营仓储不发生仓储商务。

2. 在仓储合同中,在违约方给对方造成损失后,为了防止损失的进一步扩大,违约方可以采用补救措施,多数采取实物赔偿方式。

3. 仓储合同的标的物是仓储物，是仓储合同标的的载体和表现。

4. 在仓储合同中，存货人交付储存货物、支付规定的仓储费用并不是仓储合同成立的必要条件。

5. 保险存货太多意味着多余的库存，而保险存货不足则意味着缺货或失销。

6. 仓储合同中的明示条款需要根据订立合同的环境和合同的性质，合理地推定出的当事人在合同履行中应享受的权利和承担的义务。

7. 仓储合同的标的是仓储保管行为，是仓储合同关系中存货人与保管人的民事权利义务共同指向的对象，包括仓储空间、仓储时间和保管要求，仓储人要为此支付仓储费。

8. 知识产权可以作为标的物。

9. 仓储合同的标的物只能是动产，而不能为不动产。

10. 仓单是提取仓储物的凭证，它不可转让。

11. 仓单是表示一定数量、品种的货物已交付的法律文书，是一种有价证券，是不记名的物权凭证。

四、论述题

1. 什么是仓储商务管理？

2. 仓储商务管理包括哪些内容？

3. 仓储合同具有哪些特征？

4. 合同可以按哪些标准进行分类？

5. 仓储合同的当事人双方分别有哪些权利和义务？

6. 哪些仓储合同可以撤销和变更？应如何变更或解除？

7. 常见的仓储合同违约行为有哪些？

8. 何谓仓单？仓单有何法律效力？

9. 仓储成本由哪些部分构成？

五、案例分析题

水果店诉仓储公司仓单与仓储合同不符纠纷案

　　某水果店与某仓储公司签订了一份仓储合同,合同约定仓储公司为水果店储存水果 5 吨,仓储期间为 1 个月,仓储费为 5 000 元,自然耗损率为百分之四。水果由存货人分批提取。合同签订以后,水果店按照约定将水果交给仓储人储存,入库过磅为 50 100 千克。仓储公司在接受货物以后,向水果店签发了仓单。在按照双方的仓储合同填写仓单的过程中,由一人读合同的条款,另一人填写。由于该合同的工作人员的发音有方言的口音,填写人将自然耗损率误写为百分之十,存货人也没有多看就将仓单取走。合同到期以后,存货人持仓单向仓储公司提货,出库过磅时发现水果仅有 46 000 千克。扣除百分之四的自然耗损以后还短缺 2 096 千克,于是,水果店要求仓储公司赔偿损失。仓储公司认为仓单上写明的自然耗损率为百分之十,因此剩余 46 000 千克并没有超出自然耗损的范围,因此不存在赔偿问题。双方争执不下,水果店向法院起诉,要求仓储公司赔偿。

　　(资料来源:http://jpk.lncc.edu.cn/jpk06/ccyps/skja/shy3.htm)

请思考:

　　1. 本案例涉及仓单的什么性质?

　　2. 仓储公司是否应该赔偿? 为什么?

第七章

特殊物品保管和
仓储安全管理

学习目标

- 了解仓储货物发生霉变、虫蛀、锈蚀、老化现象的机理
- 理解在仓储中常见的易霉变、虫蛀、锈蚀、老化的货物
- 掌握应对仓储货物霉变、虫蛀、锈蚀、老化的相关措施
- 理解危险品的分类及标志
- 掌握危险品仓储的基本要求
- 掌握危险品仓储的安全管理与应急处理措施

引入案例

药品的仓储管理，一般包括药品的入库验收、在库存储、药品养护、分单打印、出库拣货、药品拼箱复核、批号调整等主要作业。由于药品的特殊性质及国家对药品的批号控制相当严格，医药流通行业的销售订单中小单据比较多等特点，因此药品的仓储管理不但要求作业精细，而且也需要有较高水平的信息化系统支持。对于疫苗、人血白蛋白等冷藏品、串味药品、危险药品、精神药品还要专人开票、专人保管与发货复核，总体而言医药流通行业的仓储员工整体素质应该较高。

对医药流通企业而言，涉及 GSP 认证的检查项目共 132 项，其中关键项目就有 37 项。GSP 标准对库房面积、设备设施、管理制度等方面都提出了具体而明确的要求，对于 GSP 检查不合格的企业，国家采

取一票否决制,不允许进入医药行业。例如,GSP标准在硬件方面要求"企业应按经营规模设置相应的仓库,其面积(为建筑面积)大型企业不应低于1 500平方米,中型企业不应低于1 000平方米,小型企业不应低于500平方米;企业有适宜药品分类保管和符合药品存储要求的库房。其中常温库为0～30℃;阴凉库温度不高于20℃;冷库温度为0～10℃;各库房相对湿度应保持在45%～75%"。

对于药品的仓储管理,需要特别考虑哪些因素?

(资料来源:http://www.fly56.net/news/046.html)

特殊物品仓储管理主要针对在储存期间由于本身性能特点及外界因素影响可能发生质量变化的物品,通过技术组织措施进行有效的保养与维护,以保持其使用价值和价值的一系列的仓储管理措施与活动。

特殊物品在储存期间的质量变化可以归纳为物理变化和化学变化两类。物理变化只改变物质的外表形态,不改变物质本质,没有新物质生成,有可能反复进行,往往表现为仓储物品的数量损失或质量降低。常发生的物理变化有挥发、溶化、渗漏、串味、沉淀、玷污、破碎与变形等。化学变化不仅改变物质的外表形态,也改变物质的本质,并会生成新物质。物品发生化学变化,严重时会完全丧失使用价值。常见的化学变化有氧化、分解、化合、老化、聚合等。

通过研究特殊物品在仓储过程中的质量变化,可以熟悉物品质量变化的产生规律及影响因素,进而确保仓储物品的安全,防止、减少物品劣变或损失等现象。

第一节 仓储货物的防霉工作

一、货物的霉变

(一) 货物的霉变现象

货物霉变现象是货物在霉腐微生物作用下,营养物质被转变成各种代谢物,所出现的生霉、腐烂、产生异味等质量变化现象。

(二) 货物霉变的影响因素

对货物影响较大的霉腐微生物主要有：细菌、霉菌、酵母菌。细菌主要是破坏含水量较大的动植物食品,酵母菌主要引起含有淀粉、糖类的物质发酵变质,两者对日用工业品也有影响。霉腐微生物对货物的危害主要是通过生长繁殖破坏货物和排泄物污染货物。

霉腐微生物的生长繁殖需要一定的外界环境条件,当这些条件得到满足时货物就容易发生霉变。在物品的仓储管理中,要控制、避免霉腐微生物的生长需要考虑下列因素。

1. 仓库中的空气湿度

当外界环境湿度与霉腐微生物自身的生长要求相适应时,霉腐微生物就繁殖旺盛;反之,则处于休眠或死亡状态。多数霉腐微生物生长繁殖的最适宜相对湿度最低为80%～90%,在相对湿度低于75%的条件下,多数霉菌不能正常发育。因而,通常把75%这个相对湿度称为货物霉变的临界湿度。

2. 仓库的温度

仓库温度的控制既要注意库房内外的温度——库温和气温,也要注意储存物资的温度——垛温。霉腐微生物的生长繁殖有一定的温度范围要求,高温和低温都会对其生长产生很大影响。大部分霉腐微生物是中温性微生物,最适宜的生长温度为20～30℃,在10℃以下不易生长,在45℃以上停止生长。

3. 光线

日光对于多数微生物都有影响,日光中的紫外线能强烈破坏微生物细胞和酶。多数霉腐微生物日光直射4小时就会大部分死亡。

4. 空气成分

有些微生物特别是霉菌,需要在有氧条件下才能正常生长,二氧化碳浓度的增加不利于微生物生长;有些微生物是厌氧型的,不能在有氧气或氧气充足的条件下生存。通风可以防止部分货物霉腐,主要是防止厌氧微生物引起的霉腐。

二、常见的易霉变货物

霉腐微生物的生长需要一定的条件,由于货物本身的特点,有些货物比较容易构成这些条件,容易发生霉腐,在仓储管理中需要进行特殊的管理与照顾。一般来说,含糖、蛋白质、脂肪等有机物质的货物在仓储养护不当时最易发生霉变。常见易发生霉变的货物如下。

(一)食品类

食品类货物的原料、在制品、半制品和成品容易因沾染微生物而发生霉变,如:肉、鱼、蛋类会腐败发臭;水果、蔬菜会腐烂。糖果、糕点、饮料、酱醋和香烟等也都容易发生霉变。这些食品的包装材料和商标纸也经常会发霉,这不仅会影响产品的外观,也会影响其内在质量。

(二)纤维类制品

棉、毛、麻、丝等天然纤维的纺织原料及其制品在一定的温湿度的环境下,很容易生霉。各种纸、纸板及其制品由于含有大量的纤维素,被微生物利用,当温度和湿度适宜时容易发生霉变。

(三)橡胶、塑料和皮革制品

橡胶、塑料和皮革制品在加工过程中会添加一些微生物可利用的营养成分,一旦温湿度适宜,微生物就会在上面繁殖,对货物造成严重的破坏。在春、夏季节,特别是黄梅时节,这些原料制品在运输、仓储过程中都容易发生霉变。

此外,一些光学仪器、电子电器产品、化妆品、录像带、感光胶片、药品等,在适宜的温湿度条件下也容易发生霉变。

三、货物霉腐的防治措施

(一)加强库存货物管理

1. 严格入库验收

易霉腐货物在入库之前,通过运输、搬运、装卸、堆垛等,可能受到雨淋、水湿或操作不慎致使货物或包装受到损坏。

对入库易霉腐货物的实物验收,除了对入库货物进行证件验收、核对数量、确认规格外,还应该按比例检查其包装是否潮湿,货物外观有无变形、生霉、潮解、含水量过高等异状,有条件的还应进行必要的质量检验。入库后,必须对易霉腐货物专库存放,保持通风良好、堆码整齐、离墙离地,并进行室内防尘苫盖。

2. 加强仓库温度管理

温度对微生物的生长具有十分重要的作用,如果把温度控制在某些微生物适宜生长的最高温度之上或最低温度之下,就可以达到抑制微生物生长的效果。

常用的提高温度范围方法是利用日光暴晒,夏季阳光直晒温度可达 50℃以上,大多数霉菌均可被杀灭,同时阳光中还含有大量紫外线能直接杀灭霉菌。还可以使用烘烤法,最高温度不超过 45℃,即可将霉菌杀灭。电源可用电、直接火、间接火,只要温度达到要求即可。

3. 加强仓库湿度管理

货物在储存中能否发生霉变,基本上取决于空气湿度的大小。控制空气的湿度可以影响微生物体内水分含量,使其不断失去体内水分,从而达到抑制其生长的目的。对一些易发生霉腐的货物,根据其不同性能,正确运用密封、吸潮、通风、摊晒、日晒或烘烤相结合的方法,使水分蒸发,控制好库内的湿度。特别是在梅雨季节,要将相对湿度控制在不适宜于霉菌生长的范围内。

4. 选择合理的储存方法

易霉腐货物应尽量安排在空气流通、光线较强、比较干燥的库房,并避免与含水量大的货物储存在一起,避免货物堆垛靠墙靠柱,做到合理堆码,下垫隔潮。在储存时,对易霉货物需要进行密封,并做好日常的清洁卫生。

(二) 使用化学药剂防霉

有些货物可采用药剂防霉,在生产过程中把防霉剂加入货物中,或把防霉剂喷洒在货物和包装物上,或喷散在仓库内,从而达到防霉的目的。有实际应用价值的防霉剂需要具有低毒、高效、长效、使用方便、价格低廉;适应货物加工条件、应用环境,与货物其他成分有良好的相溶性,不降低货物性能,在储存、运输中稳定性好等特点。例如:苯甲酸及其钠盐对人体无害,是国家标准规定的食品防腐剂。托布津对水果、蔬菜有明显的防腐保鲜作用。

（三）货物防霉的其他方法

1. 气调储藏防霉

气调储藏是在密封条件下，通过控制环境中空气成分的各种组分含量并结合适度的低温，来抑制微生物的生命活动和生物性货物的呼吸强度，让储存货物处于半休眠状态，以达到保鲜防腐的目的。

气调储藏防霉适用于粮食、农副土特产品、中药材、果蔬以及竹木制品、皮革制品、棉麻织品等。对粮食、果蔬、种子等有呼吸性物品实施气调储藏时，需要定时检测，密封包装或货垛内氧浓度应保持在 3% 左右，二氧化碳浓度应在 5% 以内。氧浓度过高就不能抑制霉菌的生长，过高的二氧化碳浓度可能引起果蔬的病害。

2. 紫外线防霉

紫外线防霉是指利用紫外线杀灭霉菌。可以对一些不怕日晒的粮食、农副产品、中药材等进行暴晒，既能杀灭其表面的霉菌，又可以通过日光辐射将所含的过多水分蒸发以抑制霉菌生长。另外，在库房内安装紫外线灯定期照射，进行环境消毒防霉。

3. 微波防霉

微波防霉是利用微波引起货物分子的震动和旋转，由分子间的摩擦产生热量，使霉腐微生物体内温度上升，蛋白质凝固，菌体成分破坏，水分汽化排出，促使菌体迅速死亡。微波可以通过专用微波发生器来产生。该法适于粮食、食品、皮革制品、竹木制品、棉织品等的储存防霉。

4. 低温储藏防霉

低温防霉是利用低温来降低霉腐微生物体内酶的活性，从而抑制其繁殖生长。该方法一般效果良好，但应注意不同仓储货物对低温的要求不同，如鲜蛋最好在 $-1℃$ 的条件下保管；果蔬的温度要求在 $0\sim10℃$；鱼、肉等在 $-16℃\sim-28℃$ 可以较长期储存。

四、货物霉腐后的救治

已经发生霉变但可以救治的货物，应立即采取措施，以免霉变继续发展,造成更加严重的损失。根据货物性质可选用晾晒、加热烘烤、药剂熏蒸等办法。

(一)晾晒

对于不怕太阳光暴晒的发霉货物,可直接放在太阳光下暴晒,使货物中的水分蒸发,霉菌在高温、干燥的环境下死亡。对不宜暴晒的货物,可以拆垛摊晾,并通风,使水分慢慢蒸发,也可以使霉菌死亡。经过晾晒的货物,并将霉菌残留物刷除干净,待其温度降至室温后包装归垛。

(二)加热烘烤

通过高温烘烤等加热手段使发生霉腐的货物干燥,令霉菌因缺水而死亡。烘烤一般在烘箱或烘房内进行,应以温火进行,接近烘烤货物的温度不宜超过 40℃,并将烘烤货物经常翻动。

(三)药剂熏蒸

药剂熏蒸是利用熏蒸药剂在密封条件下,对已发霉货物进行熏蒸,破坏霉菌的新陈代谢过程,从而杀灭霉菌。常用的熏蒸剂有溴甲烷、环氧乙烷等。霉菌孢子刚萌发的菌丝抗药力弱,是熏蒸的最佳时机。

第二节　仓储货物的防虫工作

一、货物的虫蛀现象

很多货物是由动物性或植物性材料制成,因此,在储存期间常常会遭到仓库害虫的蛀蚀。仓库害虫在危害货物的过程中,不仅破坏货物的组织结构,使货物发生破碎和洞孔,而且其排泄的各种代谢废物也会污染货物,影响货物的质量和外观,降低货物的使用价值。

害虫进入仓库感染货物主要通过如下途径:货物在入库时已有害虫或虫卵潜伏其中;货物包装物料内隐藏有害虫或虫卵;运输工具带进害虫;库内外环境不清洁,潜藏或滋生害虫;邻近仓间、货垛的货物生虫;仓库周围动、植物传播害虫等。仓库中的害虫具有适应性强、食性广杂、繁殖力强、活动隐蔽、有趋向性等特性。

二、仓库的防虫措施

仓库的害虫不仅蛀食动植物货物和包装,而且还能危害塑料、化纤等化工合成货物。货物中发生虫害如不及时采取措施进行灭杀,常会造成严重损失。

容易虫蛀的货物主要是一些由蛋白质、脂肪、纤维素、淀粉及糖类、木质素等营养成分含量较高的动植物原料加工制成的货物,包括纺织品,特别是毛丝织品;毛皮、皮制品,包括皮革及其制品、毛皮及其制品;竹藤制品、木制品及纸制品;粮食、烟草、干果干菜、中药材等。

在虫蛀的仓储货物中,以粮食、油料、饲料最为严重,比较严重的还有畜产品、水产品、中药材、烟叶、皮革制品、棉麻织品等。

防治仓库害虫的措施,可以从杜绝仓库害虫的来源、物理防治和采用化学药剂防治三方面着手。其中,化学防治是利用有毒的化学药剂直接或间接毒杀害虫的方法。

(一)杜绝仓库害虫来源

要杜绝仓库害虫的来源,必须加强入库验收,对易虫蛀货物的原材料与包装物进行杀虫、防虫处理。将货物根据具体情况,分别入库、隔离存放。在货物储存期间,定期对易染虫害的货物进行检查并做好预测预报工作。做好日常的清洁卫生,铲除库区周围的杂草,清除附近沟渠污水,彻底清理仓具和密封库房内外缝隙、孔洞等,同时辅以药剂进行空库消毒,在距离库房四周一米范围内用药剂喷洒防虫线,以有效杜绝害虫的来源。

(二)采用物理机械防治

物理机械防治就是自然或人为地调节仓库的物理因素(光、电、热、冷冻、原子能、超声波、远红外线、微波及高频振荡等)破坏害虫的生理机能与机体结构,使其不能生存或抑制其繁殖。常用的方法有以下五种。

1. 灯光诱集

灯光诱集就是利用害虫对光的趋向性在库房内安装诱虫灯,晚上开灯时,使趋光而来的害虫被迫随气流吸入预先安置的毒瓶(瓶内盛少许氰化钠或氰化钾）中,至使中毒而死。

2. 高温杀虫

高温杀虫就是将温度上升至 40℃ 以上,使其活动受到抑制,繁殖率下降,进入热麻痹状态,直至死亡。

3. 低温杀虫

低温杀虫就是将环境温度下降,使害虫机体的生理活动变得缓慢,进入冷麻痹状态,直至死亡,以达到杀虫的效果。

4. 电离辐射杀虫

电离辐射杀虫就是用几种电离辐射源放射出来的 X 射线、γ 射线或快中子射线等,杀伤害虫或使其不育。

5. 微波杀虫

微波杀虫就是使害虫在高频电磁场的微波作用下,体内的水分、脂肪等物质激烈地振荡,产生大量的热能,直至体温升至 68℃ 时死亡。此法处理时间短,杀虫效力高。

此外,还可使用远红外线、高温干燥等方法进行防虫。

(三) 采用化学药剂防治

化学药剂防治是利用杀虫剂,通过胃毒、触杀或熏蒸等作用来杀害虫,是当前防治仓库害虫的主要措施,具有彻底、快速、效率高的优点,兼有防与治的作用。但也有对人有害、污染环境、易损货物的缺点。因此,在粮食及其他食品中应限制使用化学药剂防虫害。

在使用化学药剂防治中必须贯彻下列原则：对仓虫有足够的杀灭能力,对人体安全可靠,药品性质不致影响货物质量;对库房、仓具、包装材料较安全,使用方便,经济合理;选用对害虫有较高毒性的药剂,并选择害虫处在抵抗力最弱的时期施药;应采取综合防治与轮换用药等方法,以防形成抗药性。常见的化学药剂防治方法有以下三种。

1. 驱避法

驱避法是将易挥发并具有特殊刺激性气味的、具有毒性的固体药物放入货物包装内或密封货垛中,使挥发出来的气体在货物周围经常保持一定的浓度,从而达到驱避害虫的目的。常用的有萘、樟脑精等,一般可用于毛、丝、棉、麻、皮革、竹木、纸张等货物的防虫,不可用于食品和塑料等货物。

2. 喷液法

喷液法是使用化学杀虫剂进行空仓和实仓喷洒,通过触杀、胃毒作用杀灭害虫。常用于仓库及环境消毒的有敌敌畏、敌百虫等。除食品外,大多数货物都可以通过喷液法进行实仓杀虫或空仓杀虫。

3. 熏蒸法

熏蒸法是利用液体和固体挥发生成的剧毒气体,通过害虫的气门及气管进入体内,而引起仓虫中毒死亡,起到熏蒸作用。常用的药剂有溴代甲烷、磷化铝等,一般多用于毛皮制品和竹木制品的害虫防治。使用熏蒸的方法杀虫有成本低、效率高等优点。

综合以上防治方法,根据仓库害虫的生活习性,人为地加以控制和创造对害虫不利的生长、发育和繁殖的外部环境,达到防治仓虫的目的。在虫蛀防治中,需要各部门、各环节的协调配合,因地制宜地全面开展综合防治,才能收到良好的效果。

第三节　金属货物的防锈工作

一、金属货物锈蚀

金属货物锈蚀是指金属制品在潮湿空气及酸、碱、盐等环境下被腐蚀,进而影响其质量和使用价值的现象。化学性质活泼的金属在空气或在某些环境中容易受到锈蚀,即金属原子失去电子后变成离子,生成各种"锈"。但也有部分活泼金属(如铝、铬等)在氧或某些氧化剂的作用下,利用最初的腐蚀物形成保护膜,将金属表面和锈蚀环境隔离,降低锈蚀速度,从而在一般环境中稳定存在。

金属货物在外界环境的作用下发生的锈蚀现象可以分为化学锈蚀和电化学锈蚀两大类。化学锈蚀是金属与环境介质直接发生化学作用而产生的损坏,在锈蚀过程中没有电流的生成。电化学锈蚀是金属在介质中由于发生电化学作用而引起的损坏,其在锈蚀过程中有电流产生。

二、常见的金属锈蚀现象

金属锈蚀按锈蚀环境分类,可分为化学介质锈蚀、大气介质锈蚀、海水介质锈蚀和土壤锈蚀等;按锈蚀过程的特点,分为化学锈蚀、电化学锈蚀和物理锈蚀三大类;根据金属货物在锈蚀过程中受损的部位不同,可分为全面金属锈蚀和局部金属锈蚀两大类。

(一) 全面金属锈蚀

全面锈蚀又被称为均匀锈蚀,在这种锈蚀情况下,金属货物的受损部位均匀分布在整个金属表面。从受锈蚀的金属重量来看,全面锈蚀对金属货物造成的破坏最大。应对这类锈蚀,可以通过测算金属货物的锈蚀速度,估算出锈蚀公差,在设计时将此因素考虑在内,从技术上尽量减轻此类锈蚀的影响。

(二) 局部金属锈蚀

局部金属锈蚀是指金属货物并非整个金属表面都受到锈蚀,锈蚀现象只是集中出现在金属的特殊部位。例如:在金属货物的垫片底面、搭接缝、表面沉积物以及螺母、铆钉下的缝隙内和其他隐蔽区域发生的明显的局部锈蚀;在某些金属货物的活性结点上发生的锈蚀破坏,并通过小孔向金属内部深处发展,甚至会穿透金属货物;将金属货物合金中的某一部分优先锈蚀,而其他组分富集于金属表面上的选择性锈蚀等等。

三、金属货物的防锈蚀措施

(一) 金属制品的防锈技术

金属制品的防锈技术主要是针对影响金属锈蚀的外界因素进行的。

1. 控制和改善储存条件

储存金属制品的露天货场要尽可能远离工矿区,特别是化工厂,应选择地势高、不积水、干燥的场地。较精密的五金工具、零件等金属货物必须在库房内储存,并禁止与化工货物或含水量较高的货物同库储存。

2. 涂油防锈

涂油防锈是一种广泛应用的防锈方法,即在金属制品表面喷涂或浸泡一层具有缓蚀作用的防锈油脂薄膜,阻止水分和氧气等腐蚀介质接触金属材料表面,起到保护作用。涂油防锈技术多应用于刀具、轴承及汽车、自行车零件等的防锈。

3. 涂漆防锈

对瓦木工具、农具、炊具等不便进行涂油防锈的,可用酯胶清漆或酚醛清漆加等量稀释剂,浸沾或涂刷金属表面,干燥后即可防锈。但因漆膜较薄,还可以透过氧及水汽,因此只能短期防锈。如果储存条件比较干燥,环境又比较清洁,则防锈时间可以适当延长。

4. 气相防锈

在密封严格的金属制品包装内,放入一些具有挥发性的防锈药剂,在常温下迅速挥发,所释放出的气体就能够吸附在货物表面并充满包装内每个角落和缝隙,使空间饱和,可以防止或延缓货物的锈蚀。该方法对形状结构复杂的金属制件、仪器、仪表等有良好的防锈作用,不会污染包装,且防锈效果好、时间长。

5. 可剥性塑料防锈

可剥性塑料防锈是以塑料为基体材料或成膜物质,加入矿物油、增塑剂、稳定剂、缓蚀剂、防霉剂等加热或溶解制成可剥性塑料,然后通过浸、涂、刷、喷等方法将其散布在金属上,待冷却或溶剂挥发后,即形成一层塑料薄膜,从而使金属免受腐蚀和划伤。在启封时可将此塑料薄膜剥掉,十分方便。

(二)金属制品的除锈技术

1. 物理方法除锈

物理方法除锈是利用机械摩擦除去锈层的方法,又分为人工除锈法和机械除锈法。人工除锈法是靠人工使用钢丝刷、铜丝刷、砂纸、砂布等打磨锈蚀物表面,除掉锈层的方法。机械除锈法则是利用专用的机械设备除锈,有摩擦轮除锈法、滚筒除锈法和喷砂除锈法等。

2. 化学方法除锈

化学方法除锈是利用酸溶液与金属表面锈蚀产物发生化学反应，使不溶性的锈蚀产物变成可溶性物质，脱离金属表面溶入溶液中，达到除锈的目的。

第四节　高分子货物的防老化工作

一、高分子货物的老化现象

高分子货物老化是指高分子材料如橡胶、塑料、合成纤维等在加工、储存和使用过程中，受到光、热、氧等的作用，出现发黏、龟裂、变脆、强力下降、失去原有优良性能，以致最后丧失使用价值。老化是一种不可逆的化学变化，是高分子材料的一个严重缺陷。高分子材料的稳定性取决于其链节结构，表现为有的高分子货物在外界条件作用下容易老化，有的则不容易老化。

高分子货物老化的主要原因是材料的内部分子结构，其次是外部环境因素(如温度、日光、空气中的氧气和臭氧、机械应力、高能辐射、电、工业气体、海水、盐雾等)的影响。

二、高分子货物老化的防治

根据影响高分子货物老化的内因、外因不同，主要的防老化措施有以下三种。

(一) 材料改性

有些制品是难以避免外界环境因素的，如塑料地膜、塑料大棚上的薄膜、汽车轮胎、室外电缆包皮等都不能避免日晒雨淋以及氧气等的侵蚀。这类货物的防老化工作就需要从高分子结构、加工等方面来提高货物本身的耐老化性能，延长高分子货物的使用寿命。

(二) 物理防护

高分子货物吸收紫外线后，会使高分子处于高能状态，通过光化学反应,引起高分子老化现象。可以通过物理防护抑制或减少光、氧气等外界因素进入高分子内部,避免不必要的露天暴晒,使光氧老化反应停留在高分子表面。物理防护的措施有涂漆、涂胶、涂塑料、镀金属、涂蜡、涂布防老化剂溶液等。

(三) 添加防老剂

在高分子货物中添加防老剂,是当前国内外防老化的主要途径。防老剂是一种能够抑制光、热、氧气、臭氧、重金属离子等对高分子货物老化作用的物质。防老剂的种类主要有：抗氧剂、紫外线吸收剂、防热氧老化稳定剂。稳定剂可以使活性自由基反应终止来破坏自由基链剂或者通过抑制引发反应而产生的老化反应。

此外,加强管理、严格控制仓储条件,也是货物防老化的有效方法。

第五节　危险品的仓储

一、危险品的概念及特性

(一) 危险品的概念

危险品是指在流通中,由于本身具有的燃烧、爆炸、腐蚀、毒害及放射线等性能,或因摩擦、振动、撞击、暴晒或温湿度等外界因素的影响,能够发生燃烧、爆炸或人畜中毒、表皮灼伤,以至危及生命,造成财产损失等危险性的货物。在运输、装卸和储存过程中,危险品需要特别防护。

(二) 危险品的特性

危险品的特征就是危害性,具体包括列入国家标准《危险货物品名表》(GB12268—2012)和国家十部委公布的《危险化学品目录(2015)》的物品和化学品。还包括未经彻底清洗盛装过危险品的空容器、包装物。可根据对各种危险品的分类来分析它们的特性表现。

1. 爆炸品

爆炸品化学性质活泼,在外界作用下(如受热、撞击摩擦、振动或其他因素激发等),能以很高的速度发生猛烈的氧化还原反应,瞬间产生大量的气体和热量,使周围压力急剧上升,发生爆炸。很多爆炸品都具有较强的吸湿性,多数炸药随着水分含量的增加而逐步丧失爆炸能力。但当水分充分蒸发后,仍可恢复原来的爆炸性。吸湿和干燥的反复进行,会使爆炸品硬化结块,若使用铁工具粉碎则易发生爆炸。

2. 压缩气体和液化气体

压缩气体和液化气体是指贮存于耐压容器中的压缩、液化或加压溶解的气体。在一定的受热、撞击或剧烈振动的条件下,容器的内压力容易膨胀引起介质泄漏,甚至使容器破裂爆炸。压缩气体和液化气体具有剧毒性、易燃性、助燃性、爆破性等特点。

3. 易燃液体

凡在常温下以液体状态存在,遇火容易引起燃烧,其闪点在45℃以下的物质被称为易燃液体。如豆油、花生油、乙醚、汽油、酒精等。其特性有:易燃性、挥发性、高度的流动扩散性、爆炸性、与氧化性强酸及氧化剂作用。

4. 易燃固体

此类物质以固体形态存在,本身燃点较低,遇明火或受热、受撞击、摩擦、接触氧化剂或强酸后,发生剧烈的氧化反应,产生热量,达到该物质的燃点时,便迅速发生猛烈燃烧。

5. 自燃物品

自燃物品具有自燃性,在一定温湿度等外界环境下,不需明火接触就能够自身燃烧。燃烧点越低的物品越容易引起燃烧,危险性也就越大。

6. 遇湿易燃品

此类物品遇湿后能发生剧烈的化学反应,产生可燃性气体,并放出热量,当达到其燃点时立即燃烧以致爆炸,具有一定的危险性。

7. 氧化剂和有机过氧化剂

本类物品具有强烈的氧化性,在不同条件下,遇酸、碱、受热、受潮或接触有机物、还原剂即能分解放氧,发生氧化还原反应,引起燃烧,具有氧化性、遇热分解、吸水性、化学敏感性、遇酸分解等特性。

8. 有毒品

本类物品被误服、吸入或皮肤黏膜接触进入肌体后,积累到一定的量,能与体液或组织发生生物化学作用或生物物理学变化,扰乱或破坏肌体的正常生理功能,引起暂时性或持久性的病理状态,甚至危及生命,具有毒性、挥发性、燃烧性、溶解性等特性。

9. 腐蚀品

本类物品能灼伤人体组织,并对金属等货物造成损坏。其散发的粉尘、烟雾、蒸汽,强烈刺激眼睛和呼吸道,吸入会中毒。如无机酸性腐蚀物品、有机酸性腐蚀物品、碱性腐蚀物品等。其特性有:腐蚀性、毒害性、易燃性、氧化性、遇水分解性等。

10. 放射性物品

本类物品能自发不断地放出人体感觉器官不能察觉到的射线,具有穿透能力,会杀伤细胞,破坏人体组织。其中有些物品还具有易燃、毒害、腐蚀等性质。

通过对各种危险品特性的了解,我们可以有针对性地采取相应措施,在储存过程中保证危险货物的安全。

二、危险品管理制度与法规

国家对危险品实行严格的管理,采取相应管理部门审批、发证、监督、检查的系列管理制度。包括经济贸易管理部门的经营审批,公安部门的通行证发放,质检部门的包装检验证发放,环境保护部门的监督管理,铁路、民航、交通部门的运输管理,卫生行政部门的卫生监督,工商管理的经营管理等。对于政府部门依法实施的监督检查,危险化学品单位不得拒绝、阻挠。

危险品管理采取依法管理的原则,严格根据法规的规定和国家标准实施管理。涉及危险品仓储和运输的管理法规有:《危险化学品安全管理条例》《危险货物品名表》(GB12268—2012)和《危险货物分类和品名编号》(GB6944—2012),各种运输方式的"危险货物运输规则",以及环境保护法、消防法的相关规范和其他安全生产的法律和行政法规,涉及国际运输的危险货物还需要执行《国际海运危险货物规则》。

（一）危险品的编号与分级

国家标准 GB6944—2012《危险货物分类和品名编号》规定,危险货物的品名编号采用联合国编号(UN number)。按危险货物具有的危险性或最主要的危险性分为 9 个类别:爆炸品;气体;易燃液体;易燃固体、易于自燃的物质、遇水放出易燃气体的物质;氧化性物质和有机过氧化物;毒性物质和感染性物质;放射性物质;腐蚀性物质;杂项危险物质和物品,包括危害环境物质。例如,第 4 类易燃固体、易于自燃的物质、遇水放出易燃气体的物质的项别分列如下:4.1 项:易燃固体、自反应物质和固态退敏爆炸品;4.2 项:易于自燃的物质;4.3 项:遇水放出易燃气体的物质。

（二）危险品包装和标志

危险品的包装是危险品安全的保障,包括保护危险品不受损害和外界影响,保持危险品的使用价值;防止危险品对外界造成损害,避免发生重大危害事故;形状规则的包装方便作业和便于堆放储存;固定标准的包装确保危险品的单元数量的限定。危险品的包装完全根据法规和标准进行,如《危险货物运输包装通用技术条件》(GB12463—2009)等。

危险品的包装必须经过规定的性能试验和具有检验标志,具有足够的强度,没有损害和变形、封口严密等。包装使用与危险品不相忌的材料,按包装容器所注明的使用类别盛装危险品。

危险品的外包装上需要有明确、完整的标志和标识,包括危险品的包装标志、储运图示标志、收发货标志,具体有包装容器的等级、编号,危险品的品名、收发货人、重量尺度、运输地点、操作指示,危险品的危险性质、等级的图示等。

爆炸品
UN Transport symbol
for explosives

不产生重大危害的爆炸品
UN Transport symbol for Class
1.4 Explosive substances which
present no significant hazard

大规模爆炸性，但极不敏感
UN Transport symbol for lass
1.5 Very insensitive substances
which have a mass explosion hazard

易燃固体
UN Transport symbol
for inflammable solids

易燃气体
UN Transport symbol
for inflammable gases

易自燃物品
UN Transport symbol
for substances liable to
spontaneous combustion

有毒物品
UN Transport symbol
for poisonous substances

放射性物品
UN Transport symbol
for radioactive substances

腐蚀性物品
UN Transport symbol
for corrosive substances

遇水释放易燃气体的物品
UN Transport symbol
for substances which, in
contact with water, emit
inflammable gases

氧化剂和有机过氧化物
UN Transport symbol
for oxidizing substances
and for organic peroxides

感染性物品
UN Transport symbol
for infectious substances

图 7-1　联合国危险货物常见标志

三、危险品仓库分类与建设

(一) 危险品仓库的类别

按危险品仓库的隶属和使用性能,可分为甲、乙两类。甲类是仓储业、交通运输业、物资部门的危险品仓库,这类仓库往往储量大、品种复杂,而且危险性较大。乙类是指那些企业自用的危险品仓库。

按规模大小,危险品仓库可分为三级:库场面积大于 9 000 平方米的为大型危险品仓库;面积在 550 平方米~9 000 平方米的为中型危险品仓库;550 平方米以下的为小型危险品仓库。

(二) 危险品仓库建设的基本要求

1. 危险品仓库选址

危险品仓库需要根据危险品的危害特性,依据政府的市政总体规划,选择合适的地点建设。危险品仓库一般设置在郊区较为空旷的地区,远离居民区、供水源、主要交通干线、农业保护区、河流、湖泊等,在当地常年主导风向的下风处。建设危险品仓库需获得政府经济贸易管理部门审批。

2. 危险品仓库建筑和设施

危险品仓库的建筑结构需要根据危险品的危险特性和发生危害的性质,采用妥善的建筑形式,并取得相应的许可。建筑和场所需根据危险化学品的种类、特性,设置相应的监测、通风、防晒、调温、防火、防爆、泄压、防潮、防雷、防腐或者隔离操作等安全设施设备。仓库和设施要符合安全、消防国家标准的要求,并设置明显标志。

3. 设备管理

危险化学品的仓库实行专用仓库的使用制度,设施和设备不能用作其他使用。各种设施和设备要按照国家相应标准和有关规定进行维护、保养,进行定期检测,保证符合安全运行要求。对于储存使用剧毒化学品的装置和设施要每年进行一次安全评价;仓储和使用其他危险品的,储存装置每两年进行一次安全评价。对评价不符合要求的设施和设备应停止使用,立即更换或维修。

4. 库场使用

危险化学品必须储藏在专用仓库、专用场地或者专用储藏室内。

危险品仓库专用的要求,不仅包括不能仓储普通货的危险品专区专用,还包括不同危险品种类的专用仓库分类存放,各仓库的存放确定危险品的种类。与危险品仓储需经管理部门批准一样,危险品仓库改变用途,或改存其他危险品,也需要相应管理部门的审批。危险品的危害程度还与存放的危险品的数量有关,仓库需要根据危险品的特性和仓库的条件,确定各仓库的存量。

5. 危险化学品从业人员的要求

从事危险化学品生产、经营、储存、运输、使用或者处置废弃危险化学品活动的人员,必须接受有关法律、法规、规章和安全知识、专业技术、职业卫生防护和应急救援知识的培训,并经考核合格,方可上岗作业。

(三)危险品仓储的安全管理

1. 严格和完善的管理制度

为保证危险货物仓储的安全,仓库需要依据危险品管理的法律法规,根据仓库的具体实际和危险品的特性,制定各类严格的危险品仓储管理安全责任制度、安全操作规程,并在实践中不断完善。

保管单位还要根据法规规定和管理部门的要求,履行登记、备案、报告的法律和行政义务。

2. 出入库管理

危险货物进入仓库,仓库管理人员要严格把关,认真核查品名标志,检查包装,清点数量,细致地做好核查登记。对于品名、性质不明或者包装、标志不符,包装不良的危险品,仓库员有权拒收,或者依据残损处理程序进行处理,未经处理的包装破损危险品不得进入仓库。剧毒化学品实行双人收发制度。送、提货车辆和人员不得进入存货区,由仓库在收发货区接受和交付危险货物。

危险货物出库时,仓库员需认真核对危险货物的品名、标志和数量,协同提货人、承运司机查验货物,确保按单发货,并做好出库登记,详细记录危险货物的流向、流量。

3. 货位选择和堆垛

危险品的储存方式、方法与储存数量必须符合国家标准。仓库管理人员要根据国家标准、危险特性、包装,根据所制定的管理制度,选择合适的存放位置,根据危险货物对保管的要求,妥善安排仓库或堆场货位;根据危险品的性质和包装确定合适的堆放垛型和货垛大小;库场内的危险货物之间以及和其他设备之间需保持必要的距离;消防器材、配电箱周围 1.5 米范围内禁止堆货或放置其他物品;仓库内消防通道不小于 4 米,货场内的消防主通道不小于 6 米。

另外,危险货物堆叠时要整齐,堆垛稳固,标志朝外,不得倒置。货堆头悬挂标有危险品编号、品名、性质、类别、级别、消防方法的标志牌。

4. 安全作业

危险品装卸作业前应详细了解所装卸危险货物的性质、危险程度、安全和医疗急救等措施,并严格按照有关操作规程和工艺方案作业。根据货物性质选用合适的装卸机具。装卸易爆货物时,装卸机械应安置火星熄灭装置,禁止使用非防爆型电气设备。作业前应对装卸机械进行检查,装卸搬运爆炸品、有机过氧化物、一级毒害品、放射性物品,装卸搬运机具应按额定负荷降低 25％ 使用。夜间装卸危险货物,应有良好的照明。作业现场需准备必要的安全和应急设备和用具。

危险品包装破损或包装不符合要求应暂停作业。化学危险品只能委托有危险化学品运输资质的运输企业承运。

5. 妥善保管

危险品要专库专存,库房建筑要具备隔绝热源的能力,注意通风良好,使库房保持干燥。地坪应光滑而不易于在有摩擦时产生火花。夏季气温过高时,可在早晚通风降温。库与库之间的距离应不少于 20 米,库房与生活区间距离应不少于 50 米。储存气体的库房周围不可堆放任何可燃材料。储存易燃易爆气体的库房应设置避雷装置。仓库实行专人管理。剧毒化学品实行双人保管制度。仓库存放剧毒化学品时需向当地公安部门登记备案。

仓库管理人员应遵守库场制度,坚守岗位,根据制度规定定时、定线、定项目、定量地进行安全检查和测查,相应地采取通风、降温、排水、排气、增湿等保管措施。危险货物提离时,及时清扫库场,将货底、地脚货、垃圾集中于指定的地点且妥善处理,并进行必要的清洗、消毒处理。

6. 妥善处置

对于废弃的危险品、危险品废弃物、货底、地脚货、垃圾、仓储停业时的存货、容器等,仓库要采取妥善的处置措施,如随货同行、移交、封存、销毁、中和、掩埋等无害处理措施,不得留有事故隐患。且将处置方案在相应管理部门备案,并接受管理部门的监督。剧毒危险品发生被盗、丢失、误用,立即向当地公安部门报告。

(四)危险品应急处理

应急处理是指发生危险品事故时的处理安排。危险品仓储必须根据库存危险品的特性、仓库的条件,以及法律规定和国家管理机关的要求,制定仓储危险品应急措施。

应急措施包括发生危害时的措施安排和人员的应急职责,具体包括危险判定、危险事故信号、汇报程序、现场紧急处理、人员撤离、封锁现场、人员分工等。

应急措施要作为仓库工作人员的专业知识,务必使每一位员工熟悉,且熟练掌握其分工的职责行为和操作技能。仓库应该定期组织员工开展应急措施演习。

第六节　仓库安全管理

仓库安全管理是仓库管理的重要组成部分。仓库的安全工作贯穿于仓库各个作业环节中,要深入细致地做好安全的宣传教育工作,提高相关人员的安全意识,及时发现问题,采取科学方法,消除各种危险隐患,有效防止灾害事故的发生,保护仓库中人、财、物的安全。

一、仓库治安

仓库治安保卫工作是仓库管理的一项重要工作,必须引起仓库领导者的高度重视,应确定一位领导负责保卫工作,建立健全警卫保卫制度,并建立相应的保卫组织和专职的警卫守卫组织,同时组建由库内人员及周围单位和居民群众参加的、群众性的治安保卫组织。由这三种组织形成的仓库安全网络,将对仓库的治安保卫工作产生很重要的影响。

(一) 建立库区门卫制度

仓库必须做好安全保卫工作,根据仓库大小设置警卫人员,负责门卫值勤工作,对出入库区的人员、车辆、货物要进行检查、验证和登记;外来人员、车辆须经相关领导或有关部门批准,并有本库人员陪同方可进入库区;夜间值班人员要做好巡逻,严防货物被破坏或偷盗。

(二) 制定仓库保密规则

对仓库工作人员应定期进行保密教育;严禁向无关人员泄露仓库性质、位置、面积、隶属关系、人员编制、储存货物的品种和供应范围等机密;仓库的各种文件、单据等应妥善保管,以防丢失;严禁在私人通信、电话或公共场所谈论仓库相关事宜;外来办公或访友人员必须在规定的范围内活动,严禁在库区内乱转。

(三) 建立巡回检查制度

建立每天巡回检查制度,仓库保管人员下班时拉掉电闸,关好门窗,封好门锁;上班时,检查门、窗、锁有无异样,无异样时方可开锁进库。

(四) 实现安全监控电子化

计算机技术和电子技术的发展促进了仓储安全管理的科学化和现代化,仓储安全管理必将突破传统的经验管理模式,增加安全管理的科技含量,依靠科技手段,推广应用仓储安全监控技术,提高仓储安全水平。

计算机技术的发展促进了各种仓储安全监控专用设备和传感器的可靠性和智能化程度提高。如在普通探头内置入CPU芯片,做成智能探头,可以持续不断地测量探头所在环境条件下物理量变化,所有数据和参数都送到CPU,与设定值比较,CPU能相应地计算出它的最佳设定值,并修订它对环境变化的反应值。智能探头还可以对干扰效应和因素按照给定的结构和算法进行测定,以消除干扰因素的影响。智能探头能够根据现场火灾的特征与探头内存储的火灾特征曲线参数进行比较,以消除周围环境变化的影响。又如新一代分散式智能离子感烟报警探头,可根据环境变化进行火灾预测。对进一步可能发生的情况向中央火灾报警控制器发出信号,并能对探测器的污染程度和老化程度进行判断,以消除误报,提高火灾预报的可靠性。

二、仓库消防

仓库的消防工作,重点是防止火灾的发生。火灾的严重危害性是人所共知的。火灾发生后,除了造成人身伤亡外,还会给仓库建筑、储存的货物和周围的单位带来巨大损失。因此,为了加强仓库消防安全管理,保护仓库免受火灾危害,必须贯彻"预防为主、防消结合"的方针,实行谁主管谁负责的原则。

(一)火源的种类

要防止火灾,必须先懂得仓库火灾发生的原因。防止火灾就是要防止火源同可燃物质接触而燃烧。火源分为直接火源和间接火源。

直接火源主要有三种:明火,如火柴擦燃、打火机火焰、香烟头火、烧红的电热丝等;电火花,即当电路开启或切断和电气保险丝熔断,及短路而产生的电火花;雷击,瞬时高压放电所引起的可燃物质燃烧。

间接火源主要有两种:加热自燃起火,如危险品之间相互撞击而起火,生石灰遇水后大量放热而使可燃物质起火;货物本身自燃起火,指在既无明火、又无外来热源的条件下货物本身自行发热、燃烧起火,如黄磷能在常温下与空气剧烈氧化引起自燃。

由此可以看出,产生火源的许多原因与仓库工作有直接关系。如果不遵守安全制度,不严格按照操作规程办事,就很容易引起火灾。因此,应有针对性地采取一些措施,搞好仓库消防。

(二)消防措施

1. 组织管理

仓库应按照国家有关规定,并根据仓库规模、储存货物的数量和性能以及周围环境、气候等因素建立消防组织。一般应该设立防火安全领导机构、专职消防队伍、职工义务消防组织。专职领导要组织学习贯彻消防法规,完成上级部署的消防工作;组织制定安全管理和值班巡逻制度,落实逐级防火责任制和岗位责任制;组织对职工进行消防宣传、业务培训和考核,提高职工的安全素质,要训练消防人员熟悉消防措施,制定灭火应急方案,组织扑救火灾;并定期总结消防安全工作,实施奖惩。

2. 储存管理

依据国家《建筑设计防火规范》的规定,将仓库储存的货物按火灾危险程度进行不同的分类,采取有效的措施,做好消防工作。

(1) 货物入库前应当派专人负责检查,确定无火种等隐患后,方可入库。

(2) 露天存放的货物应当分类、分堆、分组和分垛,并留出必要的防火间距。堆场的总储量以及建筑物之间的防火距离,必须符合建筑设计防火规范的规定。一般情况下,每垛占地面积不宜大于 100 平方米,垛与垛间距不小于 1 米,垛与墙间距不小于 0.5 米,垛与梁、柱间距不小于 0.3 米,主要通道的宽度不小于 2 米。

(3) 易自燃或遇水分解的货物,应在温度较低、通风良好和空气干燥的场所储存,并安装专用仪器定时检测,严格控制温湿度。

(4) 不同种类的易燃、易爆货物的包装容器应当牢固、密封,严防跑、冒、滴、漏。存放时必须分间、分库,并在醒目处标明储存货物的名称、性质和灭火方法。同时库房内不准设办公室、休息室。

(5) 使用过的油棉纱、油手套等沾油纤维物品以及可燃包装,应当存放在安全地点,定期处理。

3. 装卸管理

(1) 进入库区的所有机动车辆,必须安装防火罩;蒸汽机车进入库区时,应当关闭灰箱和送风器,不能在库区清炉;进入易燃、易爆货物库房的电瓶车、铲车必须是防爆型的或必须装有防止火花溅出的安全装置。

(2) 装卸不同种类易燃、易爆货物时,操作人员不得穿戴易产生静电的工作服、帽和使用易产生火花的工具,严防震动、撞击、重压、摩擦和倒置。对易产生静电的装卸设备采取消除静电的措施。

(3) 库区内不得搭建临时建筑和构筑物,因装卸作业确需搭建时,必须经单位防火负责人批准,装卸作业结束后立即拆除;库房内固定的吊装设备需要维修时,应当采取防火安全措施,经防火负责人批准后,方可进行。

(4) 机动车辆装卸货物后不准在库区、库房、货场停放和修理;装卸作业结束后,应当对库区、库房进行检查,确认安全后,方可离开。

4. 电器管理

(1) 仓库的电气装置必须符合国家现行的有关电气设计和施工安装验收标准规范的规定。

(2) 库房内不准设置移动式照明灯具,必须使用时需报消防部门批准,必须有安全保护措施。

(3) 储存有同种类易燃易爆货物的库房的电气装置必须符合国家现行的有关爆炸危险场所电气安全规定;不准使用碘钨灯和超过 60 瓦以上的白炽灯等高温照明灯具。当使用日光灯等低温照明灯具和其他防燃型照明灯具时,应当对镇流器采取隔热、散热等防火保护措施,确保安全。

(4) 库区的每个库房应当在库房外单独安装开关箱,保管人员离库时,必须拉闸断电;禁止使用不合规格的保险装置。

(5) 仓库电器设备的周围和架空线路的下方严禁堆放货物,对提升、码垛等机械设备易产生火花的部位,要设置防护罩;仓库必须按照国家有关防雷设计安装规范的规定,设置防雷装置,并定期检测,保证有效;仓库的电器设备必须由持合格证的电工进行安装、检查和维修保养,电工应严格遵守各项电器操作规程。

5. 火源管理

(1) 仓库应当设置醒目的防火标志。进入易燃、易爆货物库区的人员必须登记,并交出携带火种。

(2) 库房内严禁使用明火。库房外动用明火作业时,必须办理动火证,经仓库或单位防火负责人批准,并采取严格的安全措施。

(3) 库房内不准使用火炉取暖。仓库需要使用时,每个取暖点都要经过防火负责人批准,并要制定炉火管理制度,严格进行管理和检查,每个火炉都要有专人负责。

(4) 库区以及周围 50 米内,严禁燃放烟花爆竹。

6. 消防设施和器材管理

仓库应当按照国家有关消防技术规范,设置、配备消防设施和器材。

(1) 消防器材应当设置在明显和便于取用的地点,周围不准堆放货物和杂物。

(2) 对消防水池、消火栓、灭火器等消防设施、器材,应当经常进行检查,保持完整好用。

(3) 仓库的消防设施、器材,应当由专人管理,负责检查、维修、保养、更换和添置,保证完好有效,严禁圈占、埋压和挪用。

(4) 库区的消防车和仓库的安全出口、疏散楼梯等消防通道,严禁堆放货物。

三、仓库安全生产

(一) 树立安全生产意识

仓库安全生产是指在生产过程中对员工和外来人员的人身安全、货物在搬运装卸储存中的质量以及设施设备完好所提供的应有保障。

为了使仓储企业能在参与激烈的市场竞争的同时,保持清醒的头脑,注意企业生产中的安全是非常重要的。为此,应该强化员工的安全意识,提高员工操作技能,并认真执行安全规程。

(二) 劳动保护制度

劳动保护是为了改善劳动条件,提高生产的安全性,保护劳动者的身心健康,减轻劳动强度所采取的相应措施和有关规定。劳动保护制度则是为达到劳动保护目的所制订的一套有效的规定。

劳动保护制度应该包括:职工劳动保护的意识、劳动保护组织机构的设立、劳动保护的规章、劳动保护措施的计划制定和总结。

四、库区的安全管理

库区安全管理的重点环节是对仓储技术区、库房、货物装卸与搬运的管理。

（一）仓储技术区的安全管理

仓储技术区是库区重地，应严格安全管理。技术区周围设置高度大于 2 米的围墙，上置钢丝网，高 1.7 米以上，并设置电网或其他屏障。技术区内道路、桥、梁、隧道等通道应畅通、平整。

技术区出入口设置日夜值班的门卫，对进出人员和车辆进行检查和登记，严禁易燃易爆物品和火源带入。

技术区内严禁危及货物安全的活动（如吸烟、鸣枪、烧荒、爆破等），未经上级部门的批准，不准在技术区内进行参观、摄影、录像或测绘。

（二）库房的安全管理

经常检查库房结构情况，对于地面裂缝、地基沉降、结构损坏，以及周围山体滑坡、塌方，或防水防潮层和排水沟堵塞等情况应及时维修和排除。

库房钥匙应集中存放在技术区门卫值班室，实行业务处、门卫值班和保管员三方控制。保管员领取钥匙要办理手续，下班后即交回注销。对于存放易燃易爆、贵重货物的库房要严格执行两人分别掌管钥匙和两人同时进库的规定。

有条件的库房，应安装安全监控装置，并认真使用和管理。

（三）货物装卸与搬运中的安全管理

仓库机械应实行专人专机，建立岗位责任制，防止丢失和损坏，操作手应做到：会操作、会保养、会检查、会排除一般故障。

根据货物尺寸、重量、形状来选用合理的装卸、搬运设备，严禁超高、超宽、超重、超速以及其他不规范操作，不能在库房内检修机械设备。在狭小通道、出入库房或接近货物时应减速鸣号。

五、仓库技术的安全管理

仓库技术的安全管理主要是针对下列环节所采取的有关措施。

（一）防雷

仓库是货物储运和检修的场所，一旦受到雷击，就会造成重大损失。因此，必须采取相应的防雷措施，保护仓库的安全。常见的防雷装置有避雷针、避雷线、避雷网、避雷带及避雷器等。

一般应在仓库易受雷击部位安装避雷装置,使被保护仓库和突出库房屋面的物体,均处于接闪器的保护范围之内;仓库内的金属制品和突出屋面的金属物应接到防雷电感应的接地装置上;低压架空线宜用长度不小于 50 米的金属铠装电缆直接埋地引入,入户端电缆的金属外皮应与防雷接地装置相连,电缆与架空线连接处,还应装置阀型避雷器。

仓库及通过仓库的输油管线的避雷设施要安装完整。一般避雷网、避雷带及其引下导线的截面积应不小于 50 平方米,埋入地下接地体要达 100 平方米,接地深度不应小于 0.5 米。接地线要有良好的导电作用,必要时,如山地石层处,可经常加些食盐水。

(二)防静电

爆炸物和油品应采取防静电措施。静电的安全应设懂有关技术的专人管理,并配备必要的检测仪器,发现问题及时采取措施。

所有防静电设施都应保持干净,防止化学腐蚀、油垢沾污和机械碰撞损坏。每年应对防静电设施进行 1~2 次的全面检查,测试应当在干燥的气候条件下进行。

(三)电气

按火灾和爆炸危险场所分级确定对电气设备和线路的管理。库房及其他场所应在工作结束后切断电源。

电气设备除经常性检查外,每年至少应当进行两次绝缘检查,发现问题及时处理。要防止配电线路短路、过载等情况的发生,禁止使用不合格的保险装置,禁止私接电器,凡有爆炸品的仓库不准使用碘钨灯和日光灯。吸湿机在开机时,机身应离堆垛 1 米以上,排风口处不得堆垛,并应有专人看守,做到人走机停。

(四)防汛

洪水和雨水虽然是一种自然现象,但时常会对货物的安全仓储带来不利影响,所以应认真做好仓库防汛工作。在仓储企业的防汛工作中应注意抓好以下几点。

1. 建立企业内的防汛组织

特别是在汛期来临之前,组成临时性的防汛组织,并应由经理直接领导。

2. 积极防范

日常应经常性地进行防汛教育,汛期则应加强值班,职工轮流守库,领导坐镇一线,统一指挥,组织抢救。

3. 掌握信息

要及时了解汛情的变化,以减少防汛措施的盲目性。

4. 改善储存条件

对陈旧的仓库应该注意改造排水设施,提高货位;新建仓库应考虑历年汛情的影响,使仓库设施能抵御雨汛的影响。

5. 做到有备无患

汛期前应该注意储备防汛物资,如水泵、草(麻)袋、土石等,避免临时措手不及。

本章小结

货物在储存期间受内外因素的影响,会发生物理机械变化、化学变化、生理生化变化及某些生物活动引起的变化。影响货物质量变化的外界因素主要有空气中的氧气、日光、温度、湿度、微生物和害虫等。

不同的货物在储存过程中对温湿度的要求不同,管理者可根据具体情况,采用密封、通风或吸潮等方法进行控制和调节。

工业品在储藏过程中容易引起霉变、虫蛀、锈蚀和老化等变化。在货物霉变防治技术中,要重视日常管理工作,合理使用化学药剂,结合气调、微波等其他防霉防菌技术。仓储金属货物的防锈方法有涂油防锈、气相防锈等。预防老化的措施有控制环境条件、材料改性、物理防护、添加防老剂等。

食品在储藏过程中容易发生腐败、霉变和发酵等变质现象。食品的防腐和保鲜,一是要维持食品本身最低的生命活力;二是采取各种方式,杀灭或抑制微生物的生长和繁殖。具体的方法有:低温储藏、加热灭菌储存、干藏、化学防腐保鲜、气调储藏、减压储藏、辐射保藏、电子保鲜储藏等。

危险品具有的燃烧、爆炸、腐蚀、毒害及放射线等性能,受外界因素影响,易发生燃烧、爆炸或人畜中毒、表皮灼伤,以至危及生命,造成财产损失。危险品仓储的安全管理强调严格管理制度,加强出入库管理,按标准进行货位选择和堆垛,确保作业的安全,坚持专库专存、妥善保管,对于废弃的危险品妥善处置,并可以承担危险品的应急处理工作。

仓库安全管理是仓库管理的重要组成部分。仓库的安全工作贯穿于仓库各个作业环节中,主要要做好仓库的治安、消防、安全生产和技术安全管理工作。

复习参考题

一、单项选择题

1. 关于危险品的应急处理,下列描述不正确的是( )。
   A. 应急处理包括发生危害时的措施安排和人员的应急职责
   B. 危险品应急措施的制定必须根据库存危险品的特性、仓库的条件,并遵循法规规定和国家管理机关的要求
   C. 应急处理措施是仓库应急处理专员的职责,不需要使每一位员工熟悉
   D. 应急处理是指发生危险品事故时的处理安排

2. 下列哪个选项是影响高分子商品老化的内在因素?( )。
   A. 高分子商品的材料内部结构 B. 日光
   C. 温度   D. 氧气和臭氧

3. 在密封条件下,通过控制环境中空气成分的各种组分含量并结合适度的低温,来抑制微生物生长的方法是( )。
   A. 紫外线防霉   B. 气调储藏防霉
   C. 微波防霉   D. 低温储藏防霉

4. 特殊物品在储存期间的质量变化表现为没有新物质生成,但仓储物品会出现数量损失或质量降低。关于这种质量变化,下列说法正确的是( )。
   A. 该质量变化属于物理变化
   B. 该质量变化属于化学变化
   C. 该质量变化可能是氧化引起的

D.　该质量变化可能是分解引起的

5.　商品中的营养物质被转变成各种代谢物,所出现的生霉、腐烂、产生异味等质量变化的现象是(　　)。

    A.　商品锈蚀　　　　　　　　B.　商品霉变

    C.　商品虫蛀　　　　　　　　D.　商品老化

二、多项选择题

1.　金属锈蚀按锈蚀环境的不同,可以分为(　　)。

    A.　全面金属锈蚀　　　　　　B.　局部金属锈蚀

    C.　化学介质锈蚀　　　　　　D.　大气介质锈蚀

    E.　海水介质锈蚀

2.　商品防霉需要注意仓库温度的控制,下列说法正确的是(　　)。

    A.　提高仓库温度可以利用日光曝晒

    B.　仓库温度越高越好

    C.　仓库温度越低越好

    D.　仓库温度控制应该避开霉菌微生物的适宜生长温度

    E.　高温和低温都会对霉菌微生物生长产生明显影响

3.　常见的易霉变的商品有哪些?(　　)。

    A.　食品类　　　　　　　　　B.　纤维类制品

    C.　橡胶　　　　　　　　　　D.　塑料

    E.　皮革制品

4.　根据金属商品在锈蚀过程中受损的部位不同,可以将金属锈蚀分为(　　)。

    A.　电化学锈蚀　　　　　　　B.　物理锈蚀

    C.　化学锈蚀　　　　　　　　D.　全面金属锈蚀

    E.　局部金属锈蚀

5.　对已经发生霉变但可以救治的商品,应立即采取下列哪些措施,以免霉变继续发展?(　　)。

    A.　对于不怕太阳光曝晒的发霉商品,可直接放在太阳光下曝晒

    B. 降低仓储温度

    C. 高温烘烤等加热手段使发生霉腐的商品干燥

    D. 仔细盘点检查

    E. 利用熏蒸药剂在密封条件下,对已发霉商品进行熏蒸

6. 金属锈蚀按锈蚀过程特点的不同,可以分为(　　)。

    A. 电化学锈蚀　　　　　　　　B. 物理锈蚀

    C. 化学锈蚀　　　　　　　　　D. 大气介质锈蚀

    E. 海水介质锈蚀

7. 商品霉变的影响因素有(　　)。

    A. 仓库中的空气湿度　　　　　B. 仓库的温度

    C. 光线　　　　　　　　　　　D. 空气成分

    E. 氧气和臭氧

8. 下列哪些选项属于有效防治仓库害虫的措施?(　　)

    A. 杜绝仓库害虫来源　　　　　B. 采用物理机械防治

    C. 采用化学药剂防治　　　　　D. 加热烘烤

    E. 加强仓库湿度管理

三、是非题

1. 金属商品在外界环境的作用下发生的锈蚀现象可以分为化学锈蚀和电化学锈蚀两大类。

2. 危险品的外包装上需要有明确、完整的标志和标识。

3. 危险品的分级在品名编号中由后 3 位数字的顺序号表示,顺序号小于 500 的为一级危险品,顺序号大于 500 的为二级危险品。

4. 电化学锈蚀是金属与环境介质直接发生化学作用而产生的损坏。

5. 气调储藏法适用于粮食、农副土特产品、中药材、水果、蔬菜以及竹木制品等货物的储存。

6. 危险品的分级在品名编号中由后 3 位数字的顺序号表示,顺序号大于 500 的为一级危险品,顺序号小于 500 的为二级危险品。

7. 很多爆炸品都具有较强的吸湿性,多数炸药随着水分含量的增加会逐步丧失爆炸能力。

8. 按危险品仓库的规模大小，可分为甲、乙两类。

9. 含糖、蛋白质、脂肪等有机物质的商品一般不容易发生霉变。

10. 粮食、油料、饲料、畜产品、中药材、皮革制品、棉麻织品等都是容易虫蛀的商品。

11. 化学锈蚀要比电化学锈蚀更普遍，危害性也更大。

12. 按危险品仓库的隶属和使用性能，甲类是指那些企业自用的危险品仓库。

四、论述题

1. 影响货物霉腐的因素有哪些？

2. 在仓储过程中，可采取哪些防治措施来避免或减轻货物的霉腐现象？

3. 常见的易虫蛀的货物有哪些？可以采取哪些措施进行防治？

4. 金属货物为什么容易出现锈蚀现象？

5. 在仓储过程中，有哪些措施可以用来防治金属货物的锈蚀？

6. 什么是高分子货物老化？致使这一现象出现的内外部原因有哪些？

7. 请举例说明防治高分子货物老化的措施。

8. 什么是危险品？按其特性不同，危险品可以分为哪几类？

9. 如何对危险品进行安全管理？

10. 在危险品仓库的建设中，需要考虑哪些因素？

11. 仓库的安全管理工作有哪些具体内容？

五、案例分析题

粮 食 仓 储

粮食储备必须采用科学储粮技术并作好后期管理工作。

粮食入仓前的准备工作包括清理杂质、降水处理、水分检测、空仓消毒等。第一，收获粮食时，在脱粒过程不可避免地要夹带一些秸秆、草粒、沙土等杂质，这些杂质会影响粮食的质量，在粮食储藏中也容易吸潮,从而引发粮食的霉变。清理完粮食中的杂质,我们还要对粮食进行降水处理。第二,粮食收获后水分含量很高,直接储藏会产生霉变。降低粮食中的水分一般通过晾晒的方法。当日晾晒完的粮食要尽快收集到一起,并用防水材料进行覆盖,避免气温下降后粮食再次吸湿。连续晾晒后,粮食水分就会达到入仓标准。在有条件的情况下,还可以使用专业的粮食水分干燥机进行降水处理。第三,在储藏粮食前,为防虫害,首先将仓房打扫干净,然后选用百毒杀进行空仓消毒。为了防止粮食在储藏时被化学药剂污染,消毒完毕 48 小时后,打开窗户进行通风,24 小时后,粮食方可入仓。

为了达到粮情一致,粮食进行仓储时,要将水分不同、品种不同、等级不同的粮食分开进行储藏,若发现有已感染了虫害的粮食就要单独存放。

在粮食储藏后,应加强日常管理。储粮户每周要做一次温度检查,当粮堆内温度突然升高时,要进行翻仓和通风,使之散温散湿,防止发热霉变。粮食储藏中要做好防鼠、防虫等日常管理工作。

(改编自:http://baike.168nong.cn/doc-view-89609.html)

请思考:

1. 通过以上阅读资料,分析粮食在仓储中会因哪些因素的影响而变质?

2. 粮食的仓储管理中,可以采取哪些防治措施?

第八章

配送与配送管理概述

学习目标

- 掌握配送的概念与作用
- 理解配送的分类
- 理解配送管理的概念与内容
- 了解配送管理的意义
- 掌握配送作业的一般流程
- 理解配送增值服务的含义与内容
- 了解共同配送和配送加工的开展

引入案例

送货车辆的空载问题

有一个销售企业,主要对自己的销售点和大客户进行配送,配送方法为销售点和大客户有需求就立即组织装车送货,结果经常造成送货车辆空载率过高,同时往往出现所有车都派出去而其他用户需求满足不了的情况。所以,销售经理一直要求增加送货车辆,由于资金原因一直没有购车。

配送就是送货吗? 买车能解决配送效率低的问题吗?

（资料来源：http://www.docin.com/p-34086227.html）

第一节　配　送　概　述

一、配送的含义

(一) 配送的概念

按照我国国家标准物流术语的表述,配送是在经济合理的区域范围内,根据用户要求,对物品进行拣选、加工、包装、分割、组配等作业,并按时送达指定地点的物流活动。可见,配送几乎包括了物流的所有功能要素,是在一个经济合理区域内全部物流活动的体现。

(二) 对配送概念的理解

对配送的深入认识,应当掌握以下几点。

1. 配送是"配"和"送"的有机结合

配是指配用户、配时间、配货品、配车辆、配路线,送是指送货运输。配送是"配"和"送"有机结合的形式。

2. 配送与一般送货是有区别的

配送是特殊的送货,是高水平的送货,它与一般送货的区别表现在以下三个方面:首先,配送是一种体制行为,是一种现代物流形式,而一般送货可以是一种偶然的行为;其次,配送是一种有组织、有计划、高效率、优质服务的行为,而一般送货是被动的服务行为。最后,配送依靠现代生产力和现代物流科技,而传统送货主要依靠自发意识。

3. 配送以低成本、优质服务为宗旨

专业配送系统中的运输工具,如一辆汽车,能够实现多用户、多品种、按时的联合配送,比多个用户各派一辆汽车分别直送要大大节约车辆、节约人力、节约费用,从而最大限度地降低成本。此外,专业配送还可实现按时、按量、按品种配套齐全送达用户,并提供各种服务,可以适时适量满足用户需要,提高服务水平。可见,配送是以低成本、优质服务为宗旨的。

4. 配送是一种先进的现代物流形式

配送是一种先进的现代物流形式,具体体现在两个方面。一方面,配送不但给供应者和需求者带来降低物流成本、享受优质服务的效益，而且还能为社会节省运输车次、缓解交通压力、减少运输污染作出贡献。另一方面，配送既能保障供应、保障人们的生产、生活正常进行，又能使企业生产和人们生活产生革命性的变化，促进生产力的发展和人们生活水平的提高。

二、配送的作用

配送与包装、运输、仓储、装卸搬运、流通加工融为一体，构成了物流系统的功能体系。配送的作用表现在以下几个方面。

（一）增强企业竞争力

分销领域采用配送系统，可以降低物流成本、提高服务水平，从而进一步扩大销售、扩大市场。产成品实行配送体制，配送需要多少，就生产多少，实现产成品零库存，最大限度地节约资源。采购领域利用配送，实现企业需要多少，供应商就配送多少，何时需要，供应商就何时送货。可见，企业实行配送体制，促进了分销体制、生产体制、采购体制发生革命性的变化，增强企业的竞争力。

（二）提升物流服务水平

配送能够按时按量、品种配套齐全地送货上门，可以使用户免去出差采购、运输进货等劳役之苦，从而简化手续、方便用户、节省成本、提高效率。配送还保障了物资供应，从而保证企业生产和流通的正常进行，满足人们生产生活的物资需要与服务享受。总之，通过配送可以提升物流服务水平。

（三）提高库存周转率

通过配送中心集中库存，可以最大限度地利用有限仓库、有限库存为更大范围、更多客户服务。这种配送方式需求大、市场面广，物资利用率和库存周转率必然大大提高。此外，通过仓储与配送环节的有机结合，发挥规模经济优势，以使单位存货、配送和管理的总成本下降。

（四）完善干线运输体系

采用配送作业，可以在一定范围内，将干线运输、支线运输与仓储等环节统一起来，使干线输送体系得到优化，形成一个将大范围物流与局部范围配送相结合的、完善的物流配送体系。

(五) 保护生态环境

合理的配送体系可以节省运输车辆、缓解交通紧张、减少噪声污染、降低尾气排放,为保护生态平衡、创造美好家园作出巨大贡献。

三、配送的分类

(一) 按配送的组织形式分类

1. 分散配送

分散配送是指销售网点或仓库根据自身或客户的需要,对多品种、小批量货物进行配送。它的特点是分布广、服务面宽,适用于近距离、多品种小额货物的配送。

2. 集中配送

集中配送又称为配送中心配送,指专门从事配送业务的配送中心针对社会性客户的货物需要而进行的配送。它的特点是规模大、专业性强、计划性强;与客户关系稳定且密切;配送品种多、数量大。集中配送是配送的主要形式。

3. 共同配送

共同配送是指若干企业制定统一计划,集中配送资源,以满足客户对货物需求的配送形式。共同配送一般有两种类型:一种是几家中小生产企业通过合理分工和协商,实行共同配送;另一种是中小型配送中心之间联合、实现共同配送。它的特点是专业性强,柔性化程度高,能节约成本,但运作较复杂。

(二) 按配送的时间、数量分类

1. 定时配送

定时配送是指根据规定的时间进行配送,如几天一次、一天几次、几小时一次等。这种配送方式每次配送的数量及品种,是按事前拟订的计划进行的,也可以临时根据客户的需求进行调整。

2. 定量配送

定量配送是指按规定的数量进行配送,不严格规定时间,通常只确定一个时间的期限范围,在这个期限范围内按照批量进行配送。

3. 定时、定量配送

这是按照规定的时间和规定的数量进行配送的方式，也就是把上述定时与定量配送方式综合起来实行，发挥两个优势，收到最大效果。

4. 定时、定路线配送

定时、定路线配送是在确定的运送路线上，指定运送时间表，再由配送中心按运送时间表进行配送。客户则按照到达时间表，在规定路线或场站等待接货。这种配送方式的计划性很强。

5. 随时配送

随时配送既不预先规定配送数量、配送时间，也不规定配送路线，完全按客户随时提出的数量、品种、时间以及要求配送的方式，临时组织配送活动。这种配送方式要求时间快、质量高、灵活性大，是一种很受顾客欢迎的配送方式。

第二节　配送管理概述

一、配送管理的概念

配送管理是指为了以最低的配送成本达到客户所满意的服务水平，对配送活动进行的计划、组织、指挥、协调与控制。

二、配送管理的内容

配送管理可以从不同的角度来理解，通常包含以下内容。

（一）配送模式管理

配送模式一般是指企业对配送所采取的基本战略和方法。根据国内外的发展经验以及我国的配送理论与实践，目前主要有以下几种配送模式：自营配送模式、共同配送模式、第三方配送模式。企业选择何种配送模式，主要取决于四个方面的因素，即配送对企业的重要性、企业的配送能力、保证的服务及配送成本、市场规模与地理范围。

（二）配送作业管理

由于各种物品的属性不同,所以不同物品的配送可能各有特点,但是配送的一般流程却大体相同。配送作业流程的管理就是对流程中的各项活动进行计划和组织。

（三）配送业务管理

配送的对象、品种、数量较为复杂,为了做到有条不紊地组织配送活动,管理者需要遵循一定的工作程序对配送业务进行安排与管理。一般来说,配送组织工作的基本程序和内容主要包括以下几个方面。

1. 选择配送路线

配送路线是否合理,对配送速度、成本、效益影响很大。可见,采用科学的方法确定合理的配送路线是一项非常重要的工作。确定配送路线可以采取各种数学方法,此外还可以运用在数学方法的基础上发展起来的经验方法。常用的方法有数学计算法、方案评价法和节约里程法。随着电子信息化技术的发展,目前已有多种先进软件可以帮助管理者及员工设定配送路线,从而避免了繁琐的数学计算。

2. 拟定配送计划

管理者需拟定配送计划,以供具体负责配送作业的员工执行。现在除了人工拟定配送计划外,还可以采用计算机编制配送计划。

（四）配送系统的要素管理

从系统的角度看,对配送系统各要素的管理主要包含以下内容。

1. 人的管理

人是配送系统和配送活动中最活跃的因素。对人的管理包括多方面的内容,例如:配送从业人员的选拔、录用和考核;配送专业人才的教育、培训与提高;配送人才培养规划与措施的制定。

2. 财的管理

财的管理是配送管理的出发点,也是配送管理的归宿,主要是指配送管理中关于降低配送成本,提高经济效益等方面的内容。具体包括:配送经济效益指标体系的建立;资金的筹措与运用;配送成本的计算与控制;提高经济效益的方法等。

3. 物的管理

物的管理指的是配送活动的客体,即物质资料实体和设备。物质资料种类繁多,它们的物理、化学性能更是千差万别。设备管理的主要内容有:各种配送设备的选型与优化配置;各种设备的研制、开发与引进;各种设备的合理使用和更新改造等。对物的管理贯穿于配送活动的始终。

4. 信息管理

信息是配送系统的神经中枢,只有做到有效地收集、处理并及时传输物流信息,才能对系统内部的人、财、物等各个要素进行有效的管理。

5. 方法管理

方法管理的主要内容有:现代管理方法的应用;各种配送技术的研究、推广普及;新技术的推广普及;配送科学研究工作的组织与开展等。

(五)配送活动的职能管理

从职能上划分,配送活动主要包括以下四个方面。

1. 配送计划管理

配送计划管理是物流管理工作中最重要的职能。配送计划管理是指在系统目标的约束下,对配送过程中每个环节都要进行科学的计划管理,体现在配送系统内各种计划的编制、执行、监督及修正的全过程。

2. 配送质量管理

配送质量管理是配送管理工作的中心问题。配送质量管理包括配送工作质量管理、配送服务质量管理、配送工程质量管理等。配送质量的提高意味着配送管理水平的提高,意味着企业竞争力的提高。

3. 配送技术管理

配送技术管理是配送管理工作的依托。配送技术管理包括配送硬技术管理和配送软技术的管理。配送硬技术的管理是指对配送基础设施和配送设备的管理,具体包括:配送设备的购置、安装、使用、维修和更新;配送设施的规划、建设、维修、运用;对日常工具的管理等。配送软技术的管理包括:配送作业流程的制定;配送各种专业技术的开发、推广和引进;配送技术人员的培训;技术情报和技术文件的管理等。

4. 配送经济管理

配送经济管理的核心是成本费用的管理。配送经济管理通常包括：配送费用的计算和控制，配送活动的经济核算、分析；配送劳务价格的确定和管理等。

（六）配送中心管理

配送中心是专门从事配送活动的场所。对配送中心的管理应从管理一个企业或者部门的角度出发，对其涉及的各项工作予以妥善的安排。

三、配送管理的意义

（一）对从事配送工作的企业的意义

对于从事配送工作的企业来说，配送管理的意义主要表现在以下几点。

1. 提高企业的配送效率

科学合理的配送管理可以大幅度提高企业的配送效率。通过对企业配送活动的合理组织，可以提高配送决策的效率和准确性，加快信息的传递效率，提升各作业环节的效率。此外，还能有效地对配送活动进行实时监控，从而促进配送作业环节的合理衔接，减少失误率，更好地完成配送的职能。

2. 提高配送企业的客户满意度

通过完善的配送管理，可以大幅度地提高企业货物供应的保证程度，以降低用户因缺货而产生的风险，从而提高配送企业的客户满意度。

3. 提高配送企业的经济效益

企业通过配送管理，可以大幅度地提高经济效益。一方面，货物供应保证程度和客户满意度的提高，意味着配送企业的信誉和形象的提升，可以吸引更多的客户；另一方面，将会使企业更科学合理地选择配送的路线及方式，保持较低的库存水平，降低了成本。

（二）对客户的意义

对于接受配送服务的客户来说，配送管理的意义主要表现在以下几点。

1. 减少库存

对于需求方客户来说,通过完善的配送管理,可以有效降低库存水平,甚至可以实现零库存,从而减少库存资金,改善财务状况,降低经营成本。

2. 降低成本

对于供应方客户来说,如果供应方采用自营配送模式,可以通过科学的配送管理提高其配送效率,降低配送成本。若供应方采取委托配送模式,可以节约在配送系统方面的投资和人力资源的配置,以提高资金的使用效率,降低成本开支。

(三) 对配送系统的意义

对配送系统来说,配送管理的意义主要表现在以下几点。

1. 完善配送系统

配送活动处于物流活动的末端,它的完善和发展会使整个物流系统得以完善和发展。通过科学合理的配送管理,可以使整个配送系统得以提升,从而达到完善物流系统的目的。

2. 强化配送系统的功能

通过配送管理,将更强地体现配送运作乃至整体物流运作的系统性,使运作中的各个环节紧密衔接、互相配合,达到系统最优的目的。

3. 提高配送系统的效率

配送工作与其他任何工作一样,需要实施全过程的管理,从而不断提高系统运作效率,更好地实现经济效益和社会效益。

第三节　配送作业

一、配送作业的基本环节

1. 集货

集货是配送的准备工作或基础工作,是将分散的或小批量的物品集中起来。配送的优势之一,就是可以集中用户的需求进行一定规模的集货。集货通常包括制订进货计划、组织货源、储存保管等业务。专业化的流通机构在组织货源时,集货工作可以由配送机构组织订货、购货、结算,同时承担进货验收、储存等其他物流活动,使配送机构实现商流与物流合一。

2. 分拣

分拣是将物品按照品种、出入库先后顺序而进行分门别类堆放的作业。分拣是配送区别于其他物流形式的功能要素,也是决定配送成败的重要因素。分拣是完善送货、支持送货的准备性工作,是送货向高级形式发展的必然。分拣作业可以大大地提高送货服务水平,决定着不同配送企业在送货时的竞争力。

3. 配货

配货是使用各种拣选设备和传输装置,将存放的物品,按照客户的要求分拣出来后,配备齐全,送入指定发货地点。配货也是配送不同于其他物流形式的功能要素,它与分拣作业不可分割,通过分拣配货可以更好地满足客户的要求,从而实现高水平送货的目的。

4. 配装

在单个客户配送数量未达到车辆有效载荷时,应该集中不同客户的货物,进行搭配装载以充分利用运能。配送中的配装功能就能很好地解决上述问题。通过配装可以提高送货水平及降低送货成本,还能缓解交通流量过大而造成的交通堵塞。由于有效地配装减少了运次,从而减少了空气污染。

5. 配送运输

配送运输,是指将被订购的货物使用汽车或者其他运输工具从供应点送至顾客手中的活动。配送运输通常是一种短距离、小批量、高频率的运输形式。从运输的角度看,它是对干线运输的一种补充和完善,属于末端运输、支线运输。配送运输以服务为目标,以尽可能满足客户要求为先。从日本配送运输的实践来看,配送的有效距离最好在50公里半径以内,国内配送中心、物流中心,其配送经济里程大约在30公里以内。

配送运输效果受多种因素的影响。动态因素包括道路施工、车流量变化、配送客户的变动、可供调动的车辆变动等；静态因素包括配送客户的分布区域、道路交通网络、车辆运行限制等。配送运输的一般作业流程包括：划分基本配送区域、车辆配载、暂定配送先后顺序、车辆安排、选择配送路线、确定最终的配送顺序、完成车辆积载。

6. 送达服务

配好的货物运送至用户处，还不算配送工作的完结，因为送达货物和用户接货有时还会出现一些不协调。所以，要圆满实现货物移交，还应讲究卸货地点与方式。送达服务就可实现顺利交货。

7. 配送加工

配送加工是按照配送客户的要求所进行的流通加工，是为了提高客户的满意度而进行的。在配送活动中，有时需根据用户的要求或配送对象，为便于流通和消费、改进商品质量、促进商品销售，对商品进行套裁、简单组装、分装、贴标、包装等加工活动。配送加工这一要素在配送中不具有普遍性，但配送加工带来的好处却是很明显的。

二、配送作业流程

（一）配送作业的一般流程

配送作业的一般流程，也就是配送活动的典型作业流程模式。在现代市场经济条件下，用户所需要的物品大多由销售企业或者供需企业某一方委托专业的配送企业进行配送服务。货物商品特性多种多样，致使配送服务形态也各式各样。随着商品日益丰富，消费需求呈现个性化、多样化的趋势，多品种、少批量、多批次、多用户的配送服务方式最能有效地通过配送服务实现流通终端的资源配置。这种类型配送活动服务对象繁多，配送作业流程复杂，是最具时代特色的典型配送活动形式。现将这种配送作业流程作为一般流程，如图8-1所示。

由此可见，在配送作业中，订单处理、拣货作业、补货作业、配货作业及送货作业是其典型的作业环节，本教程将在第十章重点介绍。

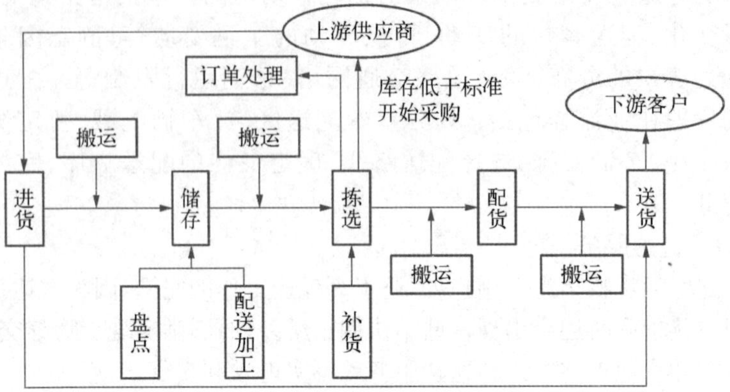

图8-1 配送作业的一般流程

（二）中、小件杂货性物品的配送作业流程

中、小件杂货性物品一般指各种包装形态及非包装形态的，能够混存混装的，种类、品种、规格复杂多样的中、小件物品。例如日用百货、五金工具、小件机电产品等。这类物品的特点包括：通过外包装可以改变组合数量；可以以内包装直接放入配送盘、箱等工具；有确定包装时，可以混载到车辆、托盘上；物品个体尺寸都不大，可大量存放于单元货格式的现代仓库中。中、小件杂货性物品的配送作业流程，如图8-2所示。

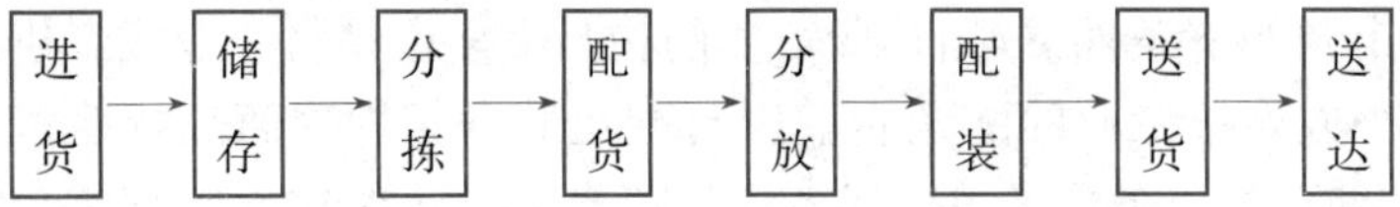

图8-2 中、小件杂货性物品配送作业流程

从图8-2中可知，中、小件杂货性物品的配送作业全过程基本符合标准流程模式，没有或少有流通加工环节，但分拣、配货、配装的难度较大。由于这类物品品种、规格复杂多样，一般属于多品种、少批量、多批次的配送类型。物品配送频率高，需求计划性不太强。配送用户、配送量、配送路线不太稳定，往往需根据临时的订货协议组织配送。因此，这类物品经常采用定时配送的方式，用户企业若能依靠强有力的定

时配送体制就可实现"零库存"。

（三）长条及板块形物品配送作业流程

长条及板块形物品泛指以捆装或裸装为主,基本是以块状、板状及条状为主的物品。例如有色金属材料、玻璃、木材及其制品。这类物品的特点有：尺寸宽或长,重量大或体积大,少有或没有包装,可以露天存放,对保管、装运条件要求不严格（玻璃制品除外）,操作较粗放,较容易进行混装。长条及板块形物品配送作业流程如图 8-3 所示。

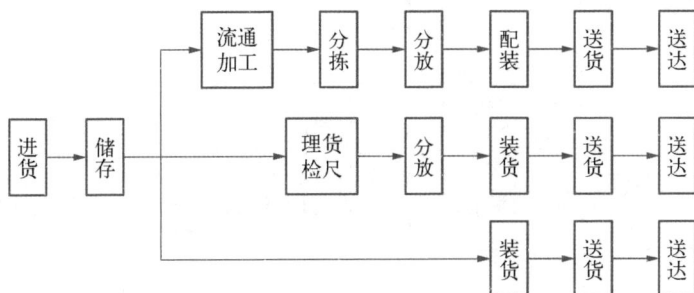

图 8-3　长条及板块形物品配送作业流程

针对多品种、少批量需求的用户,这类物品的配送需要一定程度的简单分拣、配货等环节。对于一般的生产企业,物品消耗量比较大,往往一个用户的需要量就可以达到车辆的满载,无需事前分拣、配货,配送车辆可以直接开到存放场地装货。但在对生产企业内部工料进行配送时,则需要经过流通加工环节后,再分拣、配货送至各工序、工段。长条及板块形物品的配送量一般大于杂货,大多数物品属少品种、大批量的配送类型,且对配送相配套和衔接的机械装备要求较高。配送企业可以采用定时配送、定量配送、共同配送等服务方式。

（四）粉状类物品的配送作业流程

粉状类物品是指粉末、散装形态存在的物品及其制品。例如无包装的、批量大且易散失、风蚀、自燃的各种煤及煤制品,又如散装或袋装易受潮变形的水泥、石灰。这类物品的共性是产品价格较低,存放条件虽有要求,但容易满足。针对大型生产企业,一般配送总量大,消耗均衡稳定,用户较固定,随机性需求很少。因此,在配送过程中的许多环节可力求简化,物品本身无需复杂包装,散装也可。但对于需求量不大且不稳定的用户,如机关、小工厂、家庭,可采取设立配送网点的形式解决。

这类物品,在保管、装卸、搬运、运输过程中应根据物品特点,采取防雨、防潮、防散等措施,还需根据物品散装或不同包装形态,选择配送机械装备、建筑设施、装卸方式、运输方式。粉状类物品的配送作业流程如图 8-4 所示。

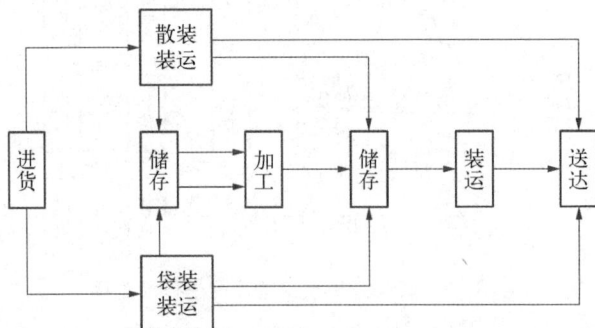

图 8-4　粉状类物品的配送作业流程

粉状类物品一般有袋装、散装两种运送形态,这一类产品有三种不同的配送作业路线:第一种作业路线是散装或袋装进货直接运送用户;第二种作业路线是散装或袋装进货经储存后再装运送至用户;第三种作业路线是经储存加工后再运送用户,一般在配送中心或配送中心附近设置加工环节,如配煤及成型煤加工。

配送作业流程因进货、需求形态及数量的不同,而采取不同的配送流程模式。但是作业流程的一个重要特点是配送产品的批量大、品种规格较单一,单一品种就能满足整车装运要求。因此,基本上不需像中、小件杂货那样进行复杂的分拣配货工作,也无需进行多种类产品的配装,送货车辆可直接到库或货位去装货。至于个别用户用量较小时,可以集中多个用户需求送货,通常也很少与其他产品配装。

第四节　配送增值服务

一、配送增值服务的含义

增值性物流服务的本质特征是创新、超常规以及满足客户需要。配送增值服务是指根据客户的需要,为客户提供的超出配送基本功能,能够满足客户需求的各类服务的总称。例如,借助完善的信息系统和网络渠道,通过发挥专业物流管理人才的知识、经验和技能,依托配送企业的软件实力,所提供的技术和知识密集型的配送服务。这类服务融入了更多的精神劳动,能创造出新的价值,因而是增值的配送服务。

二、配送增值服务的内容

配送增值服务涉及的范围很宽泛,一般可以归纳为以下五个方面。

(一) 以顾客为核心的增值服务

以顾客为核心的增值服务是指向买卖双方提供利用第三方专业人员来配送产品的各种可供选择的方式。这种增值服务通常包括:处理客户向供应商的订货、直接送货到商店或客户家里,及按照零售店货架储备所需的明细货品规格持续提供配送服务。日本大和公司为了在激烈的市场竞争中提升自己的竞争优势,开创了许多具有独创性的宅急便服务。例如,公司对百货店的进货和对家庭顾客的配送、产地生产者的直接配送、通讯销售业者的无店铺销售支援系统、专业店的订货配送、书报杂志的家庭配送等。这些宅急便服务成为多样化、小批量定制化服务时代企业和家庭用户不可或缺的物流服务。

(二) 以促销为核心的增值服务

以促销为核心的增值服务旨在为用户提供有利于其营销活动的服务。物流提供者服务的对象一般是生产企业或经销商,配送增值服务是在为他们提供配送服务的同时,增加更多有利于促销的物流支持。例如,为储存的产品样品提供特别的介绍,为配送商品贴标签,为促销活动中的礼品设置专门的系统进行处理和托运等。

（三）以制造为核心的增值服务

以制造为核心的增值服务旨在为用户提供有利于生产制造的特殊服务，实际上这些增值服务是生产过程的后向或前向延伸。通过配送，使为生产企业提供的原材料、燃料、零部件进入生产消耗过程时，尽可能减少准备活动和准备时间。例如，各种类型的流通加工和准时配料服务就可为制造企业提供增值服务。

（四）以时间为核心的增值服务

这种增值服务是以对顾客的反应为基础的，运用延迟技术，使配送作业在收到用户订单时开始启动，并将物品直接配送到生产线上或零售店的货架上。这种增值服务的目的是尽可能地降低预估库存和生产现场的搬运、检验等作业，使生产效率最大化。例如，采用准时生产方式的企业实施生产零库存配送就是以时间为核心的增值服务。

零库存配送的目的是为了减少生产现场的库存或者完全消除库存。零库存实现的主要方式是准时制技术。准时制是指在准确测定生产各工艺环节、作业效率的前提下按照订单准确地计划，以消除一切无效作业与浪费。

（五）以成本为核心的增值服务

通过配送增值服务，找出降低物流成本的解决方案。可采取的方案包括：采取共同配送，提高规模效益；进行原材料、零部件与生产成品的双向配送；实施准时制配送，降低库存费用；提高运输工具的利用率等。

三、共同配送

共同配送是以降低物流成本为核心的一种配送增值服务形式，其目的在于最大限度地提高人员、物资、金钱、时间等物流资源的效率，降低成本，取得最大效益，提高物流服务质量。此外，通过共同配送还可以去除多余的交错运输，并获得缓解交通、保护环境等社会效益。

（一）共同配送的优势

共同配送是经过长期的发展和探索优化出来的一种配送形式，是现代社会中广泛采用、影响面较大的一种配送方式。其优势主要表现在以下两个方面。

一方面,从货主(厂家、批发商和零售商)的角度来说,通过共同配送可以提高物流效率。例如,中小批发业者各自配送,很难满足零售商多批次、小批量的配送要求。通过共同配送,使送货的一方可以实现少量物流配送,收货的一方可以进行统一的总体验货,从而达到提高物流服务水平的目的。

另一方面,从卡车运送业者的角度来说,卡车运送业大多为中小企业,它们不仅资金少、人才不足、组织脆弱,而且运输量少、使用车辆多、运输效率低、独自承揽业务,导致在物流合理化及其效率上受到限制。若实现共同配送,则筹集资金、大宗运货,均可通过信息网络提高车辆使用效率,往返运货等问题也可得到较好解决。同时,通过共同配送,可以扩大向顾客提供多批次、小批量的服务。

(二) 共同配送的开展

共同配送是日本等发达国家,根据国情形成的一种重要配送形式。这些国家实行自由竞争的市场经济,不可避免地有多家配送企业并存的局面。每家配送企业都要开辟自己的市场和渠道,因此,需要分别建立自己的网络和自己的设施。这样一来,便容易出现以下问题:在用户较多的地区设施不足,在用户稀少地区设施过剩,不同配送企业出现重复建设的浪费状况。要解决上述问题,共同配送就是一种可以选择的好方式。

由于近些年在发达国家出现的"消费个性化"趋势,且强调"用户是上帝",需要采取准时送达的配送方式。在这种情况下,送货或用户车辆的提运货频度很高,从而导致交通拥挤问题、噪声问题以及车辆废气污染问题等一系列社会环境问题。若采取共同配送方式,则可以以共同配送使用的一辆车代替原来的几辆或几十辆车,有利于缓解交通拥挤、减少污染。

随着共同配送的发展,其形式更趋于深化,主要表现在以下两个方面。

1. 多用户联合

在用户集中的地区,且该地区较为拥挤,若各个用户单独准备接货场地或货物处置场地有困难的情况下,可由这些用户联合设立配送的接收点或货物处置场。这样做不仅解决了场地的问题,也大大提高了接货的水平,加快了配送车辆的运转速度。此外,集中接货点便于集中处置废弃包装材料,多个用户又可共同安排接货人员,从而减少了接货人员的数量。

2. 多配送企业联合

在一个城市或一个地区中存在着数个不同的配送企业时,配送企业们可以共同利用配送中心、配送机械,对不同配送企业的用户共同实行配送。在这种配送方式下,配送企业可以选择离用户最近的配送中心,可能该配送中心不属于本配送企业,但隶属于另一家配送企业,在资源共享的条件下,可以大大降低企业的配送成本。同样,当另一企业的某些用户,如果距离别家配送企业较近的话,也可由别家实行配送,这样就形成了一种共同协作实行配送的方式。

四、配送加工

配送加工是配送中心以顾客为中心的重要的增值服务内容。配送加工是流通加工的一种,即是物品在配送中心到使用地的过程中,根据客户需要施加包装、分割、计量、分拣、刷标志、拴标签、组装等简单作业的总称。配送加工这一功能要素在配送中不具有普遍性,但往往具有重要的意义,通过配送加工可以大大提高客户的满意度。

配送加工是配送过程中一个比较特殊的环节,它具有一定的生产性质,同时它还将生产与消费(再生产)联系起来,起到桥梁作用,完成商品所有权与物的形态转移。一般来说,生产的职能是使一件物品产生某种使用价值。流通的主要职能是在保持商品的已有形态中完成商品所有权的转移,不是靠改变商品的形态而创造价值。物流的主要作用是实现商品的空间移动,在物流体系中的配送加工不是通过"保护"流通对象的原有形态而实现这一作用的,而是和生产相近,是通过有条件地部分改变或完善流通对象的原有形态来实现流通作用的。

(一)配送加工的特点

配送加工和一般的生产型加工在加工方法、加工组织、生产管理方面并无显著区别,但在加工对象、加工程度方面差别较大。与生产加工相比较,配送加工具有以下特点。

(1)从加工对象看,配送加工的对象是进入流通过程的商品,具有商品的属性,以此来区别多环节生产加工中的一环。配送加工的对象是商品,而生产加工的对象不是最终产品,而是原材料、零配件或半成品。

(2)从加工程度看,配送加工大多是简单加工,而不是复杂加工。一般来讲,如果必须进行复杂加工才能形成人们所需的商品,那么,这种复杂加工应该专设生产加工过程。生产过程理应完成大部分加工活动,配送加工则是对生产加工的一种辅助及补充。特别需要指出的是,配送加工绝不是对生产加工的取消或代替。

(3)从价值观点看,生产加工的目的在于创造价值及使用价值,而配送加工的目的则在于完善其使用价值,并在不做大的改变的情况下提高价值。

(4)从加工责任人看,配送加工的组织者是从事配送工作的人员,能密切结合配送的需要进行加工活动。从加工单位来看,配送加工由商业或物资配送企业完成,而生产加工则由生产企业完成。

(5)从加工目的看,商品生产是为交换、为消费而进行的生产,而配送加工的一个重要目的是为了消费(或再生产)所进行的加工,这一点与商品生产有共同之处。但是配送加工有时候也是以自身配送为目的,纯粹是为配送创造条件,这种为配送所进行的加工与直接为消费进行的加工在目的上是有所区别的,这也是配送加工不同于一般生产加工的特殊之处。

(二)配送加工的类型

根据不同的目的,配送加工具有不同的类型。

1. 为弥补生产领域加工不足的深加工

由于受到各种因素的限制,许多产品在生产领域的加工只能到一定程度,而不能完全实现终极的加工。例如,木材如果在产地完成成材加工或制成木制品的话,就会给运输带来极大的困难,所以,在生产领域只能加工到圆木、板、方材这个程度,进一步的下料、切裁、处理等加工则由配送加工完成;钢铁厂大规模的生产只能按规格生产,以使产品有较强的通用性,从而使生产能有较高的效率,取得较好的效益。

2. 为适应多样化需要的服务性加工

生产部门为了实现高效率、大批量的生产,其产品往往不能完全满足用户的要求。这样,为了满足用户对产品多样化的需要,同时又要保证高效率的大生产,可将生产出来的单一化、标准化的产品进行多样化的改制加工。然而需求存在着多样和变化的两个特点,为了满足这种要求,配送中心常常对某些原料进行初级加工。例如,对钢材卷板的舒展、剪切加工;平板玻璃按需要规格的开片加工;木材改制成枕木、板材、方材等加工。

3. 为方便消费、省力的配送加工

根据下游生产的需要将商品加工成生产直接可用的状态。例如,根据需要将钢材定尺、定型,按要求下料;将木材制成可直接投入使用的各种型材;将水泥制成混凝土拌合料,使用时只需稍加搅拌即可使用等。

4. 为保护产品所进行的加工

在物流过程中,为了保护商品的使用价值,延长商品在生产和使用期间的寿命,防止商品在运输、储存、装卸搬运、包装等过程中遭受损失,可以采取稳固、改装、保鲜、冷冻、涂油等方式。例如,水产品、肉类、蛋类的保鲜、保质的冷冻加工、防腐加工等;丝、麻、棉织品的防虫、防霉加工等。还有,如为防止金属材料的锈蚀而采取的喷漆、涂防锈油等措施,运用手工、机械或化学方法除锈;木材的防腐朽、防干裂加工;煤炭的防高温自燃加工;水泥的防潮、防湿加工等。

5. 为促进销售的配送加工

配送加工也可以起到促进销售的作用。比如,将过大包装或散装物分装成适合依次销售的小包装的分装加工;将以保护商品为主的运输包装改换成以促进销售为主的销售包装,以起到吸引消费者、促进销售的作用;将蔬菜、肉类洗净切块以满足消费者要求等。

6. 为提高加工效率的配送加工

许多生产企业的初级加工由于数量有限,加工效率不高。而配送加工以集中加工的形式,解决了单个企业加工效率不高的弊病。它以一家配送加工企业的集中加工代替了若干家生产企业的初级加工,促使生产水平有一定的提高。

7. 为提高物流效率、降低物流损失的配送加工

有些商品本身的形态使之难以进行物流操作,而且商品在运输、装卸搬运过程中极易受损,因此需要进行适当的配送加工加以弥补,从而使物流各环节易于操作,提高物流效率,降低物流损失。例如,造纸用的木材磨成木屑的配送加工,可以极大提高运输工具的装载效率;自行车在消费地区的装配加工可以提高运输效率,降低损失;石油气的液化加工,使很难输送的气态物转变为容易输送的液态物,也可以提高物流效率。

8. 为衔接不同运输方式、使物流更加合理的配送加工

在干线运输和支线运输的结点设置配送加工环节,可以有效解决大批量、低成本、长距离的干线运输与多品种、少批量、多批次的末端运输和集货运输之间的衔接问题。在配送加工点与大生产企业间形成大批量、定点运输的渠道,以配送加工中心为核心,组织对多个用户的配送,也可以在配送加工点将运输包装转换为销售包装,从而有效衔接不同目的的运输方式。比如,散装水泥中转仓库把散装水泥装袋、将大规模散装水泥转化为小规模散装水泥的配送加工,就衔接了水泥厂大批量运输和工地小批量装运的需要。

9. 生产—配送一体化的配送加工

依靠生产企业和配送企业的联合,或者生产企业涉足配送,或者配送企业涉足生产,形成的对生产与配送加工进行合理分工、合理规划、合理组织,统筹进行生产与配送加工的安排,这就是生产—配送一体化的配送加工形式。这种形式可以促成产品结构及产业结构的调整,充分发挥企业集团的经济技术优势,是目前配送加工领域的新形式。

10. 为实施配送进行的加工

这种配送加工形式是配送中心为了实现配送活动,满足客户的需要而对物资进行的加工。例如,混凝土搅拌车可以根据客户的要求,把沙子、水泥、石子、水等各种不同材料按比例要求装入可旋转的罐中。在配送路途中,汽车边行驶边搅拌,到达施工现场后,混凝土已经均匀搅拌好,可以直接投入使用。

(三) 钢材剪板及下料的配送加工技术

各种钢材(钢板、型钢、线材等)的长度、规格有时不完全适用于客户,如热轧厚钢板等板材最大交货长度可达 7～12 米,有的是成卷交货。对于使用钢板的用户来说,如果采用单独剪板、下料方式,设备闲置时间长,人员浪费大,不容易采用先进方法,那么采用集中剪板、集中下料方式,就可以避免单独剪板、下料的浪费,提高材料利用率。

如汽车、冰箱、冰柜、洗衣机的等生产制造企业每天需要大量的钢板,除了大型汽车制造企业外,一般规模的生产企业如若自己单独剪切,难以解决因用料高峰和低谷的差异引起的设备忙闲不均和人员浪费问题。如果委托专业钢板剪切加工企业,就可以解决这个矛盾。专业钢板剪切加工企业能够利用专业剪切设备,按照用户设计的规格尺寸和形状进行套裁加工,精度高、速度快、废料少、成本低;专业钢板剪切加工企业在国外数量很多,大部分由配送企业经营。这种配送加工企业不仅提供剪切加工服务和配送服务,还出售加工原材料和加工后的成品。

剪板加工是指在固定地点设置剪板机,下料加工是设置各种切割设备,将大规格钢铁裁小,或切割进行剪板加工,然后将小规格钢板进行销售的配送方式。

加工后钢材的晶体组织很少发生变化,可保证原来的交货状态,有利于进行高质量加工;加工精度高,可以减少废料、边角料,减少再进行机加工的切削量,既提高了再加工效率,又有利于减少消耗;由于集中加工可保证批量及生产的连续性,可以专门研究此项技术并采用先进设备,从而大幅度提高效率和降低成本;使用户能简化生产环节,提高生产水平。

和钢板的配送加工类似,还有薄板的切断、型钢的熔断、厚钢板的切割、线材切断等集中下料,线材冷拉加工等。为此,国外有专门进行钢材配送加工的钢材配送中心,不仅从事钢材的保管,而且进行大规模的设备投资,使其具备配送加工的能力。中国物资储运企业 20 世纪 80 年代便开始了这项配送加工业务。中国储运股份有限公司近年与日本合作建立了钢材配送加工中心,利用现代剪裁设备从事钢板剪板和其他钢材的下料加工即钢板剪切配送加工。

（四）木材的配送加工技术

木材配送加工可依据木材种类、地点等，决定加工方式。在木材产区可对原木进行配送加工，使之成为容易装载、易于运输的形状。

1. 磨制木屑、压缩输送

这是一种为了实现配送的加工。木材是密度小的物资，在运输时占有相当大的容积，往往使车船满装但不能满载，同时，装车、捆扎也比较困难。从林区外送的原木中有相当一部分是造纸材，木屑可以制成便于运输的形状，以供进一步加工，这样可以提高原木利用率、出材率，也可以提高运输效率，具有相当可观的经济效益。例如，美国采取在林木生产地就地将原木磨成木屑，然后压缩使之成为容重较大、容易装运的形状，而后运至靠近消费地的造纸厂，取得了较好的效果。根据美国的经验，采取这种办法比直接运送原木节约一半的运费。

2. 集中开木下料

在配送加工点将原木锯截成各种规格锯材，同时将碎木、碎屑集中加工成各种规格板，甚至还可进行打眼、凿孔等初级加工。过去用户直接使用原木，不但加工复杂、加工场地大、加工设备多，更严重的是资源浪费严重，木材平均利用率不到50％，平均出材率不到40％。实行集中下料、按用户要求供应规格料，可以使原木利用率提高到95％，出材率提高到72％左右，有相当好的经济效果。

（五）食品的配送加工技术

食品配送加工的类型、种类很多。只要我们留意超市里的货柜就可以看出，那里摆放的各类洗净的蔬菜、水果、肉末、鸡翅、香肠、咸菜等都是配送加工的结果。这些商品的分类、清洗、贴商标和条形码、包装、装袋等是在摆进货柜之前就已进行了的加工作业，这些配送加工都不是在产地，已经脱离了生产领域，进入了配送领域。食品配送加工的具体项目主要有如下几种。

1. 冷冻加工

为了保鲜而进行的配送加工，为了解决鲜肉、鲜鱼在配送中保鲜及装卸搬运的问题，采取低温冻结方式的加工。这种方式也用于某些液体商品、药品等。

2. 分选加工

为了提高物流效率而进行的对蔬菜和水果的加工,如去除多余的根叶等。农副产品规格、质量离散情况较大,为获得一定规格的产品,采取人工或机械分选的方式加工称为分选加工。这种方式广泛用于果类、瓜类、谷物、棉毛原料等。

3. 精制加工

农、牧、副、渔等产品的精制加工是在产地或销售地设置加工点,去除无用部分,甚至可以进行切分、洗净、分装等加工,可以分类销售。这种加工不但大大方便了购买者,而且还可以对加工过程中的淘汰物进行综合利用。比如,鱼类的精制加工所剔除的内脏可以制成某些药物或用作饲料,鱼鳞可以制高级黏合剂,头尾可以制鱼粉等;蔬菜的加工剩余物可以制饲料、肥料等。

4. 分装加工

许多生鲜食品零售起点较小,而为了保证高效输送出厂,包装一般比较大,也有一些是采用集装运输方式运达销售地区。为了便于销售,在销售地区按要求进行新的包装,即大包装改小包装,散装改小包装,运输包装改销售包装,以满足消费者对不同包装规格的需求,从而达到促销的目的。

此外,半成品加工、快餐食品加工也成为配送加工的组成部分。这种加工形式,节约了运输等物流成本,保护了商品质量,增加了商品的附加价值。如葡萄酒是液体,从产地批量地将原液运至消费地配制、装瓶、贴商标,包装后出售,既可以节约运费,又安全保险,以较低的成本,卖出较高的价格,附加值大幅度增加。

本章小结

配送是在经济合理的区域范围内,根据用户要求,对物品进行拣选、加工、包装、分割、组配等作业,并按时送达指定地点的物流活动。

配送的作用表现在:增强企业竞争力、提升物流服务水平、提高库存周转率、完善干线运输体系、保护生态环境。

配送管理是指为了以最低的配送成本达到客户所满意的服务水平,对配送活动进行的计划、组织、指挥、协调与控制。按照管理进行的顺序,可以将配送管理划分成三个阶段:计划阶段、实施阶段和评估阶段。通过配送管理,可以实现以最低的成本达到最高的顾客服务水平的总目标。

配送作业的基本环节有:集货、分拣、配货、配装、配送运输、送达服务、配送加工。

配送增值服务是指根据客户的需要,为客户提供的超出配送的基本物流功能,是能够满足客户需求的各类服务的总称。

共同配送是指在城市里,为使物流合理化,在几个有定期运货需求的合作下,由一个卡车运输业者,使用一个运输系统进行的配送。

配送加工是物品在配送中心到使用地的过程中,根据客户需要施加包装、分割、计量、分拣、刷标志、拴标签、组装等简单作业的总称。

复习参考题

一、单项选择题

1. 哪种配送方式是若干企业制定统一计划,集中配送资源,以满足客户对货物需求的配送形式?(　　　)。

   A. 分散配送　　　　　　　　B. 定时配送
   C. 集中配送　　　　　　　　D. 共同配送

2. 下列哪一项是配送区别于其他物流形式的功能要素,也是决定配送成败的重要因素?(　　　)。

   A. 集货　　　　　　　　　　B. 分拣
   C. 配送运输　　　　　　　　D. 配送加工

3. 下列哪一项是配送的基础工作?(　　　)。

   A. 集货　　　　　　　　　　B. 分拣
   C. 配货　　　　　　　　　　D. 配装

4. 哪种配送方式是专门从事配送业务的配送中心针对社会性客户的货物需要而进行的配送?(　　　)。

    A. 分散配送　　　　　　　　B. 定时配送

    C. 集中配送　　　　　　　　D. 共同配送

5. 下列哪一项通常是一种短距离、小批量、高频率的运输形式。
（   ）。

    A. 整车运输　　　　　　　　B. 配送运输

    C. 集装箱运输　　　　　　　D. 干线运输

6. 哪种配送方式是按规定的批量在一个指定的时间范围内进行
的配送？（   ）。

    A. 定时配送　　　　　　　　B. 定量配送

    C. 定时定量配送　　　　　　D. 随时配送

7. 哪种配送方式是按事先约定的时间间隔进行配送，每次配送的
品种及数量可预告计划，也可以临时根据客户的需求进行调
整？（   ）。

    A. 定时配送　　　　　　　　B. 定量配送

    C. 定时定量配送　　　　　　D. 随时配送

二、多项选择题

1. 配送的构成要素包括下列哪几项？（   ）。

    A. 集货和分拣　　　　　　　B. 配货和配装

    C. 配送运输和配送加工　　　D. 送达服务

    E. 实物检验

2. 对配送系统来说，配送管理的意义主要表现在以下哪几点？
（   ）。

    A. 完善配送系统　　　　　　B. 减少库存

    C. 强化配送系统的功能　　　D. 降低成本

    E. 提高配送系统的效率

3. 按配送的组织形式不同，可以将其分为哪几类？（   ）。

    A. 分散配送　　　　　　　　B. 定时配送

    C. 集中配送　　　　　　　　D. 定量配送

    E. 共同配送

4. 配送运输具有哪些特点?(　　)。

  A. 方便性　　　　　　　　B. 经济性

  C. 安全性　　　　　　　　D. 沟通性

  E. 时效性

5. 配送增值服务具有哪些功能?(　　)。

  A. 配送加工　　　　　　　B. 快速反应

  C. 增加便利　　　　　　　D. 降低成本

  E. 业务延伸

6. 配送是以什么为主要手段,以送货为主要目的综合的物流活动?(　　)。

  A. 分拣　　　　　　　　　B. 配货

  C. 包装　　　　　　　　　D. 运输

  E. 抵达

7. 按配送的时间、数量不同,可以将其分为哪几类?(　　)。

  A. 随时配送　　　　　　　B. 定时、定路线配送

  C. 定时、定量配送　　　　D. 定量配送

  E. 定时配送

三、是非题

1. 配送增值服务融入了更多的精神劳动,能创造出新的价值,因而是增值的配送服务。

2. 配送几乎包括了物流的所有功能要素,是在一个经济合理区域内全部物流活动的体现。

3. 配送运输的目的在于最大限度地提高人员、物资、金钱、时间等物流资源的效率,降低成本,取得最大效益,提高物流服务。

4. 配送以低库存、优质服务为宗旨。

5. 集货是将分散的或小批量的物品集中起来,是配送的准备工作或基础工作。

6. 配送管理是指为了以最低的库存量达到客户所满意的服务水平,对配送活动进行的计划、组织、指挥、协调与控制。

四、论述题

1. 如何深入认识配送的含义?
2. 简述配送的一般业务流程,并举例说明。
3. 简述配送管理的内容。
4. 论述配送管理的意义。
5. 简述配送增值服务的含义。
6. 何谓"共同配送"? 举例说明共同配送的优势。
7. 与生产加工相比,配送加工有何特点?

五、案例分析题

沃尔玛的配送中心社区

　　沃尔玛诞生于 1945 年的美国。在它创立之初,由于地处偏僻小镇,几乎没有哪个分销商愿意为它送货,于是不得不自己向制造商订货,然后再联系货车送货,效率非常低。在这种情况下,沃尔玛的创始人山姆·沃尔顿决定建立自己的配送组织。1970 年,沃尔玛的第一家配送中心在美国阿肯色州的一个小城市本顿维尔建立,这个配送中心供货给 4 个州的 32 个商场,集中处理公司所销商品的 40%。

　　沃尔玛配送中心的运作流程是:供应商将商品的价格标签和 UPC 条形码(统一产品码)贴好,运到沃尔玛的配送中心;配送中心根据每个商店的需要,对商品就地筛选,重新打包,从"配区"运到"送区"。由于沃尔玛的商店众多,每个商店的需求各不相同,这个商店也许需要这样一些种类的商品,那个商店则有可能又需要另外一些种类的商品,沃尔玛的配送中心根据商店的需要,把产品分类放入不同的箱子当中。这样,员工就可以在传送带上取到自己所负责的商店所需的商品。那么在传送的时候,他们怎么知道应该取哪个箱子呢? 传送带上有一些信号灯,有红的,绿的,还有黄的,员工可以根据信号灯的提示来确定箱子应被送往的商店，来拿取这些箱子。这样，所有的商店都可以在各自所属的箱子中拿到需要的商品。在配送中心内，货物成箱地被送上激光制导的传送带，在传送过程中，激光扫描货箱上的条形码，全速运行时，只见纸箱、木箱在传送带上飞驰，红色的激光四处闪射，将货物送到正确的卡车上，传送带每天能处理 20 万箱货物，配送的准确率超过 99%。

　　20 世纪 80 年代初，沃尔玛配送中心的电子数据交换系统已经逐渐成熟。到了 20 世纪 90 年代初，它购买了一颗专用卫星，用来传送公司的数据及其信息。这种以卫星技术为基础的数据交换系统的配送中心，将自己与供应商及各个店面实现了有效连接，沃尔玛总部及配送中心任何时间都可以知道，每一个商店现在有多少存货，有多少货物正在运输过程当中，有多少货物存放在配送中心等；同时还可以了解某种货品上周卖了多少，去年卖了多少，并能够预测将来能卖多少。沃尔玛的供应商也可以利用这个系统直接了解自己昨天、今天、上周、上个月和去年的销售情况，并根据这些信息来安排组织生产，保证产品的市场供应，同时使库存降低到最低限度。由于沃尔玛采用了这项先进技术，配送成本只占其销售额的 3%，其竞争对手的配送成本则占到销售额的5%，仅此一项，沃尔玛每年就可以比竞争对手节省下近 8 亿美元的商品配送成本。20 世纪 80 年代后期，沃尔玛从下订单到货物到达各个店面需要 30 天，现在由于采用了这项先进技术，这个时间只需要 2~3天，大大提高了物流的速度和效益。

　　从配送中心的设计上看，沃尔玛的每个配送中心都非常大，平均占地面积大约有 11 万平方米，相当于 23 个足球场。一个配送中心负责一定区域内多家商场的送货，从配送中心到各家商场的路程一般不会超过一定行程，以保证送货的及时性。配送中心一般不设在城市里，而是在郊区，这样有利于降低用地成本。沃尔玛的配送中心虽然面积很大，但它只有一层，之所以这样设计，主要是考虑到货物流通的顺畅性。有了这样的设计，沃尔玛就能让产品从一个门进，从另一个门出。如果产品不在同一层就会出现许多障碍，如电梯或其他物体的阻碍，产品流通就无法顺利进行。沃尔玛配送中心的一端是装货月台，可供 30 辆卡车同时装货,另一端是卸货月台,可同时停放 135 辆大卡车。每个配送中心有 600～800 名员工,24 小时连续作业;每天有 160 辆货车开来卸货,150 辆车装好货物开出。在沃尔玛的配送中心,大多数商品停留的时间不会超过 48 小时,但某些产品也有一定数量的库存,这些产品包括化妆品、软饮料、尿布等各种日用品,配送中心根据这些商品库存量的多少进行自动补货。到现在,沃尔玛在美国已有 30 多家配送中心,分别供货给美国 18 个州的 3 000 多家商场。沃尔玛的供应商可以把产品直接送到众多的商店中,也可以把产品集中送到配送中心,两相比较,显然集中送到配送中心可以使供应商节省很多钱。所以在沃尔玛销售的商品中,有 87％左右是经过配送中心的,而沃尔玛的竞争对手仅能达到 50％的水平。由于配送中心能降低物流成本 50％左右,使得沃尔玛能比其他零售商向顾客提供更廉价的商品,这正是沃尔玛迅速成长的关键所在。

(资料来源:http://www.linkshop.com.cn/CLUB/dispbbs.aspx? boardid＝8&rootid＝222070)

请思考:

1. 试阐明上述案例中,促使沃尔玛配送中心高效运作的因素。
2. 试分析高效率的配送为什么能够使沃尔玛获得成功。
3. 从以上案例中,你得到了哪些启示?

第九章

配送中心运作管理

学习目标

- 重点掌握配送中心的概念和功能
- 理解配送中心的分类
- 理解配送中心管理信息系统的概念和功能
- 了解配送中心管理信息系统的子系统
- 掌握配送中心成本管理的概念和控制方法
- 了解配送中心成本的分类和计算方法
- 掌握降低配送中心运营成本的策略

引入案例

沃尔玛的配送中心

沃尔玛的最早创始人山姆·沃尔顿,在 1962 年开设了第一家沃尔玛商场,配送中心从 1970 年开始设立,到目前为止,沃尔玛在美国已经设立了 30 座配送中心,负责将从供应商处大量运达的商品配送至各个分店。配送中心的选址十分重要,它直接关系到成本、运输、采购等多方面的问题,沃尔玛是如何选择配送中心地址的呢? 从距离来看,配送中心到所负责的目的地的路程不会超过一天路程;从位置来看,由于沃尔玛的商店定位不是根据城市的大小来确定,在一些乡村也开设,因此它的配送中心一般不会设在城市里;从面积来看,一般都达 11 万平方米,员工近千人,将近 85％ 的货物通过配送中心发送。一般一个配送中心负责一定区域范围内的多家商场。

沃尔玛配送中心属于哪种类型的配送中心? 有什么特征?

（资料来源：http：//jpkc. jsit. edu. cn/ec2006/
C13/Course/ReadNews. asp? NewsID＝1129）

第一节　配送中心概述

一、配送中心的概念

根据《中华人民共和国国家标准：物流术语》(GB/T18354—2021)，配送中心的定义为：具有完善的配送基础设施和信息网络,可便捷地连接对外交通运输网络,并向末端客户提供短距离、小批量、多批次配送服务的专业化配送场所。

配送中心是针对某一类用户,通过合理配置物流各功能要素,运用完善的信息系统,在经济合理的区域范围内,组织配送性销售或供应,为客户进行实物配送为主要职能的流通型物流结点。在配送中心,通过采取少品种、大批量进货作业,实现对商品资源的配备工作,再根据用户的需要,采取多品种、小批量、高频次的送货作业,实现高水平的商品配送服务。为了满足用户需要,配送中心还可以根据用户的要求,开展各种形式的流通加工。因此,配送中心实际上是将集货、存货、配货、流通加工以及送货合为一体的现代化物流基地,也是能够发挥多种功能作用的物流组织。

二、配送中心的分类

(一) 按配送中心的功能侧重分类

1. 储存型配送中心

储存型配送中心具有强大的储存功能,能够利用自身的储存能力开展快速配送活动。生产资料配送中心、连锁超市的配送中心等就属于这一类型。从商品销售的角度来看,为确保用户的需求能够得到及时的满足,企业商品的销售需要有较大的库存支持;同样,生产企业也需要储存一定数量的生产资料,以保证生产的连续运转,其配送中心需要有较强的储存功能。另外,配送范围较大的配送中心,也需要有较大的库存支持,这也属于储存型配送中心。例如,瑞士 GIBA - GEIGY 公司的配送中心拥有可储存 4 万个托盘货物的储存库。

2. 流通型配送中心

流通型配送中心以对商品进行快速中转为主要功能,不具备长期保存商品的能力,通常采取随进随配随送的方式,或对进入配送中心的商品进行暂存,并在最短的时间内组织出货。这类配送中心的特点表现为"快进快出",商品在进入配送中心后,或者直接换装出货,或者经过简单分拣、配套后出货,或者进入暂存并等待另一批商品到达后同时出货,商品在配送中心内不进行储存,或滞留很短的时间。例如,MAIN STREET 公司的哥伦布配送中心主要从事服装和鞋类商品的分拣、标价和配送,商品从进货到出货不超过 3 天。

3. 加工型配送中心

加工型配送中心以对商品进行流通加工为主要功能,在配送中心内开展对商品的分拣、分类、分割、组合、分装、贴标签等加工活动,也有开展食品加工、生产资料加工、配套、组装等加工活动,并将加工好的商品直接配送给用户。例如,上海联华生鲜加工配送中心开展蔬菜加工、肉类加工、熟食加工等生鲜食品加工配送活动,经营多达 15 个大类约 1 200 种生鲜食品的流通加工和配送。此外,为火力发电厂进行配煤配送,为建筑工地进行商品混凝土加工配送等,都属于加工型配送中心。

(二) 按配送中心的经营主体分类

1. 生产制造型配送中心

是指生产制造企业为本身产品的生产和销售需要所建立和运营的,以提供后勤保障为主要职能的配送中心。例如,青岛海尔物流配送中心为海尔公司提供生产电器产品的原材料、零配件,并为公司的用户提供海尔电器产品的配送服务。美国 SUZUKI MOTOR 洛杉矶配件中心以及德国 MAZDA MOTOR 配件中心等,也是这种配送中心的典型代表。生产制造型配送中心担负着向本企业或企业的用户提供配送的职能,起着保障供需的作用,因此,这类配送中心占地面积比较大,一般建有大型的现代化仓储设施并储存一定数量的产品。

2. 商业销售型配送中心

商业销售企业为了商品的销售需要所建立和运营的,以提供商品销售支持作为主要职能的配送中心。这类配送中心借助于配送这一服务手段来开展经营活动,通过理货、加工、分拣配货和送货等服务手段来降低成本,提高服务质量,促进商品的销售。这类配送中心主要有两种类型。

(1)商业批发企业或代理企业建立和运营的,以商品批发为主要职能的配送中心。作为本身经营的一种方式,批发企业建立配送中心以扩大商品的销售。如芬兰 SESKO 公司中央配送中心、瑞典 LCA 公司西南配送中心,以及大多数生产资料配送中心,都属于这种类型。

(2)商业零售企业建立和运营的,以商品销售支持为主要职能的配送中心。此类配送中心为专业零售店、超级市场、连锁店等销售点提供商品配送,为这些零售店的商品零售和降低经营成本提供有力的支持。如沃尔玛、华联超市的配送中心,都属于这种类型。

3. 第三方物流型配送中心

这是一种由专业物流企业建立或运营的,为一些特定用户开展配送服务的配送中心。这种配送中心有很强的配送能力,利用其专业的优势,能够在较短的时间内将用户所需的物品送达用户所在地。这类配送中心的社会化程度高,能为多家用户提供定制化的物流配送服务,其物流专业化和现代化水平通常处于各类配送中心的较高层次。例如,为日本关东地区的 239 家 Family Mart 便利店进行配送的座间物流配送中心,就属于第三方物流型配送中心。

4. 共同型配送中心

这是一种由多家货主企业共同设立和运营的,为这些企业共同进行配送的配送中心。共同型配送中心将所进商品汇总、分类后统一进行配送,可以提高车辆的装载率,使多家货主的货物一次便可送达,装卸搬运作业省力、方便,配送资源的利用率较高,能够有效地降低配送成本。如日本伊藤洋华堂的配送中心就是最典型的共同型配送中心,通过多家货主企业共同设立配送中心来实现共同集货和共同配送。

（三）按配送中心的运营方式分类

1. 自有型配送中心

是指隶属于某一个企业或企业集团,通常只为本企业提供配送服务。这类配送中心通常规模较大,具有充足的业务量,能够通过规模化运作降低配送成本,实现较高水平的配送服务。连锁经营的企业常常建有这类配送中心,如美国沃尔玛公司所属的配送中心,就是公司独资建立并专门为本公司所属的连锁门店提供商品配送服务的自有型配送中心。

2. 公共型配送中心

是以赢利为目的,面向社会开展配送服务的配送组织。这类配送中心的服务对象不限于某一个企业,通常为多家企业提供配送服务,通过配送业务的有机组合,实现配送资源的有效利用,有利于形成规模化运作,使配送成本得到有效降低。这种配送组织在现有的配送中心数量中占有相当大的比例,如香港和记黄埔集团公司设在北京的和黄天百物流公司配送中心同时为物美超市和华普超市等连锁企业提供物流配送服务。

（四）按配送中心服务辐射范围分类

1. 城市配送中心

城市配送中心是为一个城市范围内的用户提供配送服务的物流组织。根据城市道路的特点,城市配送中心的运载工具通常为小型箱式货车,具有较好的灵活性,递送速度快。另外,城市配送的对象多为连锁零售企业的门店和最终消费者,其需求特点是多品种、小批量,配送距离短,需要提供门到门的配送服务,如很多城市的生鲜食品配送中心、菜篮子配送中心等都属于城市配送中心。

2. 区域配送中心

区域配送中心存货量大,配送运作能力强,辐射范围大,配送范围广,可以跨省、市开展配送业务,甚至在全国乃至国家之间开展配送业务。这种配送中心通常规模较大,客户较多,配送批量也较大,通常采用大型货车进行配送。其服务对象经常是下一级的配送中心、零售商或生产企业用户,如美国沃尔玛公司的配送中心,建筑面积在 12 万平方米以上,采用大型集卡进行配送,配送距离可达 350 公里,每天可为 6 个州 100 家连锁店配送上万种商品。

(五) 按配送中心配送货物分类

按照配送中心配送货物的种类,可以分为日用品配送中心、食品配送中心、医药配送中心、化妆品配送中心、家电配送中心、服装配送中心、书籍配送中心、汽车配件配送中心、电子产品配送中心、化工产品配送中心、生产资料配送中心、建材配送中心等。

三、配送中心的功能

配送中心是具有采购、集货、储存、分拣、流通加工、送货、信息处理等多种功能有机结合的统一体。在集货、储存、流通加工等功能上与本教程第一章所讲述的仓储的功能相似,不同的有以下六个方面。

(一) 分拣功能

配送中心所面对的用户众多,用户对所需商品的品种、规格、数量以及送达时间等方面的要求差异很大。为了能够满足用户多样化的需求,配送中心必须采取适当的方法,通过分拣作业从现有的存货中拣选出用户所需要的商品,完成用户所需商品的配货工作,为送货做好准备,以满足用户的不同需要。分拣功能体现了配送中心"配"的精髓,是配送中心高水平物流服务的体现,是配送中心与普通仓库的主要区别,也是配送中心的主要功能。

(二) 包装功能

根据配送的需要和用户的特殊要求,商品在配送中心有时需要进行重新包装。例如,为了避免商品的散落、损坏,需要对商品进行保护性包装;为了商品销售的需要,需要对商品进行促销包装;为了提高送货过程中的装卸便利性,需要对商品进行集装处理等。包装功能是配送中心的一项辅助功能,但却具有保护商品、方便储运、促进销售的重要作用,因此包装功能在配送中心中是必不可少的。

（三）采购功能

采购功能是配送中心根据市场或下游用户的需求情况，制定统一的采购计划，并按照计划获得所需的商品资源，从而为后续的配送活动做好必要的准备。配送中心只有首先采购到所有需要的商品，才能确保及时、准确地为用户配送所需要的商品。采购功能的另一个重要职责就是要确保配送中心获得质量符合要求、进货成本最低的商品。因此，采购功能既是配送中心向用户提供商品的前提和保障，同时也是配送中心降低进货成本、提高经济效益的重要手段，是配送中心必不可少的功能。

（四）送货功能

用户为了降低自己的库存，往往采取小批量进货的方法。为了满足用户的需要，配送中心就必须采用小批量送货的策略。为了避免小批量送货的不经济性，配送中心在开展送货的过程中，必须运用科学的方法，制定出合理的车辆配载方案和车辆行驶路线，以确保配送车辆的运力得到充分的利用，并在最短的时间内，完成最多用户的送货任务，同时要保证商品及时、准确地送达用户指定的地点。配送中心的送货功能实现的是"门到门"的高水平服务，同时又要考虑降低送货成本，即要实现用较少的物流成本提供高水平的服务。因此，送货功能充分体现了配送中心"送"的精髓，也是配送中心的主要功能。

（五）退货回收功能

配送中心要对下游滞销商品的退货、问题商品的退换货和返修、包装容器的周转回收等进行合理处理。同时还要对上游供应商进行相关商品的退换货处理，以及包装容器的返还等处理。通常配送中心的退换商品和包装容器回收等活动需要增加额外的耗费，因此配送中心必须对此类活动进行严格的控制，采取有效的方法尽量减少此类活动的发生。

（六）信息处理功能

配送中心为沟通物流配送各环节、各作业间活动而建立信息系统和信息网络，有效地为用户提供有关商品的购、储、运、销一体化服务及有关咨询服务，协调各部门、各环节的配送作业，并对配送商品的信息、作业信息、供应商信息、用户信息、市场信息、政策信息等进行处理,从而确保配送中心的各项运作顺利开展。

配送中心不仅实现物的流通,而且也通过信息处理来协调各个环节的作业,如通过对用户需求信息和库存信息的处理产生拣货信息,指挥拣货活动的开展。配送中心通过信息处理来协调与上游供应商的业务关系,如对采购信息的处理生成对供应商的采购订单。配送中心通过信息处理来协调与下游用户的供需关系,如对用户订单的处理生成送货信息等。信息化、网络化、自动化是配送中心的发展趋势,信息系统越来越成为配送中心的重要组成部分。

第二节　配送中心管理信息系统

一、配送中心管理信息系统概述

(一) 配送中心管理信息系统

配送中心管理信息系统是把配送中心的物流信息与管理有机结合在一起的系统,它是运用系统的观点、思想和方法,以计算机为信息处理手段,以现代通信设备为信息传输工具,为配送中心各级管理人员提供管理决策和信息服务的人机系统。确切地说,配送中心管理信息系统是一个由人和计算机共同组成的,能进行物流信息的收集、存储、加工、传递和使用的系统。

配送中心各项工作的顺利开展和有效管理离不开管理信息系统。通过管理信息系统的运作,形成贯穿在各项活动和管理过程中的信息流,将各项活动和管理过程联结成为一个整体,从而使得配送中心的商流、物流、资金流形成有序流动,最终实现配送中心的高效运作。

(二) 配送中心管理信息系统的构成

配送中心管理信息系统的基本构成要素包括硬件、软件、数据库、人员和规章制度等。

1. 硬件构成

硬件部分是配送中心管理信息系统发挥作用的实体基础,包括各类计算机、输入输出设备、网络设备、通信设备和储存媒体等，如计算机主机、显示器、硬盘、打印机、键盘、扫描器、服务器、通信电缆等。硬件设备既是各种软件运行的物理平台，也是管理信息系统的重要组成部分。硬件设备的选择和配置，会对管理信息系统的信息处理速度和能力以及系统的可靠性产生较大的影响，因此必须高度重视硬件设备的选用和配置。

2. 软件构成

软件部分是引导和指挥配送中心管理信息系统进行信息收集、传输、加工和使用的控制程序，也是直接对配送中心信息开展管理，并使信息发挥最大作用的重要组成部分。配送中心管理信息系统的软件部分包括系统软件、实用软件和应用软件三类。

（1）系统软件。是用于控制和管理硬件资源，为其他软件提供运作平台的基础性软件，也是配送中心管理信息系统不可缺少的软件，主要有操作系统、网络操作系统等。

（2）实用软件。是建立在系统软件基础之上，用于支持应用软件、管理数据资源、实现通信等的软件，主要有数据库管理系统、计算机语言、各种开发工具等。

（3）应用软件。是直接对配送中心的各类信息进行管理，为解决配送中心具体经营问题提供信息支持，辅助配送中心的业务管理，为配送中心的业务运作提供决策的软件，如配送中心的进销存软件等。

系统软件、实用软件可以从相应的计算机厂商、专门的软件开发公司处购得，而应用软件一般要根据配送中心实际情况和需要进行开发。

3. 数据库

数据库是配送中心信息系统运行时所依赖的各类最基本数据的存放仓库，这些数据包括各类实际发生的业务数据，如各类业务活动内容、业务量、价格、时间等，还包括开展管理所需的数据，如各类单证的规范表格、商品、设施、设备、人员等的数据。数据库的数据必须完整、准确。

4. 管理人员

管理人员是管理信息系统的使用者和维护者，管理人员通过使用管理信息系统对配送中心的各类业务进行计划、调度、指挥和控制,如安排配送车辆、对配送路线进行合理规划等,运用管理信息系统对一段时期内的运作情况进行统计、分析,并以此作为下一阶段的工作计划安排的决策等。

5. 规章制度

规章制度是确保管理信息系统正常使用,并发挥其最大作用的基本保障。规章制度规定了管理信息系统的使用要求和规则,如非系统操作人员不能使用系统进行数据的更改,系统操作人员必须遵守的安全性和保密性准则等。规章制度的完善与否,决定了管理信息系统的可用性和可靠性,是确保系统安全运作的必需。

(三) 配送中心管理信息系统的层次结构

按照配送中心管理信息系统的应用主体不同,配送中心信息系统可分为业务数据处理系统、辅助管理信息系统、战略决策信息系统三个由低到高的层次,这与配送中心经营管理的业务层、战术层、战略层三个层次是相对应的。

1. 业务数据处理系统

是业务层的信息作业系统,其主要功能是对配送中心业务活动中的大量信息进行收集、加工、储存和传递,通过对这些信息的处理,制作各种表格、单证,实现快速、规范的信息采集和传递。业务数据处理系统还包括对日常活动中购销合同、进存出货所用各种票据、财务报表的保存、填写、传递、制作以及部门间的信息传输等处理工作。

2. 辅助管理信息系统

是战术层进行物流活动的计划、组织、协调和决策的信息作业系统,配送中心战术层的各个部门依托于数据处理系统,完成采购计划、库存计划、配送作业计划和销售计划,实现订货、进货、储存、配货、出货、运送等作业的组织和管理,并进行配送车辆运行路径选择、库存管理等业务管理决策。

3. 战略决策信息系统

是为战略层提供战略计划制定、战略决策所需要的战略管理信息,完善的战略决策信息系统能够通过对配送中心经营系统的分析,向管理者提供决策所需要的各种信息,如配送中心规模与业务的匹配状况、商品价格的变化趋势、财务运作状况分析等,以及供应链管理状况、所属企业的战略管理等情况。

二、配送中心管理信息系统的功能

(一) 配送作业与日常事务处理功能

配送中心管理信息系统为配送中心的各项业务活动的开展提供最大的支持,通过信息系统对各种业务信息进行快速、准确的收集、加工处理和传递,实现配送中心各项业务活动的顺利开展,并以此确保各项业务活动的良好衔接和效率化运作。在物流作业方面,如采购作业、进货作业、存货作业、接单作业、拣取作业、出货作业、输配送作业等,需要信息系统的指示和安排,在准确的信息指引下,各项作业才能够正确地进行。在日常事务方面,如商务处理、财务作业、人事管理、客户关系处理等工作,更需要信息系统的支持,以确保信息的快速获取和灵活应用,提高工作的效率和准确率。

(二) 配送管理与控制功能

配送中心的配送管理和控制需要有信息系统的支持,通过信息系统提供的信息实时传输、信息跟踪等功能,使得管理指令的发出点与配送活动的开展点之间紧紧联系在一起,信息的无误传递为配送活动的正常进行提供了保障,而实时的信息跟踪机制,又确保了对配送活动顺利开展的有效管理和控制。另一方面,配送中心管理信息系统还具备库存控制、货位指派、流通加工、日程安排、车辆行程和调度、绩效管理、制定作业计划等方面的功能。

(三) 物流活动的决策支持功能

通过计算机技术、信息技术、人工智能与管理决策技术,结合相关的管理科学、行为科学等知识,配送中心管理信息系统能够进行一些重要的物流管理决策活动或为决策提供必要的信息,为决策的科学化、合理化提供有力的支持和帮助。如在配送中心的功能定位、商品类型选择、服务项目设置、发展战略和规划的制定等方面,配送中心管理信息系统可以为决策者提供所需要的分析结果,帮助管理者作出有效的决策。

三、配送中心管理信息系统的子系统

一个完善的配送中心信息系统由采购进货管理、库存管理、销售出货管理、配送运输作业管理、财务会计、供应商管理、客户关系管理、绩效评价等子系统组成。

(一) 采购进货管理子系统

为了确保向客户提供所需要的商品,配送中心需向供货厂商或制造厂商订购商品,采购进货管理子系统能够对需采购的商品数量需求进行统计、对供货厂商的交易条件进行查询确认,包括采购商品的名称、规格、价格、数量、交货时间和运费等情况,然后根据所需商品数量及供货厂商所提供的经济订购批量提出采购单。采购单经确认后发出,然后系统进入采购入库进货的跟催工作。

(二) 库存管理子系统

库存管理子系统是对商品库存量、时间以及相应的出入库活动的信息管理。库存管理子系统的主要功能包括库存商品基本资料信息查询、盘存管理、转储与报废管理、库存计划与评价决策等功能。

(三) 销售出货管理子系统

销售出货管理子系统是对销售和出货活动的信息进行管理,主要包括销售基本数据资料处理、客户订单处理、出货指示、销售分析等功能。

(四) 配送运输作业管理子系统

配送运输作业管理子系统是对配送计划安排和配送运输进行管理的信息管理系统,其主要包括配送运输基本信息管理、配送运输计划管理、作业指示和跟踪、配送运输决策和评价等功能。

(五) 财务会计子系统

财务会计子系统是处理财务数据,进行配送中心及其各部门预算控制和成本分析的财务信息管理系统。其主要包括账务管理、应收应付和已收已付账款管理、成本分析和财务预算管理等功能。

(六) 供应商管理子系统

供应商管理子系统是对供应商信息进行管理的系统,以便确保供货水平,保障货源稳定。主要包括供应商信息管理、供货合同管理、供应商的开发、选择、评价等功能。

（七）客户关系管理子系统

客户关系管理子系统是为维护客户关系、明确客户需求而进行的反映客户基本需求情况的信息管理系统,主要包括客户基本资料的管理和维护、客户关系评价、客户投诉处理等功能。

（八）绩效评价子系统

绩效评价子系统是对配送中心各类经营活动进行绩效评价的信息管理系统,主要包括绩效评价基本资料的管理和维护、配送中心总体经营管理的评价、配送中心各部门、环节、节点等的评价等功能。

第三节　配送中心的成本管理

一、配送中心成本管理的概念

在配送中心的运营过程中,为了向客户提供配送服务而开展的各项业务活动需要消耗一定的活劳动和物化劳动,这些活劳动和物化劳动的货币表现,就是配送中心的成本。配送中心的成本主要产生于运营过程中的各个环节和各类活动中,如伴随着配送服务而开展的运输、仓储、装卸、搬运、包装、流通加工及信息处理等活动所产生的成本,完成配送服务所需要的设施、设备的成本,以及为管理配送服务活动的开展而产生的成本。配送中心运作成本的高低直接关系到配送中心的经济利益,因此,必须不断降低这些成本,才能够提高配送中心的经济利益。

配送中心的成本管理是指通过对配送中心成本的精确计算,深入了解配送中心成本的构成和内在联系,准确把握配送中心各项活动与成本的关系,采取有效措施对配送中心的各项活动进行管理,以达到降低配送中心成本的目标。由于配送中心的各项活动产生了配送中心的成本,因而,成本的降低必须通过对配送中心各项活动的有效管理才能实现。换句话说,配送中心的成本管理是运用活动与成本之间的关系,通过成本来管理活动,并最终使各项活动的成本得到降低。

配送中心成本管理的意义在于,通过对配送中心成本的有效把握,采取科学、合理的方法组织配送活动的开展,加强对配送活动中的各项费用支出的有效控制,降低配送活动中各种物化劳动和活劳动的消耗,从而达到降低配送成本,提高配送中心效益的目标。

二、配送中心成本的分类

为了开展配送中心的成本管理,首先必须明确配送中心成本的构成。根据配送中心成本的构成情况,可按不同的分类方法对这些成本进行分析。

(一) 按费用的支付形态进行分类

按费用支付形态的不同,配送中心的成本可以分为内部费用、对外委托费用、其他企业支付费用。其中内部费用又可以分为材料费、人工费、水电费、维护费、一般经费、特别经费等。

1. 材料费

材料费是指因物料消耗而发生的费用。由包装材料费、燃料费、消耗性工具和配件、低值易耗品及其他物料消耗费组成。

2. 人工费

人工费是指配送中心支付给员工的各种劳务和福利费用,包括工资、奖金、补贴、保险费、劳保费以及教育培训费和其他一切用于员工的费用。

3. 水电费

是指配送中心在开展业务活动时使用水电气资源而向电力、煤气、自来水等部门支付的使用费用。

4. 维护费

维护费指配送中心的建筑物、机械设备、车辆、工具等在使用过程中的维修保养所产生的费用,包括维修保养费、修理费、保险费等。

5. 一般经费

一般经费是指差旅费、交通费、资料费、邮电费、通讯费、各类税款,还包括商品损耗费、事故处理费及其他杂费等一切一般支出。

6. 特别经费

特别经费指根据设施设备使用年限和折旧率计算出来的设施设备的折旧费用,也包括按贷款利率计算出来的企业内利息等。

7. 对外委托费用

对外委托费指配送中心对外支付的包装费、运费、保管费、装卸费、加工费、手续费等业务费用。

8. 其他企业支付费用

在配送中心成本中还应包括由其他企业支付的费用,如厂家送货时包含在商品价格中的运费、商品销售时顾客自己提货而从价格中扣除的运费等。

(二) 按照配送中心功能进行分类

按照配送中心功能进行分类,配送中心成本可分为采购进货费、保管费、装卸搬运费、流通加工费、包装费、配送费、信息处理费和配送管理费等。

1. 采购进货费

指为完成商品的采购和进货作业而发生的费用。如进货的检验费用、产生采购订单的费用等。

2. 保管费

指一定时期内配送中心因保管商品而发生的费用,也包括包租或委托储存的仓储费。如商品的维护保养费用等。

3. 装卸搬运费

指伴随商品包装、运输、保管、流通加工等业务而发生的商品在一定范围内进行水平或垂直移动所发生的费用。如理货、上架等活动的人工费用。

4. 流通加工费

指在配送中心中为客户的特殊要求而对商品进行的简单加工所发生的费用。如商品的配套、捆扎等活动的费用。

5. 包装费

指为保护商品、便于运输而进行包装活动所发生的费用。如运输包装、包装材料的费用等。

6. 配送费

指将顾客需要的商品送达顾客指定地点的过程中所产生的费用。如商品分拣、包装、装卸、短途运输等费用。

7. 信息处理费

指配送中心在采购进货、储存管理、订货处理、拣货处理、运送等活动开展过程中,对物流信息进行处理而产生的费用。如订单处理的费用等。

8. 配送管理费

指配送中心在开展配送活动的计划、组织、控制等管理活动中所产生的费用。它包括作业现场的管理费,也包括配送中心管理部门的管理费。

(三) 按费用发生的领域进行分类

按照配送中心的费用发生领域,配送中心成本可分为商品采购费、内部运营费、商品销售配送费等。

1. 商品采购费

是发生在配送中心与供应商之间的为获得商品资源而支付给供应商的费用,如购买商品的费用、商品的运输费用等。

2. 内部运营费

是发生在配送中心内部为开展各项业务活动和内部管理而产生的费用,如仓储保管费、商品包装费、商品检验费等。

3. 商品销售配送费

是发生在配送中心与客户之间的为将客户所需的商品送达客户手中而产生的各种费用,如配送运输费、拣货费、订单处理费等。

(四) 按费用归属的对象进行分类

1. 以客户为对象的费用

是以客户为统计对象,针对某个客户的费用。

2. 以商品为对象的费用

是以商品为统计对象,针对某个商品的费用。

3. 以配送作业为对象的费用

是以配送作业为统计对象,针对某个具体作业的费用。

三、配送中心成本计算方法

配送中心成本管理的前提是要清楚地知道成本的大小,而只有通过对成本的计算,才能把握配送中心的真实成本。配送中心成本的计算通常可以采取按支付形态计算成本、按功能计算成本或按适用对象计算成本等方法。

(一) 按支付形态计算成本

按支付形态计算成本的方法,是把配送中心的成本分别按材料费、人工费、水电费、维护费、一般经费、特别经费、对外委托费用、其他企业支付费用等支付形态进行计算。这种成本计算方法能够清楚地表达各个分类项目的成本费用,帮助管理者把握成本管理的重点项目。在计算成本时,需要按照项目的类别把有关的费用从会计科目中分离出来,归入相对应的项目中进行计算,并汇总出总的成本费用。

(二) 按功能计算成本

按功能计算成本的方法,是把配送中心的成本分别按采购进货费、保管费、装卸搬运费、流通加工费、包装费、配送费、信息处理费和配送管理费等物流功能进行成本的计算。这种成本计算方法能够清楚地表达每个物流功能的成本费用,帮助管理者把成本管理的重点放到费用支出较大的物流功能上,找出其不合理的根源,采取有效措施改善这些功能中的不合理现象。在按功能计算成本时,先要取得按支付形态归类成本数据,对应于不同的项目,再按功能进行成本的分配,然后再按功能对各个费用进行归类汇总,加工成管理所需的成本信息。

(三) 按适用对象计算成本的方法

这种方法的思路是,将物流成本按照不同的对象予以计算,如按照不同的商品类别进行分别计算,可以清楚地反映各类商品的配送成本,使管理者能够准确地把握每一类商品的配送成本,便于管理者对配送成本较高的商品品类采取有效的措施加强管理,降低该品类的配送成本。也可以按照不同的客户进行配送成本的计算,将每一个客户的配送成本准确地反映出来,使管理者能够对不同的客户采取不同的服务策略,降低那些对配送中心贡献较小的客户的配送成本。还可以按照配送作业的类别进行成本计算,以反映出各项配送作业的成本费用,以便管理者能够针对成本费用较高的作业项目加强管理,降低这些作业的成本。这种做法既可以避免传统会计方法中无法真实反映物流成本费用的问题,也能够弥补传统成本计算方法得到的信息不够准确的缺陷,从而提高成本管理的针对性。但过细的项目划分设置会给成本计算工作增加很多工作量,必须借助于计算机技术来加以解决。

四、配送中心的成本控制方法

配送中心成本控制是配送中心在物流活动中依据物流成本标准,对实际发生的物流成本进行严格审核,发现运营过程中的浪费,进而采取降低物流成本的措施,实现预定的物流成本目标。

(一) 成本控制的阶段方法

配送中心成本控制按控制的时间阶段划分,可分为事前控制、事中控制和事后控制三个环节。

1. 成本的事前控制

事前控制是在物流活动开展之前对影响物流成本的具体活动进行事前的计划,确定物流成本目标,以便在后续物流活动中依据此目标对成本进行控制。如在配送运输活动开展之前,对运输的路线进行规划,制定最佳运行路线,减少运输里程和运输时间,降低运送成本。

2. 成本的事中控制

事中控制是在物流活动的开展过程中,随时对实际发生的物流成本与成本目标进行比较,及时发现差异并采取相应措施予以纠正,以保证物流成本目标的实现。如对行驶中的配送车辆进行监控,及时了解配送车辆的运行状况,并对其运行状况进行合理调度和指挥,解决遇到的问题,使配送车辆的运行能够按照既定的目标进行,以避免配送成本的增加。

3. 成本的事后控制

事后控制是在物流活动结束之后,对实际物流成本进行核算,通过与物流成本目标的比较,确定实际物流成本的高低,并进行深入分析,查明物流成本节约或超支的主客观原因,确定其责任归属,对物流责任成本单位进行相应的考核和奖惩。如对配送业务的完成情况进行评价，总结出经验和教训，找出更加合理的配送方案，以便在今后的配送业务开展过程中能够更好地降低物流成本。

（二）标准成本控制法

标准成本法将成本计算和成本控制相结合，是一种包括制定标准成本、计算和分析成本差异、处理成本差异三个环节所组成的完整系统。标准成本法以标准成本为基础，把成本的实际发生额区分为标准成本和成本差异两部分，并以成本差异为线索，分析研究产生成本差异的原因和责任，并及时采取有效措施消除存在的差异，实现对成本的有效控制。因此，标准成本法更多的是被用来加强成本控制。

实施标准成本系统一般有以下几个步骤：制定单位物流服务的标准成本；根据实际产量和成本标准计算物流服务的标准成本；汇总计算实际成本；计算标准成本与实际成本的差异；分析成本差异的发生原因；向成本负责人提供控制报告；评价成本目标的执行结果，根据成本业绩实施奖惩。

标准成本控制法的关键在于标准成本的制定。标准成本由物流服务的直接材料、直接人工和间接费用三部分组成，通常以直接材料、直接人工和间接费用三大项目按其性质划分为变动成本与固定成本作为制定标准的基础。在制定标准成本时，对每一个成本项目需要分别确定其用量标准和价格标准，两者相乘后得出成本标准。其中的用量标准包括单位物流服务材料消耗量、单位物流服务直接人工工时等，主要由生产技术部门制定。而价格标准包括原材料单价、小时工资率、小时间接费用分配率等，由会计部门和有关其他部门共同研究确定。制定标准成本时既要考虑过去较长时期的实际平均水平，又要消除企业经营活动中的异常情况，并估计到未来的生产发展趋势。

成本差异的计算与分析是标准成本控制法运用的重要环节。成本差异是指实际成本与标准成本之间的差额。实际成本超过标准成本所形成的差异叫作不利差异、逆差或超支；实际成本低于标准成本所形成的差异叫作有利差异、顺差或节约。计算分析成本差异的主要目的在于查明差异形成的原因，以便及时采取措施消除不利差异，并为成本控制、考核和奖惩提供依据。产生成本差异的因素纷繁复杂,既有客观的因素,也有主观的因素,既有可控因素,也有不可控因素。因此在明确成本差异责任时,应以成本能否为各职能部门或个人所控制为基础。

(三) 作业成本法

作业成本法(简称 ABC 成本法),也称为活动成本法。它是以成本动因理论为基础,通过对作业进行动态追踪,反映、计量作业和成本对象的成本,评价作业业绩和资源利用情况的方法。作业成本法可以为配送中心不断改善经营管理提供准确、及时的有关活动成本的信息,从而为改善配送中心的物流成本管理提供有力的帮助。

作业是配送中心为提供一定的配送服务所发生的以资源为重要特征的各项业务活动的统称。配送服务需要通过配送作业来完成,而配送作业则需要消耗资源,资源的耗费意味着成本的产生。作业成本法将作业作为成本计算的基本对象,并将作业成本分配给最终产出(如产品或服务),形成产品成本或服务成本。

作业成本法的基本原理是,根据"作业耗用资源,产品耗用作业;生产导致作业的产生,作业导致成本的发生"的指导思想,以作业为成本计算对象,首先依据消耗资源的动因将资源的成本追踪到作业,形成作业成本,再依据产生作业的动因将作业的成本追踪到产品,最终形成产品的成本。

作业成本法运用在配送中心成本管理中的意义在于,它不仅是一种成本计算方法,而且是成本计算与成本控制的有机结合。作业成本法通过对配送中心作业成本的计算,可以追踪到配送服务成本的形成过程,由此大大提高了成本计算过程的明细化程度和成本计算结果的精确度。同时作业成本法找到了配送服务与成本费用发生的联结点即配送作业,使其所产生的成本与作业紧密地联系在一起。因而可以在配送作业流程设计和物流活动开展过程中根据业务的需要,控制作业的数量,通过减少不增值作业来减少成本费用的发生,使成本费用发生得到有效控制,达到成本控制的目的。

作业成本法实施的具体步骤:确认各项作业;确认所使用的资源;确认产生资源消耗的作业,将资源分配到作业;确认产生成本的产品或服务,将作业成本分配到产品或服务中。例如,配送中心的货物搬运需要使用叉车,叉车所消耗的燃料直接与它的工作时间、搬运次数或搬运量有关,因而叉车的工作时间、搬运次数或搬运量即为该项作业成本的资源动因,也就意味着货物的搬运成本与叉车的作业成本紧密联系在一起。因此,在开展叉车作业时,必须合理规划好叉车的搬运路线和每次的搬运量,才能缩短叉车的作业时间,从而减少叉车的消耗,最终实现货物的搬运成本。

五、降低配送中心运营成本的策略

(一) 降低仓储成本的策略

配送中心为了达到一定的客户服务水平,必须有一定量的存货。但存货会占用大量的流动资金,增加配送中心的仓储成本。因此,提高存货的流转速度,减少存货量,已成为配送中心降低仓储成本、提高经济效益的必需。

首先,配送中心必须加强库存管理,对无用库存货品进行及时处理,减少不必要的库存量。其次,要建立与客户和供应商的良好沟通,提高对需求预测的准确性,缩短进货周期,在满足存货可得性的前提下,将存货数量减到最低。

要对存货实行信息化管理,准确掌握存货的信息,采取科学的库存控制方法,优化存货数量和品种结构的配置。运用信息技术,加快货物进出的速度,提高库存的周转率。

运用计算机存取系统实现"先进先出",减少货物在库的时间;运用计算机库存系统实现存货预警功能,严格控制存货超储、缺货和过期现象的发生。

在仓储作业中要采用先进的货架系统与机械化设备相配合,提高仓库的利用率和仓库作业的自动化程度,降低人的劳动强度,减少仓储作业成本。

通过计算机技术、网络技术和通信技术的有机结合,实现虚拟仓储方式,把分散的库存进行集中化的管理,可以有效减少库存总量,降低存货的费用,同时可以减少不必要的资金投入,从根本上降低仓储成本。

(二) 降低配送成本的策略

降低物流配送成本对于配送中心而言是一项重要而艰巨的任务,它不仅关系到配送中心的经济效益,也关系到配送中心的顾客服务水平,直接影响着配送中心的市场竞争力。因而,保持顾客服务水平不下降,又能不断降低配送成本是配送中心追求的目标之一。而要实现这一目标可以采取多种策略,包括差异化策略、混合策略、合并策略、延迟策略和标准化策略等。

1. 差异化策略

差异化策略的基本思想是:针对不同的产品,采取不同的服务水平。差异化策略的实施目标是以较低的成本实现较高的服务水平。配送中心拥有的产品品种众多,如果对所有产品都按统一的服务水平来配送,则企业将会承担巨大的配送成本。如果按产品的销售特点来设置不同的配送方式,则可以大大降低配送成本。例如,配送中心可以按各种产品的销售量比重设置不同的配送方式,对销售量较大的产品采取 24 小时内送达,销售量一般的产品采取 48 小时内送达,销售量较小的产品采取 72 小时内送达。这种做法不仅使得配送中心中销售量较小的产品库存量大大减少,而且也有效减少了运力的安排难度,配送成本得到了明显的降低。

2. 混合策略

混合策略的基本思想是:配送业务一部分由自己完成,另一部分外包给第三方物流公司完成。由于配送中心配送的产品品种多、规格不一,加上企业自身资源的有限性,容易产生配送的不经济现象。采用混合策略,一部分业务依靠自身的配送力量来完成,另一部分业务外包给第三方完成,不仅可以充分利用外部资源来弥补自身资源的不足,而且还能够合理安排自身的资源,完成配送业务,使自身的配送活动变得更加经济合理。这种做法能够有效减少配送中心在配送车辆方面的投资,使配送成本得到降低。

3. 合并策略

合并策略包括配送合并和共同配送。配送合并是指配送中心在安排车辆完成配送任务时,将多个客户的货物合并装在一辆车中,通过轻重搭配和大小搭配,做到满载满装,既充分利用了车辆的载重能力,也充分利用了车辆的容积能力,从而提高了车辆的利用率,实现了配送成本的降低。

共同配送是指多个企业共同利用同一配送设施开展配送。多个配送主体以合作的形式共同使用一个配送中心,通过协调运作,共同完成对一个或几个客户的配送服务。这种方式的使用不仅提高了配送资源的利用率,还能够同时降低多个配送主体的配送成本。

4. 延迟策略

延迟策略的基本思想是:对配送活动的安排应尽可能推迟到接到顾客订单后再确定。在配送计划安排中,大多数的配送活动是在收到一定数量的订单之后才安排的,这样做的好处,就是能够实现规模化的运作。如果接到一张订单就安排这张订单的配送活动,则会增加配送成本。对一批订单的处理,可以采用批量拣货的方式进行,不仅加快了订单的处理速度,而且还能减少拣货工作量,从而降低配送成本。

5. 标准化策略

标准化策略的基本思想是:尽量减少因品种多变而导致附加配送成本,尽可能多地采用标准化设备和方法。如配送中心对客户所需的零星商品按统一规格的周转箱进行包装和配送,不仅方便了车辆的载运和装卸,而且还避免了包装材料的浪费,还能够有效地保护商品,防止货物散落和损坏,从而降低了配送成本。

本章小结

配送中心的运作管理是一项复杂的系统工程,不仅涉及配送中心的各项作业管理,也包括商务管理、信息管理、成本管理以及配送中心的系统设计与布局等活动。配送中心的运营管理的好坏直接关系到配送中心的运作效率和成本大小,对配送中心的发展具有重要的作用。

配送中心是针对某一类用户,通过合理配置物流各功能要素,运用完善的信息系统,在经济合理的区域范围内,组织配送性销售或供应,为客户进行实物配送为主要职能的流通型物流结点。是具有采购、集货、储存、分拣、流通加工、送货、信息处理等多种功能有机结合的统一体。

　　配送中心管理信息系统是利用现代信息技术,通过信息流将配送中心各个环节的物流活动衔接在一起,通过信息资源的共享,实现配送业务的合理调度和组织,形成一体化的管理过程,处理配送中心的各种事务,控制配送中心的经营管理活动正常而有效率地运行,为配送中心的管理决策提供信息支持,实现科学化、集成化、效率化和智能化的管理和决策过程及其总体最佳的运作效果。

　　配送中心的成本管理是指通过对配送中心成本的精确计算,深入了解配送中心成本的构成和内在联系,准确把握配送中心各项活动与成本的关系,采取有效的措施对配送中心的各项活动进行管理,以达到降低配送中心成本的目标。配送中心成本的计算通常可以采取按支付形态计算成本、按功能计算成本或按适用对象计算成本等方法。

复习参考题

一、单项选择题

1. 在配送中心的多项功能中,(　　)不仅能够提高配送中心的经营和服务水平,满足用户的特殊需要,也有利于提高配送中心的资源利用率,是提高配送中心经济效益的重要手段。
   A. 集散功能　　　　　　　　B. 分拣功能
   C. 送货功能　　　　　　　　D. 加工功能

2. 配送中心管理信息系统的功能中,不包括(　　)。
   A. 物流活动的决策支持功能
   B. 配送管理与控制功能
   C. 支持生产和调节供需的功能
   D. 配送作业与日常事务处理功能

3. 配送中心管理信息系统的层次结构中,(　　)是与配送中心经营管理的战术层相对应的。
   A. 业务数据处理系统　　　　B. 辅助管理信息系统

  C. 商务数据处理系统　　　　　D. 战略决策信息系统

4. 在配送中心的多项功能中,(　　)既是配送中心向用户提供商品的前提和保障,同时也是配送中心降低进货成本、提高经济效益的重要手段。

  A. 集散功能　　　　　　　　　B. 分拣功能

  C. 送货功能　　　　　　　　　D. 采购功能

5. 在配送中心的多项功能中,(　　)体现了配送中心"配"的精髓,是配送中心高水平物流服务的体现,是配送中心与普通仓库的主要区别。

  A. 集散功能　　　　　　　　　B. 分拣功能

  C. 送货功能　　　　　　　　　D. 加工功能

6. 在配送中心的多项功能中,(　　)充分体现了配送中心"送"的精髓。

  A. 集散功能　　　　　　　　　B. 分拣功能

  C. 送货功能　　　　　　　　　D. 衔接功能

7. 配送中心通过(　　)来调节生产与消费在空间和时间上差异,从而创造了商品的空间效益和时间效益,使商品的价值得到充分发挥,并由此降低了物流成本。

  A. 储存功能　　　　　　　　　B. 集散功能

  C. 衔接功能　　　　　　　　　D. 送货功能

二、多项选择题

1. 按配送中心的运营方式不同,可以将配送中心分为(　　)。

  A. 共同型配送中心　　　　　　B. 自有型配送中心

  C. 公共型配送中心　　　　　　D. 城市型配送中心

  E. 区域型配送中心

2. 配送中心管理信息系统应该具备管理科学化、环境适应性强、安全可靠性高、(　　)的特点。

  A. 功能标准化　　　　　　　　B. 运行效率化

  C. 模块集成化　　　　　　　　D. 决策智能化

E. 共享网络化

3. 按配送中心的功能侧重不同,可以将配送中心分为(   )。

A. 储存型配送中心　　　　　　B. 共同型配送中心

C. 流通型配送中心　　　　　　D. 第三方物流型配送中心

E. 加工型配送中心

4. 配送中心成本控制按控制的时间阶段可以划分为(   )。

A. 过程控制　　　　　　　　　B. 结果控制

C. 事前控制　　　　　　　　　D. 事中控制

E. 事后控制

5. 按配送中心服务辐射范围不同,可以将配送中心分为(   )。

A. 公共配送中心　　　　　　　B. 城市配送中心

C. 区域配送中心　　　　　　　D. 自有配送中心

E. 共同配送中心

6. 配送中心可以采取(   ),实现既保持顾客服务水平不下降,
又不断降低配送成本的目标。

A. 差异化策略　　　　　　　　B. 混合策略

C. 合并策略　　　　　　　　　D. 延迟策略

E. 标准化策略

7. 按费用支付形态的不同,配送中心的成本可以分为(   )。

A. 内部费用　　　　　　　　　B. 材料费

C. 人工费　　　　　　　　　　D. 对外委托费用

E. 其他企业支付费用

8. 按配送中心的经营主体不同,可以将配送中心分为(   )。

A. 生产制造型配送中心　　　　B. 共同型配送中心

C. 商业销售型配送中心　　　　D. 流通型配送中心

E. 第三方物流型配送中心

9. 配送中心应达到的基本要求包括(   )。

A. 要为特定的客户服

B. 配送为主,储存为辅

C. 品种、小批量,辐射范围小

D. 注重对物资质量的保管和维护

E. 配送功能健全,信息网络完善

10. 配送中心管理信息系统的基本构成要素包括(　　)。

A. 硬件　　　　　　　　　　B. 软件

C. 数据库　　　　　　　　　D. 管理人员

E. 规章制度

三、是非题

1. 配送中心是具有采购、集货、储存、分拣、流通加工、送货、信息处理等多种功能有机结合的统一体。

2. 配送中心管理信息系统的层次结构中,业务数据处理系统是与配送中心经营管理的业务层相对应的。

3. 作业成本法以作业为成本计算对象,首先依据消耗资源的动因将资源的成本追踪到作业,形成作业成本,再依据产生作业的动因将作业的成本追踪到产品,最终形成产品的成本。

4. 配送中心是指从事配送业务的物流场所或组织。

5. 配送中心管理信息系统的决策智能化通常是指系统能够自动进行信息处理,并通过事先制定好的策略,自动完成配送业务中的大量运筹和决策。

6. 配送中心管理信息系统的软件部分包括系统软件、共享软件和应用软件三类。

7. 配送合同是指配送中心利用所具有的配送能力向用户提供配送服务和获得经济收益所进行的交换行为。

8. 在配送中心,通过采取多品种、大批量进货作业,实现对商品资源的配备工作,再根据用户的需要,采取多品种、小批量、高频次的送货作业,实现高水平的商品配送服务。

9. 标准成本法以成本差异为基础,把成本的实际发生额区分为标准成本和成本差异两部分,并以成本差异为线索,分析研究产生成本差异的原因和责任,并及时采取有效措施消除存在的差异,实现对成本的有效控制。

10. 标准成本控制法的关键在于成本差异的制定。

四、论述题

1. 什么是配送中心？配送中心有哪些类型？

2. 配送中心有哪些功能？对于流通加工型的配送中心应注重哪些主要功能？

3. 什么是配送中心管理信息系统？配送中心管理信息系统有哪些特点？

4. 配送中心管理信息系统的构成要素包括哪几部分？各自发挥什么作用？

5. 配送中心管理信息系统分为哪几个层次？各有哪些功能？

6. 配送中心管理信息系统由哪些子系统组成？

7. 配送中心成本管理有何意义？

8. 配送中心成本计算方法有哪几种？

9. 成本控制的阶段方法把成本控制分成哪几个阶段？各有什么控制手段？

10. 什么是作业成本法？作业成本法对配送中心成本管理有何意义？

11. 降低配送成本有哪些方法和策略？

五、案例分析题

日本神户生协连锁超市鸣尾浜配送中心

　　神户生协是消费者合作社中规模最大的连锁商业企业。它拥有会员约 123 万户，年销售总额 3 840 亿日元(折合人民币 300 亿元)，销售商品以食品为主(占 72%)。

　　神户生协拥有超市连锁门店 171 个，每天购货达 35 万人次；对于那些会员少、尚不具备开设门店的地区，则建立无店铺销售网，设送货地点近 22 万多个、服务对象近 33 万户家庭。面对供应面广、品种多、数量大的供配货需求,神户生协建造了鸣尾浜配送中心,承担了全部销售商品的配送任务。

在规划这座配送中心时,他们认为,首先应有利于提高对客户(商场)的服务水平,根据商品多品种、小批量、多批次要货的特点,做到能在指定的时间里,将需要的商品、按所需的数量送到客户的手中,以提高销售额、消减商场库存、提高商店作业效率,减少流通过程的物流成本,增强企业的竞争能力。

1. 多功能的供货枢纽

鸣尾浜配送中心具有以下几种重要功能:

(1) 商品出货单位要小,以满足商场越来越强烈的拆零要求。

(2) 将原来由商场承担的工作量大、耗时多的贴标签、改包装等流通加工作业,放到配送中心里完成,以满足小型超市商场运营的需要。

(3) 扩大库存商品的品种,以强化配送中心的供货能力,降低商品的缺货率;特别是采用了与 POS 系统联网的 EOS 电子订货系统,来处理连锁店的订货,并根据库存信息,预测总订货量,向供应商发出订货单。

(4) 扩大分拣功能,根据对中转型商品的集约化作业,改善零售店收货和搬运作业。

(5) 除一部分特殊商品(如日配品)外,全部由配送中心供货,为实现向商场配送计划化奠定基础。

(6) 满足无店铺定点销售物流的要求。

(7) 开发支撑配送中心高效运转的信息处理系统。

2. 现代化的物流设施

配送中心的选址是一项至关重要的工作。神户生协把配送中心选在神户西宫市鸣尾浜地区,其理由是:第一,日本关西商业经营的重心在大阪,配送中心必须能迅速调运商品;第二,根据神户生协连锁超市发展区域点多面广,尽可能利用附近的 43 号国道和大阪海岸公路;第三,大量车辆出入配送中心,产生较大的噪声,必须选择在准工业地域。

鸣尾浜地区全部都是填海造地而成,配送中心基地面积 38 000 平方米,宽 190 米、长 200 米,呈长方形;四周为宽 12 米和 20 米的公路。

配送中心建筑平面呈 L 形,大部分为两层建筑,仅南端生活办公用房为 3 层。总建筑面积 33 805 平方米。其中,用于配送作业面积 27 907平方米。

为了更合理组织车流,基地设两个出入大门,东门出、西门进,各宽 15 米。建筑中心两翼各有一条卡车坡道,宽 6.5 米(包括 1 米宽人行道),坡度为 15 度。卡车由东坡道上楼、西坡道下楼,单向行驶。

配送中心是现浇钢筋混凝土结构的建筑物,柱网尺寸为 12 米×9 米,底层高 7.5 米,二层为 6 米;屋盖为钢结构桁架梁、金属瓦楞屋面。建筑物底层为分拣系统及发货场地、发货站台,二层为储存货架、拣货作业场所、进货场地和进货站台。上下两层站台总长 460 米,拥有停靠车位 147 个,其中收货 58 个、发货 89 个。送货的车辆在二层卸货入库,二层拣选出来的货物通过传送带传递到底层的分拣系统进行自动分货,再装上停靠在底层的配送车辆。

（资料来源：http：//jpkc. jsit. edu. cn/ec2006/C13/
Course/ReadNews. asp? NewsID=1129)

请思考:

1. 鸣尾浜配送中心属于哪种类型的配送中心? 有何功能?

2. 结合鸣尾浜配送中心的实际情况,分析配送中心对企业有何作用?

3. 鸣尾浜配送中心在供货枢纽和物流设施方面的特点有哪些?

第十章

配送作业管理

学习目标

- 掌握订单处理的作业流程和订单处理模式
- 了解拣货作业管理
- 理解拣货作业区域布局模式
- 掌握拣货作业流程及补货作业方式
- 理解配送路线设计原则
- 掌握节约里程算法
- 理解车辆积载
- 了解车辆装卸载

引入案例

众所周知,沃尔玛的业务之所以能够迅速增长,正是因为沃尔玛在节省成本以及在物流运送、配送系统方面取得了一些成就。

沃尔玛降低配送成本的一个方法就是与供应商一起来分担。比如,供货商们可以送货到沃尔玛的配送中心,也可以直接送到商店。但如果供货商们采用沃尔玛配送中心的配送方式,就可以节省很多钱,且可以把省下来的这部分利润,让利于消费者。这些供货商们也可以为沃尔玛分担一些建立配送中心的费用,如此沃尔玛可从整个供应链中,将配送中心的成本费用节省下来。

沃尔玛采用一些包括零售技术在内的最尖端的技术。在供应链中,每一个供应者都是这个链中的一个环节,沃尔玛必须要使整个供应链成为一个非常平稳、光滑的过程,一个顺畅的过程。这样,沃尔玛的运输、配送以及对于订单与购买的处理等所有的过程,都是一个完整的网络当中的一部分,这样就可以大大降低成本。如在沃尔玛的物流当中非常重要的一点是要确保商店所得到的产品与发货单上的完全一致。因此沃尔玛必须有一套非常精确的系统,才可确保整个物流配送过程中不会出现任何差错。这样,商店把整个卡车当中的货品卸下来就可以了,而不用把每个产品检查一遍。因为他们相信过来的产品是没有任何失误的,这样就可以节省很多检验产品的时间。沃尔玛在中国的每一个商店都有补货系统。它使得沃尔玛在任何一个时间点都可以知道,现在商店当中有多少货品,有多少货品正在运输过程当中,有多少是在配送中心等等。同时它也使沃尔玛了解到,某种货品上周卖了多少,去年卖了多少,而且可以预测将来可以卖多少。因为沃尔玛所有的货品都有一个统一的产品代码,在中国叫 EAN 数码。沃尔玛可以对这些代码进行扫描和阅读。此外,沃尔玛还有一个非常好的系统——零售链接,可以让供货商们直接进入这一系统,了解他们的产品卖得怎么样。根据沃尔玛每天的销售情况,他们可以对将来的销售情况进行预测,以决定他们的生产情况,这样他们产品的成本也可以降低。

请思考,沃尔玛是如何通过现代化的配送作业来节省成本的?

(资料来源：http：//logistics. nankai. edu. cn/bbs/showtopic-8394. aspx)

第一节　订单处理

订单在配送作业中是指拣货单、客户订单、配送中心发货单、车间发料单等,订单所需的每种货品单独一行列出,并列出数量,称为一个订单行或一笔,一般来说每张订单只有一种货物的可能性很少,因此订单作业处理主要是多行订单。

订单处理是指从接到客户订货开始至着手进行拣货之间的作业阶

段,包括订单确认、存货查询、库存分配和单据处理等。订单处理是与客户直接沟通的作业阶段,对后续的拣选作业、调度和配送产生直接影响。

一、订单处理的流程

现代物流要靠速度取胜,而配送作业的速度取决于对订单的反应速度。有资料表明,在许多行业中与订单准备、订单传输、订单录入、订单履行相关的各项活动占整个订货周期的 $50\%\sim70\%$。因此,配送中心可以通过科学管理订单处理过程中的各项活动为客户提供短暂而稳定的订货周期以实现高水平的客服水平。

订单处理过程是包含在客户订货周期中的诸多活动。具体包括订单准备、订单信息传递、订单履行及订单状况报告等要素。订单处理的流程如图 10-1 所示。

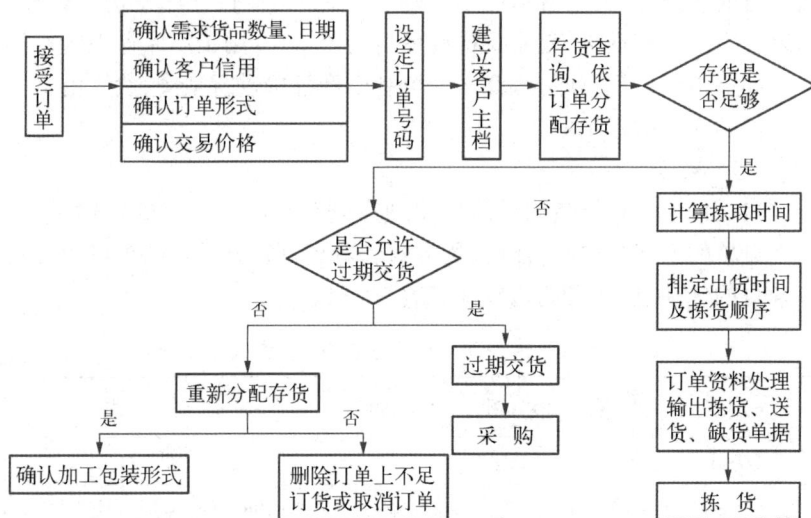

图 10-1 订单处理流程图

(一) 订单准备

订单准备是指搜集所需产品或服务的必要信息和正式提出购买要

求的各项活动。订单准备包括的内容:确定供应商、由客户或销售人员填制订单、决定库存的可得性、与销售人员打电话通报订单信息或在计算机菜单中进行选择等等。这一活动从电子技术中获益匪浅,例如超市收银台的商品条码扫描系统。该项技术以电子化方式搜集所需商品的信息(尺寸、数量、品名),并提交给计算机做进一步的处理,加快了订单准备的速度。买方还可以在网络上与卖方讨论特定产品的规格,确定可得性和价格,并进行选择。目前由于 ERP 系统的使用,一些工业企业的采购订单常常是根据库存消耗情况由计算机直接生成。然后,利用电子数据交换技术(EDI)与供应商实现无纸贸易,从而降低订单准备成本,减少补货次数。新技术的应用也使得人们不再有必要人工填制订单。语音感应型电脑和产品信息无线编码(被称为射频识别系统)等新技术进一步缩短了订货周期中订单准备阶段所耗用的时间。

库存的可得性对订货周期影响巨大,它往往会使物流和信息流偏离现有的轨道,因为正常情况下,货物大多数是通过仓库发送给客户。如果仓库中没有现货,就需要将订单传输给工厂,用工厂库存来履行订单。如果工厂也没有库存,就必须填制生产订单进行生产,然后由工厂直接送到客户的需用地。

(二) 接受订单

接受订单是指订货请求从发出地点到订单录入地点的传输过程。接受订单的方式主要有传统订货方式和电子订货方式。两种订货方式有各自的优缺点,两者的比较详见表 10-1。

表 10-1 传统订货方式与电子订货方式比较

订货方式	速度	可靠性	准确性	实 施 费 用
传统方式	慢	差	低	低
电子方式	快	好	高	前期投资大,运行成本低

1. 传统订货方式

传统订货方式又有以下几种具体方法。

(1) 厂商补货。厂商补货方法就是供应商直接给各订货方送货，缺多少补多少。这种方式常用于周转率较快的商品或新上市商品。

（2）厂商巡货、隔日送货。供应商派巡货人员到各客户处寻查需补充的货物，并于隔天予以补货。这种方法的好处是供应商可以通过巡货员更接近市场，利用为店铺整理货架、贴标或提供经营管理意见等机会促销新产品或将自己的产品放在最占优势的货架上。

（3）口头订货。口头订货是订货人员以电话方式向厂商订货。口头订货的缺点是因客户每天需订货的种类可能很多，数量也不尽相同，因此错误率较高。

（4）传真订货。传真订货就是客户将缺货资料整理成书面资料，利用传真机发给厂商。利用传真机可快速地传送订货资料，缺点是传送的资料常因品质不良而增加事后的确认作业。

（5）邮寄订单。邮寄订单就是客户将订货表单，或订货磁片、磁带邮寄给供应商。

（6）业务员推销接单。即业务员到各客户处推销产品，而后将订单带回公司。

2.　电子订货方式

电子订货方式是采用电子传送方式取代传统人工书写、输入、传送的订货方式，它将订货资料由书面资料转为电子资料，通过通讯网络进行传送，该信息系统被称为电子订货系统（EOS-Electronic Order System）。电子订货系统的做法通常可分为以下三种。

（1）订货簿与终端机配合。订货人员携带订货簿及手持终端机巡视货架，若发现商品缺货则用扫描器扫描订货簿或货架上的商品标签，再输入订货数量，当所有订货资料皆输入完毕后，再利用数据机将订货资料传给供应商或总公司。

（2）POS（Point of Sale）销售时点管理系统。即在商品库存档里设定安全库存量，每当销售一笔商品资料时，电脑自动扣除该商品库存，当库存低于安全存量时，即自动产生订货资料，并将此订货资料确认后通过电信网络传给总公司或供应商。

（3）订货应用系统。客户资讯系统里若有订单处理系统，就可将应用系统产生的订货资料经转换软件转成与供应商约定的共通格式,再在约定时间将资料传送出去。

电子订货方式不仅大幅度提高客户服务水平,也能有效地缩减存货及相关成本费用。但其运作费用较为昂贵,因此在选择订货方式时应视具体情况而定。

(三) 订单项目数量及日期确认

接受订单后就需就货物数量及日期进行确认。货物数量及日期的确认是对订货资料项目的基本检查,即检查品名、数量、送货日期等是否有遗漏、笔误或不符合公司要求的情形。尤其当送货时间有问题或出货时间已延迟时,更需与客户再次确认订单内容或更正运送时间。

如果配送中心除了向自有商店配送外,同时为各种各样的企业提供配送服务,则对不同类型的订单要提供不同的处理方法,满足企业不同种类的订单需求。

1. 一般订单

正常、一般的订单。接单后,将订单信息输入订单处理系统,按正常的订单处理程序处理,数据处理完后进行拣货、出货、配送、物流中心定期进行收款结账等作业。

2. 现销式订单

与客户当场直接交易、直接给货的订单。订单资料输入后,直接拣出货品交给客户,所以订单资料不需要再参与拣货、出货、配送等作业,只需记录交易资料,以便收取应收款项。或现场将货款结清,返回物流中心后进行入账处理。

3. 间接交易订单

间接交易订单就是客户向配送中心订货,直接由供应商配送给客户的交易订单。接单后将客户的出货资料传给供应商,由供应商负责按订单出货。需注意的是,客户的送货单是自行制作或委托供应商制作的,应对出货资料加以核对确认。

4. 合约式订单

合约式订单是与客户签订配送契约的交易订单。例如在一定时期内定时配送某种物品。到约定的送货日时,将该笔业务的资料输入系统处理以便出货配送;或在最初便输入合约内容的订货资料,并设定各批次的送货时间,以便在约定日期系统自动产生需要送货的订单资料。

5. 寄存式订单

客户因促销、降价等市场因素预先订购某种物品,然后视需要再决定出货时所下的订单。当客户要求配送寄存物品时,系统应核实客户是否有此项物品寄存,若有,则进行物品的出库作业,并且相应地扣除该物品的积存量,而物品的交易价格是根据客户当初订购时所定的单价来计算的。若无此项物品寄存,应加以拒绝。

6. 兑换券订单

客户用兑换券所兑换商品的配送出货时所产生的订单。将客户兑换券所兑换的商品配送给客户时,系统应该核查客户是否确实有此兑换券的回收资料,若有,依据兑换券兑换的商品及兑换条件予以出货,并应扣除客户的兑换券的回收资料。

(四) 客户信用的确认

不论是何种订单,接受订单后都要核查客户的财务状况,以确定其是否有能力支付该订单的账款。通常的做法是检查客户的应收款是否已超过其信用额度。

(五) 订单价格确认

对不同的客户、不同的订购量(大盘、中盘、零售),可能有不同的价格,输入价格时系统应加以核查。若输入的价格不符(输入错误或因业务降价强接单等),系统应加以锁定,以便主管审核。

(六) 加工包装确认

客户对订购的商品,是否有特殊的包装、分装或贴标等要求,或是有关赠品的包装等资料都应详加确认记录,并将出货要求在订单上注明。

(七) 订单号码确定

每一个订单必须有唯一的订单号码,可以根据经营合同或成本单位来指定,除了便于计算成本外,采购结算、配送等整个商品流转过程,所有工作说明及进度报告均以此号码作为标准号码。

(八) 建立和维护客户档案

建立客户档案,不但能有益于此次交易的顺利进行,且有益于以后合作机会的增加。维护更新客户信息的详细记录,保证相关商流的有效性和效率,并能增加生意的机会。客户档案信息主要包括客户基本信息、客户信用记录、配送路径、配送特殊要求等。以上这类客户档案信息有利于提高配送业务的服务满意度,留住老客户、吸引新客户。

(九) 存货查询和库存分配

查询库存目的在于确认库存是否能满足订单货品需求,通常称为"事先拣货"。查询时输入客户订货商品的名称、代号,系统从库存数据库查核存货的相关资料看是否缺货,若缺货则应提供商品资料或此商品的已采购未入库信息以便于接单人员与客户的协调,从而提高接单率及接单处理效率。订单资料输入系统,确认库存货物能满足订单需求后,就要将大量的订货资料作最有效的分类、调拨,以便后续物流作业的顺利进行。存货分配模式可分为单一订单分配及批次分配两种。单一订单分配就是在输入订单、资料时,就将存货分配给订单。批次分配就是在输入所有订单资料、汇总已输入订单资料后,再一次分配库存的分配方式。配送中心因订单数量多,客户类型等级多,且多为每天固定配送次数,因此通常实行批次分配以确保库存能作最佳分配。

进行批次分配,需注意订单分批原则,即批次的划分。各配送中心根据不同的作业采用不同的分批原则,常有以下几种划分方法。

(1) 按接单时序,即将整个接单时段划分为几个合理区段,订单分先后顺序分为几个批次处理。

(2) 按配送区域路径,即将同一配送区域路径的订单汇总处理。

(3) 按配送加工需求,即将需加工处理或需相同流通加工处理的订单一起处理的方法。

(4) 按车辆需求,即将需要特殊配送车辆(如低温车、冷藏车、冷冻车等)的货物汇总合并处理。

若遇到某些货物的总出货量大于可分配的库存量时,则需要对订单做特殊处理,可根据以下批次划分原则处理。

(1) 特殊优先权者先分配,对某些特殊订单应事先确认优先分配权,比如缺货补货订单、延迟交货订单、紧急订单或远期订单等。

(2) 按客户作优先分配,即按 ABC 分类对客户进行重要程度划分等级以确定优先分配。

(3) 依订单金额,即对公司贡献度大的订单作优先分配。

(4) 客户信用等级,对信用较好的客户订单作优先处理。

(十) 存货不足分配的处理

若现有存货数量无法满足客户需求,且客户又不愿接受替代品时,则依据客户意愿与公司政策来决定对应方式。

(1) 重新调拨。对于客户不允许过期交货,而公司也不愿失去此客户订单时,则有必要重新调拨分配订单。

(2) 补送。客户允许不足额订货补送的情况下,配送中心可以组织一次补送。具体操作有几种情况:① 等待有货时再进行补送;② 处理该客户下一张订单时合并配送;③ 有时限延迟交货,客户允许一段时间的过期交货,并要求所有订单一次配送;④ 无时限延迟交货,即不论要等多久,客户皆允许过期交货,且希望所有订货一起送达,则等待所有订货到达再出货。

(3) 删除不足额订单。当客户允许不足额订单配送,但公司不希望分批出货,则只好删除订单上的不足额部分。

(4) 取消订单。当客户希望所有订单一次配达,且不允许过期交货,也无法重新调拨时,则只有将整张订单取消。

(十一) 拣选作业时间的计算

为了有计划地安排出货作业,在订单处理时就须估算每一订单或每批订单所需的拣取时间,同时确认与客户配送服务相关的要求。计算拣取标准时间的具体方法如下。

首先,计算每一单元的拣取标准时间,且将它设于电脑记录标准时间档,将此各单元的拣取时间记录下来,推导出整个标准时间。其次,由单元的拣取标准时间,计算出每项货物订购数量(多少单元),再配合每项货物的寻找时间,来计算每项货物拣取的标准时间。最后,根据每一订单或每批订单的订货及考虑一些纸上作业的时间,将整张或整批订单的拣取时间算出。

表 10 - 2　拣选作业时间计算表

	货品	单元名称	拣取标准时间 A	寻找行走时间 B	合计标准时间 C＝A＋B
拣选作业标准时间	货品一	托盘			
		箱			
		件			
		合计			
	货品二	托盘			
		箱			
		件			
		合计			
	货品	单元名称	单元数量	单元拣选作业时间	货品拣选时间
订单拣选作业时间统计	货品一	托盘			货品一合计
		箱			
		件			
	货品二	托盘			货品二合计
		箱			
		件			
	单元名称	单元数量合计	单元分别拣选作业时间		订单合计
订单拣选时间合计	托盘				
	箱				
	件				

（十二）出货时间与拣货顺序的确定

对于已分配存货的订单，通常根据客户要求、拣取标准时间及内部工作负荷来确定出货时间和拣货顺序，订单经过以上处理，可开始打印出货单据，以进行后续的物流作业。主要的单据类别如下。

1. 拣货单

拣货单用于指示商品出库，以作为拣货的依据。拣货资料的形式需配合配送中心的拣货策略及拣货作业方式来设计，以提供详细且有效率的拣货信息，以便于拣货的进行。拣货单考虑商品储位顺序打印，以减少人员行走距离。

2. 送货单

送货单是客户签收和确认出货资料的凭证。要确保送货单上的资料与实际送货相符。送货单应要特别注意单据打印时间。为保证送货单资料与实际出货资料一致，最好在出车前完成一切清点工作，而且不相符的资料也要在电脑上修改完毕，再打印出货单。最能保证送货单与出货单完全相符的方法是使用手持终端对商品条形码进行扫描。送货单据上的资料除基本出货资料外，还应附上一些订单的异常情形如缺货项目或缺货数量等。

3. 缺货资料

库存分配后，对于缺货的商品或缺货的订单资料，系统应提供查询或报表打印，以便及时处理。提供按商品或供应商的名称代号查询缺货商品资料的目的是提醒采购人员及时采购。缺货订单是用来按客户或业务员的名称代号查询的缺货订单资料。

（十三）按订单供货

按订单供货是整个订货处理过程中最复杂的部分。确定供货的优先等级对订货处理周期时间有重要影响。许多企业没有正式地确定供货优先等级的标准，操作人员面对大量的订货处理工作，习惯性地优先处理简单的、品种单一、订货量少的订单，其结果往往造成对重要客户和重要订单供货的延迟。在确定供货的优先等级时，应遵循以下几个原则：

（1）按接收订单的时间先后处理；

(2) 处理时间最短的先处理；

(3) 批量最小的、最简单的订单先处理；

(4) 按预先设定的顾客优先等级处理；

(5) 按向顾客承诺的到货日期先后进行处理；

(6) 离承诺到货日期时间最近的先处理。

(十四) 订单处理状态跟踪

为了向顾客提供更好的服务，满足顾客希望了解订单处理状态信息的要求，需要对订货处理进行状态追踪，并与顾客交流订单处理状态信息。

二、订单处理作业的影响因素

影响订单处理时间的因素除订单处理的硬件和系统之外，还有其他许多因素会加快或延缓订单处理的时间。这些因素源于运营过程、客户服务政策以及运输操作等多个方面。主要影响订单处理作业时间的因素有以下三点。

(一) 订单处理的先后顺序

按照订单收到的先后次序进行处理似乎对客户更加公平，但将所有的客户同等对待的做法可能延长订单的平均处理时间。当订单处理工作繁重的时候，订单处理工作人员又有可能会先处理订货量小、相对简单的订单，而那些订货量较大的订单则被压到最后才处理，但这些大订单往往能为公司带来更多的利润。因此，从企业自身的角度出发，应该把有限的时间、生产能力及人力资源配置到更有利可图的订单上。享有优先级的订单被优先处理，而其他订单则稍后进行处理。

(二) 订单履行的准确度

保证准确无误地完成客户订单的处理周期，尽量减少出错的几率，争取订单处理时间最短。

(三) 订单处理的方法

订单处理分为单个处理和成批处理。单个处理就是来一份订单处理一份，这样会使订单处理的过程拖得很长，特别是难以形成规模而造成成本上升和浪费。成批处理则是对一类订单进行集中处理。把订单收集成组进行成批处理，可以降低处理成本。但另一方面，当订单达到一定批量时再处理则会增加订单的处理时间，尤其是那些先收到的订单。

企业还可能保留客户订购的货物直至达到一定的经济运输批量，即将几个小订单的货物集中在一起，组成较大的运输批量以降低运输成本。合并运输与订单成批处理类似，在减少运输成本的同时，延长了订单处理时间，因此要进行综合平衡，选择较为合适的处理方法。

第二节　拣选作业

分拣配货作业是依据顾客的订单要求或配送中心的送货计划，尽可能迅速、准确地将商品从其储位或其他区域拣取出来，并按订单要求进行必要的流通加工、包装和组合整理，等待配装送货的作业过程。分拣配货作业是配送的核心业务，占其作业量的一大部分，作业速度、效率及出错率直接影响配送中心的效率及顾客的满意程度。

分拣配送作业主要可划分为拣选作业、补货作业和流通加工作业。这三部分作业共同完成使货物处于配货出运的良好状态。

一、拣选作业概述

将配送中心存入的多种类产品，按多个用户的多种订单取出，并分放在指定货位上，完成各用户的配货要求，这项活动称为拣选作业。拣选作业是很复杂、工作量很大的活动，尤其是在用户多、所需品种规格多，而需求批量又较小时，假如需求频率又很高，就必须在很短时间内完成分拣配货工作。所以，如何选择分拣配货工艺、如何高效率完成分拣配货，在某种程度上决定着配送中心的服务质量和经济效益。从各国的物流实践来看，由于大体积、大批量需求多采取直达、直送的供应方式,因此,配送的主要对象是中、小件货物,即配送多为多品种、小体积、小批量的物流作业,这样使得拣选作业工作量占配送中心作业量的比重非常大,而且工艺复杂,特别是对于客户多、商品品种多、需求批量小、需求频率高、送货时间要求高的配送服务,拣选作业的速度和质量不仅对配送中心的作业效率起到决定性的作用,而且直接影响到整个配送中心的信誉和服务水平。因此,迅速且准确地将顾客所要求的商品集合起来,并且通过分类配装及时送交顾客,是拣选作业的最终目的及功能。

(一) 拣选作业的基本过程

拣货作业在配送作业环节不仅工作量大、工艺过程复杂,而且作业要求时间短、准确度高、服务质量好。因此对拣选作业的管理非常重要。在进行拣选作业的管理中,根据配送的业务范围和服务特点,具体来说就是根据顾客订单所反映的商品特性、数量多少、服务要求、送货区域等信息,对拣选作业系统进行科学的规划与设计,并制定出高效的作业流程是拣选作业管理的关键。拣选作业的基本程序如图 10-2 所示。

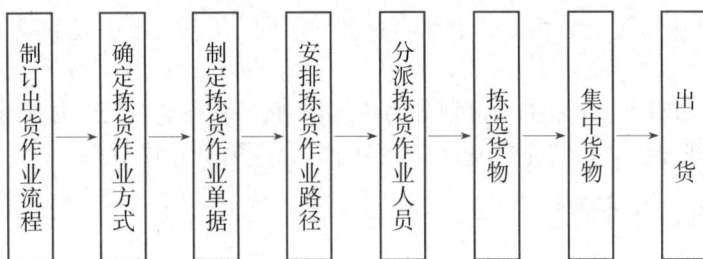

制订出货作业流程 → 确定拣货作业方式 → 制定拣货作业单据 → 安排拣货作业路径 → 分派拣货作业人员 → 拣选货物 → 集中货物 → 出货

图 10-2　拣选作业基本程序图

(二) 拣选作业的布局模式

拣选作业是配送作业的核心部分,所以拣选作业系统的布局模式对拣选作业效率的影响非常重要。主要的布局模式有以下两种。

1. 储存区和拣选区合一的模式

存储货架和拣选货架不分开,即直接从存储保管区的货架拣取商品,不通过专门的拣选货架,具体有以下三种模式。

(1)使用两面开放式货架。货架的正面和背面呈开放状态,两面可以直接存放或拣取商品,或者可以从一面存入而从另一面取出。还可以配合传送带进行作业,商品可以按先进先出原则流向拣选区。进货—保管—拣货—出货都是单向通行的流动路线。在入货区把货品直接从货车卸于入库输送机上,入库输送机就自动将货品送到存储区。在存储区采用流力货架来保管货品,作业员在流力货架补给侧将货品存放,货品自动地流向拣货区侧,提高了拣货效率。而在拣货区,因所有物品皆被整齐地排列,故很容易进行拣货。拣货后,将所拣完的货品立即放在出库输送机上,出库输送机自动把货品送到出货区。如图10-3所示。

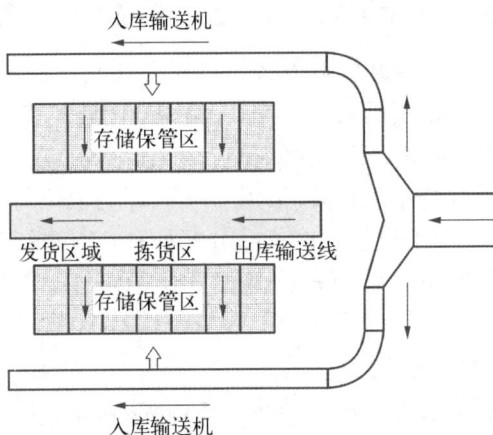

图10-3 使用两面开放式货架的拣选模式示意图

采用此模式仅在拣货区的通路侧上行走就可拣出各种货品,使用出库输送机,可减少拣货作业行走距离,并且入、出库输送机分开,可同时进行入库、出库的作业。

(2)使用单面开放式货架。货架只能从单面存取货物,如图10-4所示,商品的入库和出库必须在货架的同一侧进行作业,由同一条输送带送入送出商品。这种模式可以节省货架的占用空间,但入库作业和拣选出库作业时间必须分开,容易造成作业冲突和作业错误。所以,出入库非常频繁和拆零作业比例较大的连锁企业配送中心适合采用这种布局模式。

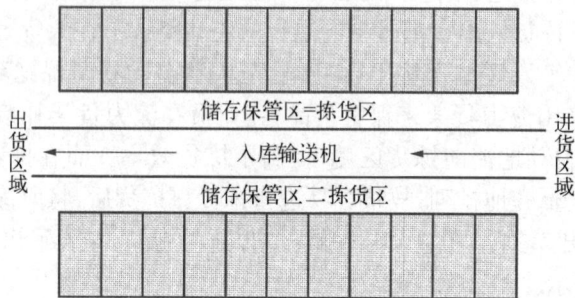

图 10-4　使用单面开放式货架的拣选模式示意图

(3) 货架上下层分开作业方式。针对上述基本模式,若欲在有限的空间处理大规模的货品,也可考虑采用增设阁楼式货架的方式,下层规划较大型货架,采用 P→C(存储单位为托盘、拣货单位为箱)拣货模式;上层负重轻,安排小型货架,采用 C→C(存储单位与拣货单位皆为箱)拣货模式。用上下层将不同货品分开处理,不仅提高空间利用率,同时可将 P→C 与 C→C 两种拣货模式组合起来,是比较流行的应用方案。

2. 存储区与拣选区分离模式

将商品的存储功能与拣选功能分离,商品入库后保管在存储保管区,拣选前先由存储区通过"补货作业",将商品补充到拣选货架上,再从拣选货架上拣取商品。此模式适用商品品种数量较大、进出的物流单位较大、进出频率较高,而且出货单位属于拆零的商品拣选。例如:以托盘或箱为单位进货,以内包装和单品为单位出货的商品,可以通过补货拆装后补充到拣货区,再在拣货区拣取货物。

存储区与拣选区分离模式可以实施有效的库存管理,减少拣选作业的行走距离,提高拣选作业效率。采用这种模式对商品的存储和拣选储位进行分类,实施 ABC 管理,优化作业功能。

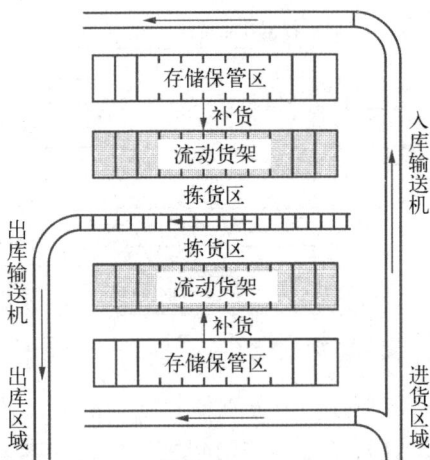

图 10 - 5　存储区与拣选区分离模式示意图

二、拣货作业实务

(一) 拣货包装单位的确认

拣货单位是指拣货作业中拣取货物的包装单位。通常拣货单位可分为托盘、箱(外包装)、单件(小包装)以及特殊货物四种形式。有些品种根据配送要求需要有两种以上的拣货单位,如有些用量小的客户以单件或箱为单位出货,有些需大批量送货的客户则可以以箱或整托盘拣取直接出货。确定拣货单位的必要性在于避免分拣及出货作业过程中对货物进行拆装,甚至重组,以提高分拣系统作业效率,同时也是为了适应分拣自动化作业的需要。而且拣取的货物来自储存系统,储存系统的货物则通过验收入库而来。因此,从供应商供货到进货入库存储,再到分拣出货,要提高整个物流系统的作业效率,减少货物拆装、重组的工作量,必须根据配送的包装要求确定拣货包装单位,根据拣货包装单位来相应地调整储存和入库商品的包装单位和拣货单位的确定。

依据何种包装单位拣货是从订单分析出来的结果,其分析过程如图 10 - 6。

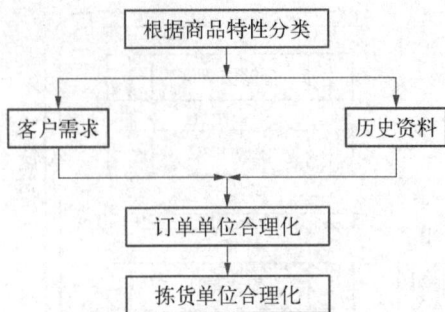

图 10 - 6　包装单位分析过程示意图

　　商品特性分类是指将必须分别储存处理的商品依其特性来分类。再由历史订单统计资料结合客户对包装单位的要求,与客户协商后将订单上的单位合理化。历史订单统计资料主要是算出每一出货品种以托盘为单位的出货数量,以及从托盘上以箱为单位拣取出货的数量,作为分拣包装单位设计的基础。将订货单位合理化,主要是避免过小的单位出现在订单中,如过小的单位出现在订单中,必须进行合理整合,否则会增加作业量,并且引起作业误差。将合理化后的商品资料进行归类整理,最终确定拣货单位。

　　配送作业中拣货包装单位通常有以下四种:(1)单件:单件商品包装成独立单元,以该单元为拣取单位,是拣货的最小单位;(2)箱:由单件装箱而成,拣货过程以箱为拣取单位;(3)托盘:由箱堆码在托盘上集合而成,经托盘装载后加固。每托盘堆码数量固定,拣货时以整托盘为拣取单位;(4)特殊物品:体积过大,形状特殊,或必须在特殊情况下作业的货物。如桶装液体、散装颗粒、冷冻食品等,拣货时以特定包装形式和包装单位为准。

　　为了保证配送中心作业的连贯性和提高作业效率,在拣货包装单位确定之后便要确定储存货物的包装单位。通常储存单位必须大于或等于拣货单位,确定储存单位的步骤如下:(1)订出各项商品一次采购最大、最小批量及前置时间;(2)预计顾客订单到达仓库后,多长时间将货物送交顾客,即预计送达天数。如果商品平均每天采购量×采购前置时间(或库存水准)小于上一级包装单位数量,则储存单位等于拣货单位;反之,则储存单位大于拣货单位。例如:某种商品每天平均采购量为 10 箱,平均在库 4 天,该商品每托盘可放 50 箱,则有:10×4=40 箱,小于 50 箱。所以储存单位及拣货单位均以箱为宜。若以托盘为单位,则可能不满一整托盘。

(二)拣选作业模式的确认

根据货物特性和订单特点对拣选作业模式进行设计与选择,这对提高作业效率和降低错发率十分关键。拣选作业模式主要有直取式拣选作业、订单别拣选、批量拣选和其他拣选方式。

1. 直取式拣选作业

当客户所需配送的商品种类很少并且各种商品的数量很大时,可以将运送车辆直接开抵储存仓库或货位,进行即装即送。由于这种拣选方式将拣货、配货和送货结合在一起,减少了作业环节,因此效率较高。但是,车辆直接进入储存仓库或货位,一方面对仓库或货位的空间提出较高的要求,同时也给保管和养护作业带来了困难。

2. 订单别拣选(摘果式作业)

在储存的商品不易移动,或者每一个客户需要的商品品种较多,而每种商品的数量较小时,可采用此种拣选作业方式。订单别拣选是针对每一份订单,作业员巡回于仓库内,按照订单所列商品及数量,将客户所订购的商品逐一由仓库储位或其他作业区中取出,然后将配好的商品放置到发运场所指定的位置,或者直接配载发运。订单别拣选就像在果园中摘果子那样拣选货物,故又常被称为摘果式拣选作业。

订单别拣选一般是一次只为一个客户进行配货作业,但在搬运车辆容积许可而且配送商品不太复杂的情况下,也可以同时为两个以上的客户配货。订单别拣选作业方式可以按照客户要求的时间确定配货的先后次序,而且配好的商品可以直接配载到运送车辆上,当商品的数量较少时,应用这种方式可以减少下一步分拣作业的过程,既简化了作业环节,提高了作业效率,又有利于提高配货作业的准确性,是提高配货效率的有效方法。有人将这种方式称为"人就货"的拣选作业方式,即拣选作业人员依靠各种设备往来于不同货架、不同货位之间,到所需要商品的储存货位拣取商品。目前多数配送中心都是采取这一拣选作业方式。订单别拣选的流程如图 10-7 所示。

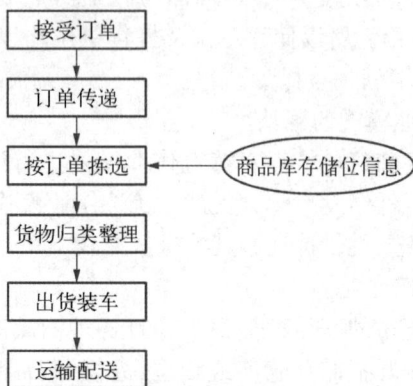

图 10-7　订单别拣选流程图

订单别拣选方式的特点表现在作业方法单纯,接到订单可立即拣货、送货,可对紧急需求做出快速拣选;作业人员责任明确,易于安排人力;拣货后不用进行分类理货,适用于配送批量大的订单的处理;商品品类多时,拣货行走路径加长,拣取效率较低;拣货区域大时,搬运系统设计困难。订单别拣选作业模式示意图如图 10-8。

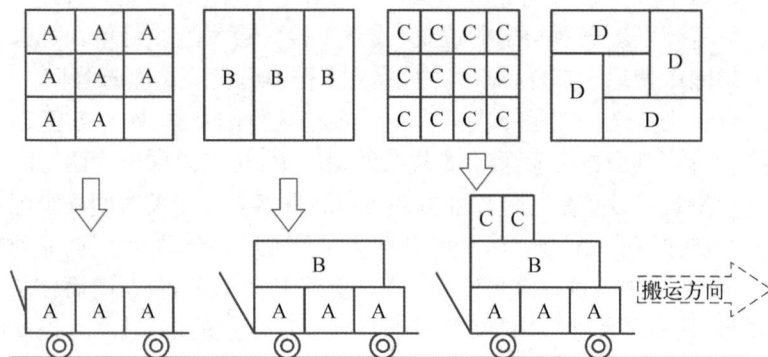

图 10-8　订单别拣选作业模式示意图

　　订单别拣选的处理弹性比较大，临时性的生产能力调整较为容易。适合订单大小差异较大、订单数量变化频繁、季节性强的商品配送。外形体积变化较大、商品差异也较大的情况宜采用订单别拣选方式，如：化妆品、家具、电器、百货、高级服饰等。订单别拣选一般适用以下条件的拣选工作。

　　（1）用户不稳定，波动较大，不能建立相对稳定的用户分货货位，难以建立稳定的分货线。在这种情况下，宜采用灵活机动的拣选式工艺，用户少时或用户很多时都可采取这种拣选方式。

　　（2）用户之间的共同需求不是主要的，而且差异很大，在这种情况下，统计用户共同需求，将共同需求一次取出再分给各用户的办法无法实行。在有共同需求，又有很多特殊需求的情况下，采取其他配货方式容易出现差错，而采取一票一拣方式有利得多。比如化妆品、百货、高级服饰等。

　　（3）用户需求的种类太多，增加统计和共同取货的难度，采取其他方式配货时间太长，而利用拣选式配货能起到简化作用。

　　（4）用户配送时间要求不一，有紧急的，也有限定时间的。采用订单别拣选方式可有效地调整拣选配货顺序，满足不同的时间需求，尤其对于紧急的即时需求更为有效。

　　（5）一般仓库改造成配送中心，或新建配送中心的初期，拣选式配货工艺可作为一种过渡性的配货办法。

　　3. 批量拣选（播种式拣选作业）

　　批量拣选是把多张订单集合成一批，按照商品品种将数量汇总后再进行拣取，然后按照不同客户订单作分类处理的拣选作业方法。批量拣选可采用播种式拣选作业方式，其操作形式是：先将需要配送数量较多的同种商品从储存货位取出，集中搬运到发货区（拣选作业），然后组配机械在各个客户的发货位间移动，并依次将各个客户需要的该类商品按照要求的数量分出来（分拣作业）。这样，每巡回一次，就将某一种商品分到若干个需要该类商品的客户发货位上。如此反复，直到将每个客户需要的各种商品都配齐，就完成了一次配货作业任务。批量拣选示意图如图10-9。

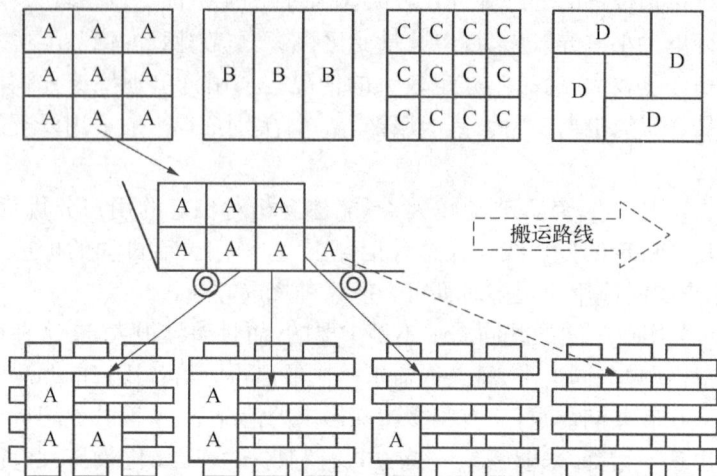

图 10 - 9　批量拣选(播种式拣选作业)示意图

批量拣选作业的顺利进行要以订单的合理分批为前提,合理的订单分批可以更有效地提高批量拣选的工作效率。常用的订单分批方法有以下几种。

(1)总合计量分批。合计拣选作业前所有累积订单中每一货品项目的总量,再根据这一总量进行分拣以将分拣路径减至最短,同时储存区域的储存单位也可以单纯化,但需要有功能强大的分类系统来支持。这种方式适用于固定点之间的周期性配送,可以将所有的订单在中午前收集,下午作合计量分批分拣单据的打印等信息处理,第二天一早进行分拣分类等工作。

(2)时窗分批。当从订单到达到拣选完成出货所需的时间非常紧迫时,可利用此策略开启短暂而固定的时窗,如五分钟或十分钟,再将此时窗中所到达的订单做成一批,进行批量分拣。这一方式常与分区及订单分割联合运用,特别适合于到达时间短而平均的订单形态,同时订购量和品项数不宜太大。

(3)固定订单量分批。订单分批按先到先处理的基本原则,当累计订单量到达设定的固定量时,再开始进行拣选作业。适合的订单形态与时窗分批类似,但这种订单分批的方式更注重维持较稳定的作业效率,而在处理的速度上较前者慢。

(4) 智能型分批。智能型分批是将订单汇总后经过较复杂的电脑计算,将分拣路径相近的订单分成一批同时处理,可大量缩短拣选行走搬运距离。采用这种分批方式的配送中心通常将前一天的订单汇总后,经电脑处理在当天下班前产生次日的拣选单据,但对紧急插单作业处理较为困难。

批量拣选适用于用户稳定且数量较多的连锁企业内部的配送中心,用户都是自营的商店。同时用户的需求有很强的共同性,货物种类相同,需求差异较小,对配送时间没有严格要求。专业性强并对效率和作业成本有较高要求的配送中心,容易形成稳定的用户和需求,货物种类有限,适合采用批量拣选工艺。

4. 其他拣选作业模式

(1) 复合拣选。复合拣选为订单别拣选及批量拣选的组合模式。根据订单单品项数量决定哪些订单适合订单别拣选方式,哪些适合批量拣选方式,由信息系统分别生成相应的拣选作业单据。

(2) 分类式拣选。一次处理多张订单,且在拣选各种商品的同时,将商品按照订单分别放置的方式。如此可减轻事后分类的麻烦,以提高拣选效率,较适合每张订单量不大的情况。

(3) 分区、不分区拣选。不论是采取订单拣选还是批量拣选,为了提高效率,可以配合分区或不分区的作业策略。所谓分区作业就是将拣选作业场地进行区域划分,每一个作业员负责拣选固定区域内的商品,并可根据不同的需要采取不同的分区方式。主要有以下几种分区方式。

存储单位分区:即将相同存储单位的商品集中便可形成存储单位分区。

拣货单位分区:即按订单要求的拣货单位(拣取托盘或箱)来分区。

拣货方式分区:在同一拣货单位分区内,如果采用不同的拣选方式及设备,则须作拣货方式的分区。

工作责任分区：即先划出工作分区的组合并预计其产期，再计算所需的工作量。

(4) 接力拣选。这种方法与分区拣选类似，在确定拣货员各自负责的商品品种或货架的责任范围后，各个拣货员只拣选拣货单中自己所负责的部分，然后以接力方式交给下一位拣货员。采用这种分工合作的方式，主要优点是缩短整体的拣货动线，减少人员及设备移动的距离、提高拣货效率。但单据的格式必须明确标识范围。

(5) 订单分割拣选。当一张订单所订购的商品项目较多时，为了提高拣货效率、缩短拣货处理周期，将订单分割为若干子订单，交由不同的拣货人员同时进行拣选作业。订单分割拣选必须与分区拣选配合。

以上的拣选方案应与不同的作业设备和工具配合，同时必须与各种存储策略配合才能会有较好的效果。

(三) 补货作业

补货的目的是向拣货区补充适当的商品，以保证拣货作业的需求。补货作业包括从储存区域将货品移到另一个为了做订单拣选的拣货区域，然后将此迁移作业做书面上的处理。

1. 补货方式

与拣货作业息息相关的即是补货问题。补货作业必须小心地计划，不仅为了确保存量，也要将其安置于方便存取的位置。下面即针对一般拣货安排指出一些可能的补货方式。

(1) 整箱补货。这种补货方式是由取货员到货架保管区取货箱，再到拣货区的方法。保管区为料架储放区，动管拣货区为两面开放式的流动棚拣货区。拣货员拣货之后把货物放入输送机并运到发货区，当动管区的存货低于设定标准时，则进行补货作业。这种方式较适合于体积小且少量、多样出货的货品。

(2) 托盘补货。这种补货方式是把托盘由地板堆放保管区运到地板堆放动管区，拣货时把托盘上的货箱置于中央输送机送到发货区。当存货量低于设定标准时，立即补货，使用堆垛机把托盘由保管区运到拣货动管区，也可把托盘运到货架动管区进行补货。这种补货方式适合于体积大或出货量大的货物。

（3）货架上层向货架下层的补货。这种补货方式是将一同货架上的中下层作为动管区,而进货时则将动管区放不下的多余货箱放到上层保管区。当动管区的存货低于设定标准时,利用堆垛机将上层保管区的货物搬至下层动管区。这种补货方式适合于体积不大、存货量不高,且多为中小量出货的货物(以箱为单位)。

2. 补货时机

补货作业的时机要考虑拣货区的货物数量是否符合需求,以避免拣货中途才发觉动管区的货量不够,同时还要考虑临时的补货对整个出货作业的影响。

（1）批次补货。批次补货是在每天或每一批次拣取前,经由计算所需货品的总拣取量,再相对查看动管拣货区的货品量,计算差额并在拣货开始时补足货品。批次补货较适合一日内作业量变化不大、紧急插单不多,或是每批次拣取量大、需求容易预测的情况。

（2）定时补货。定时补货是将每天划分为数个时点,补货人员于时段内检查动管拣货区货架上货品存量,若不足即马上将货架补满。定时补货较适合分批拣货时间固定,且处理紧急时间亦固定的公司。

（3）随时补货。随时补货是指定专门补货人员,随时巡视动管拣货区储存量,有不足即随时补货的方式。随机补货较适合每批次拣取量不大、紧急插单多、一日内作业量不易事前掌握的情况。

（四）拣货信息的传递

拣货信息是拣货工作的指令。拣货信息的作用在于指导拣货作业的进行,使拣货人员正确而迅速地完成拣货工作。拣货作业的依据是顾客的订单或其他送货指令,因此,拣货信息最初来源于顾客的订单。拣货信息既可以通过手工单据来传递,也可以通过其他电子设备和自动拣货控制系统传输。拣货信息的传递主要有以下几种形式。

1. 订单传票

订单传票即直接利用客户的订单或以配送中心送货单来作为拣货指示凭据。这种方法适用于订单订购品种比较少,批量较小的情况,经常配合订单别拣取方式。订单在传票和拣货过程中易受到污损,可能导致作业过程发生错误,而且订单上未标明货物储放的位置,靠作业人员的记忆拣货,影响拣货效率。

2. 拣货单传递

把原始的用户订单输入计算机进行拣货信息处理后打印出拣货单的方式。这种方式的优点是：经过处理后形成的拣货单上所标明的信息能更直接、更具体地指导拣货作业,提高拣货作业效率和准确性。但处理打印拣货单需要一定的成本,而且必须尽可能防止拣货单据出现误差。

3. 显示器传递

显示器传递是在货架上安装信号灯或安装液晶显示器,来显示通过数位控制系统传递过来的拣货信息。显示器安装在储位上,相应储位上的显示器显示该商品应拣取的数量,也就是采用数位拣取系统。这种系统可以安装在重力式货架、托盘货架、一般货物棚架上。显示器传递方式可以配合人工拣货,防止拣货错误,增加拣货人员的反应速度,提高拣货效率。

4. 无线通信传递

无线通信传递是在叉车上安装无线通信设备,通过这套设备把应从哪个储位拣取何种商品及拣取数量等信息指示给叉车上的司机以拣取货物。这种传递方式通常适应于大批量出货时的拣货作业。

5. 计算机随行指示

电脑随行指示是指在叉车或台车上设置辅助拣货的电脑终端机,拣取前先将拣货信息输入电脑或软件,拣货人员依据叉车或台车上电脑屏幕的指示,到正确位置拣取货物。

6. 条形码

条形码是利用黑白相间条纹的粗细而组成不同的平行线符号,取代商品货箱的号码数字。把它贴在商品或货箱表面上,经过扫描器阅读,计算机解码,把"线条符号"转变成"数字号码"以便于计算机运算。

7. 自动拣货系统传递

拣货过程全部由自动控制系统完成。通过电子设备输入订单后形成拣货信息,在拣货信息指导下由自动分拣系统完成分拣作业,这是目前物流配送技术发展的主要方向之一。

（五）配货作业

配货作业是指把拣取分类完成的货品经过配货检查过程后,装入容器并做好标示,再运到配货准备区,待装车后发送的活动。配货作业既可以采用人工作业方式,也可以采用人机作业方式,还可以采用自动化作业方式,但组织上有一定区别。其作业流程如图10-10所示。

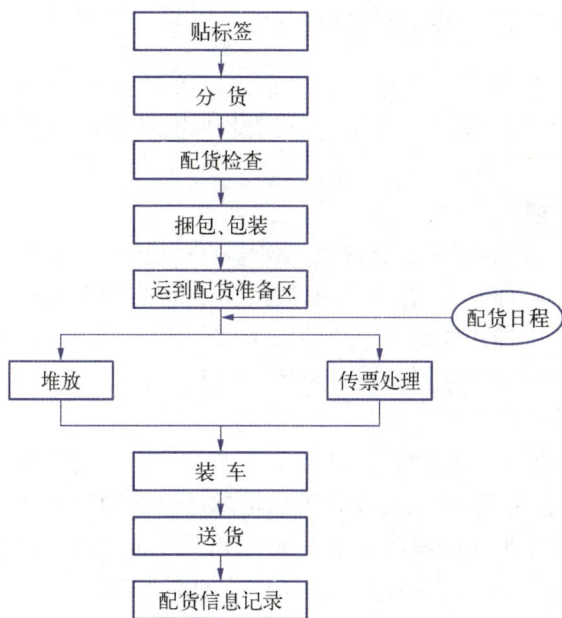

图10-10　配货作业流程

第三节　配送路线设计

配送路线的确定是配送作业管理的重要组成部分。配送路线决定了配送的及时性,合理制定配送路线决定能否提高配送效率,能否提高配送满意度,也就成为客户评判企业配送成功的关键因素。而且配送路线一定程度上决定了配送作业管理过程中订单处理、拣货作业等环节。影响配送运输的因素很多,如车流量的变化、道路状况、客户的分布状况和配送中心的选址、道路交通网、车辆额定载重量以及车辆运行限制等。配送路线设计即整合影响配送运输的各因素,适时适当地利用现有的运输工具和道路状况,及时、安全、方便经济地将客户所需的不同货物准确送达客户手中。

一、配送路线设计的原则及限制条件

配送路线的设计所指的线程是整体配送主干线的集合,通常把路线设计纳入物流规划中。在配送路线设计中,我们必须遵循三个基本原则。

(一) 方便客户

配送路线的制定并不是按照几何学的直线论,不是以直线距离为原则节约时间,而是根据客户分布特点和道路情况实行整体规划,确定最优方案,在配送路线制定中要切实考虑到天气、交通、气候等诸多安全因素,同时也要考虑到到货时间是否利于交接。

(二) 提高效率

配送路线的主要目的是提高配送效率,科学、合理的配送路线可以达到事半功倍的效果,因此在合理确定配送路线同时务必考虑到方便配送,尽量少走回头路和弯头路;一味追求效率而降低配送服务质量和标准也是不可取的,或者说是为了贪图方便而走捷径,延误配送时间更是值得我们注意的。

(三) 简化路线

在配送服务中,要根据客户的分布及线程的距离,确定路线的变化,对路线进行优化组合,保证在有效时间内按时到达配送对象处,而不是根据乡镇村组行政区划确定路线,僵化的配送路线不会提高我们的配送效率。但是我们不能把一些交通不便的路线作为死角丢弃,而是要从配送支线上加以考虑解决。同样,在采取集中配送的地方,我们也可以根据行政区划对所有的配送路线进行有效合并,精简不必要的支线。

配送路线设计的原则在实现的过程中受到许多条件的约束,在设计过程中要在满足这些约束条件的前提下取得最短路线。一般而言,约束条件有以下几项。

(1) 满足所有收货人对货物品种、规格、数量的要求;

(2) 满足收货人对货物发到时间范围的要求;

(3) 在允许通行的时间(如某些城区白天对货车通行进行了限制)内进行配送;

(4) 各配送路线的货物量不得超过车辆容积及载重量的限制;

(5) 在配送中心现有运力允许的范围之中。

二、节约里程的路线设计

在现实生活中,比如车辆调度、实时车辆导航、消防、抢险等作业系统中,人们常想知道在地理空间的两指定点间是否存在路径。如果有,则可依据一定的度量标准找出其中的最短路径。在配送路线的设计中,当由一个配送中心向一个特定的客户进行专门送货时,追求的是最短配送距离,以节省时间、提高送货的效率。最短路径的求解就是在图中从初始状态的出发节点到目标状态的终止节点的路线搜索过程。

在配送路线的设计中,当由一个配送中心向多个客户进行共同送货,在同一条路线上的所有客户的需求量总和不大于一辆车的额定载重量时,由这一辆车配装着所有客户需求的货物,这种情况下一般采用节约里程法进行配送路线设计。按照一条由节约里程法设计好的最佳路线依次将货物送到每一个客户手中,这样既可保证按需将货物及时交送,同时又能节约行驶里程,缩短整个送货时间,节约费用,客观上起到减少交通流量、缓减交通紧张的作用。

节约里程的路线设计又称车辆运行计划法,适用于实际工作中要求得较优解或最优的近似解,而不一定需要求得最优解的情况。它的基本原理是三角形的一边之长必定小于另外两边之和。当配送中心与用户呈三角形关系时,由配送中心 P 单独向两个用户 A 和 B 往返配货的车辆运行距离必须大于从配达中心 P 巡回向两用户发货的距离。如果有多个收货点,将其中能取得最大节约里程的两个收货点连接在一起,进行巡回送货,而非往返送货就能获得最大的里程节约。同时,在运输车辆满载的条件下,设法在这条选定的巡回路线中将其他收货点按照它们所能取得的节约里程的大小纳入其中,则能获得更大的节约里程效果。

节约里程的基本思路如图 10 - 11 所示。设 P 点为配送中心,分别为客户 A 和客户 B 送货。设 P 点到客户 A 和客户 B 的距离分别为 a、b。客户 A 和客户 B 之间的距离为 c。则送货方案有两种。

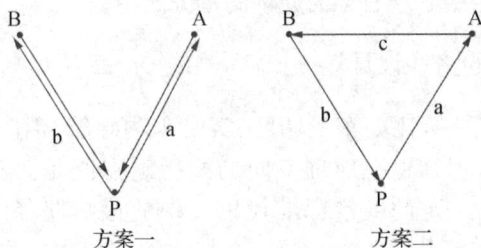

图 10 - 11　两种配送路径设计方案示意图

如图 10 - 11 所示,方案一的配送距离为 $2(a+b)$;方案二的配送距离为 $a+b+c$。对比这两个方案哪个更合理呢? 这就要看哪个配送距离最小,配送距离越小,则说明方案越合理。由方案一的配送距离,减去方案二图中的配送距离可得出:$2(a+b)-(a+b+c)=(2a+2b)-a-b-c=a+b-c$。

如果把方案二之图看成一个三角形,那么 a、b、c 是这个三角形三条边的长度。由三角形的几何性质可知,三角形中任意两条边的边长之和,大于第三边的边长。因此,可以认定公式中"$a+b-c$"的结果是大于零的,即 $a+b-c>0$。由此可知,方案二优于方案一。这种分析方案的优劣思想就是节约里程法的基本思想。

节约里程法算例:已知配送中心 P_0 向 5 个用户 P_j 配送货物,其配送路线网络、配送中心与用户的距离以及用户之间的距离如图 10 - 12

所示：图中括号内的数字表示客户的需求量（单位：吨），线路上的数字表示两节点之间的距离，配送中心有 3 台 2 吨卡车和 2 台 4 吨车辆可供使用。1. 试利用节约里程法制定最优的配送方案。2. 设卡车行驶的速度平均为 40 公里/小时，试比较优化后的方案比单独向各用户分送可节约多少时间？

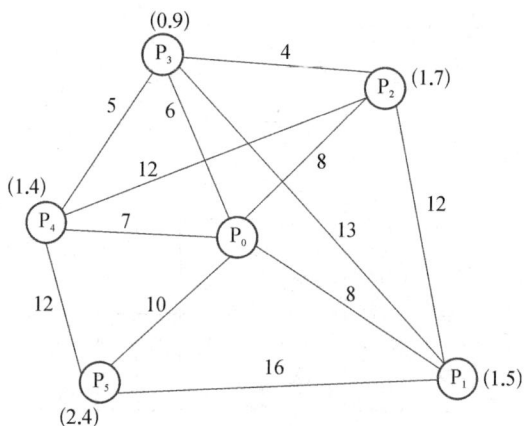

图 10-12 配送路线示意图

第一步：作运输里程表，列出配送中心到用户及用户间的最短距离。

表 10-3 运输里程表

需要量	P₀					
1.5	8	P₁				
1.7	8	12	P₂			
0.9	6	13	4	P₃		
1.4	7	15	9	5	P₄	
2.4	10	16	18	16	12	P₅

第二步：由运输里程表，按节约里程公式，求得相应的节约里程数，如下表（）内所示数字。

表 10－4　节约里程数表

需要量	P₀					
1.5	8	P₁				
1.7	8	(4) 12	P₂			
0.9	6	(1) 13	(10) 4	P₃		
1.4	7	(0) 15	(6) 9	(8) 5	P₄	
2.4	10	(2) 16	(0) 18	(0) 16	(5) 12	P₅

第三步：将节约里程 S_{ij} 进行分类，按从大到小顺序排列。

表 10－5　节约里程数排序表

序号	路线	节约里程	序号	路线	节约里程
1	P₂P₃	10	6	P₁P₅	2
2	P₃P₄	8	7	P₁P₃	1
3	P₂P₄	6	8	P₂P₅	0
4	P₄P₅	5	9	P₃P₅	0
5	P₁P₂	4	10	P₁P₄	0

第四步：确定单独送货的配送路线，得初始方案配送距离＝39×2＝78公里。

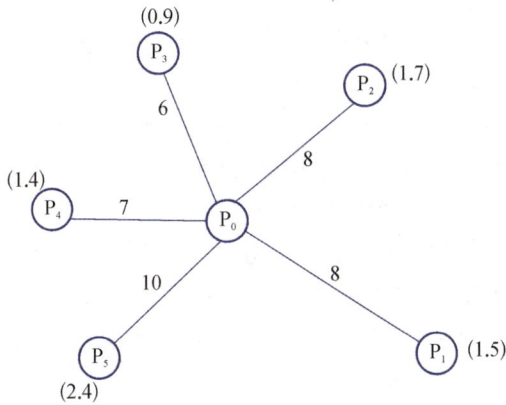

图 10 - 13　配送路线初始方案示意图

第五步：根据载重量约束与节约里程大小，将各客户节点连接起来，形成两条配送路线。即 A、B 两个配送方案。

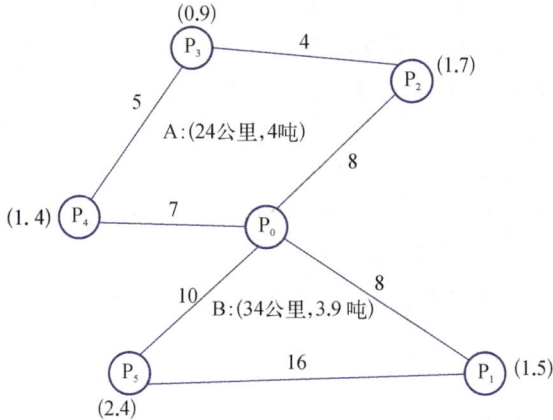

图 10 - 14　配送路线方案 A、B 示意图

① 配送路线 A：$P_0 - P_2 - P_3 - P_4 - P_0$

运量 $q_A = q_2 + q_3 + q_4$

$= 1.7 + 0.9 + 1.4$

$= 4$ 吨

用一辆 4 吨车运送

节约距离 $S_A = 10 + 8 = 18$ 公里

② 配送路线 B：$P_0 - P_5 - P_1 - P_0$

运量 $q_B = q_5 + q_1 = 2.4 + 1.5 = 3.9$ 吨<4 吨车

用一辆 4 吨车运送

节约距离 $S_B = 2$ 公里

第六步：与初始单独送货方案相比，计算总节约里程与节约时间

总节约里程：$\Delta S = S_A + S_B = 20$ 公里

与初始单独送货方案相比，可节约时间：$\Delta T = \Delta S/V = 20/40 = 0.5$ 小时。

第四节　车辆积载与装卸

　　配送中心根据客户订单拣选出货物后则需将货物装入运输车进行送货。车辆积载是根据货物特点和运输车辆载重量规定的，将已拣选的货物谨慎而适当地在运输车辆上得到配置和堆放方式的作业行为，是配送中心经营人对货物管理的一项内容。车辆积载与装卸影响着配送作业管理过程中的订单处理以及拣货顺序的确定。从货物的安全出发，积载时应注意防止各种货物之间的串味、污染及重货压轻货等情况的发生；从运输安全出发，积载时应避免运输车辆局部受载过重，还要使积载后的运输车辆符合安全运输的要求。

一、影响配送车辆积载因素

　　（1）货物特性因素。如轻泡货物，由于车辆容积的限制和运行限制（主要是超高），而无法满足吨位，造成吨位利用率降低。

　　（2）货物包装情况。如车厢尺寸不与货物包装容器的尺寸成整倍数关系，则无法装满车厢。如货物宽度 80 厘米，车厢宽度 220 厘米，将会剩余 60 厘米。

　　（3）不能拼装运输。应尽量选派核定吨位与所配送的货物数量接

近的车辆进行运输,或按有关规定而必须减载运行,比如有些危险品必须减载运送才能保证安全。

（4）由于装载技术的原因,造成不能装足吨位。

二、车辆积载的原则

根据订单明确了客户的配送顺序后,接下来就是如何将货物装车,以什么次序装车的问题,这就是车辆的积载问题。原则上,客户的配送顺序安排好后,只要按货物"后送先装"的顺序装车即可。但有时为了有效地利用空间,还应根据货物的性质（怕震、怕压、怕撞、怕湿）、形状、体积及质量等做出某些调整。如能根据这些选择恰当的装卸方法,并能合理地进行车辆积载工作,则可使货物在配送运输中货损货差减少,既能保证货物完好和安全运输,又能使车辆的载重能力和容积得到充分的利用。当然,这就要求在车辆积载时应遵循以下原则。

（1）重货不压轻货。车辆装货时,必须将重货置于底部,轻货置于上部,避免重货压坏轻货,并使整箱货物重心下移,从而保证运输安全。怕压、易碎、易变形的产品,在装载时要采取防护措施。

（2）大小搭配的原则。如到达同一地点的同一批配送货物,其包装的尺寸有大有小,为了充分利用车厢的内容积,可在同一层或上下层合理搭配不同尺寸的货物,以减少箱内的空隙。

（3）货物性质匹配的原则。拼装在一个车厢内的货物,其化学属性、物理属性不能互相抵触。特别注意食品不能和有异味的、有毒的货物混装。在交运时托运人已经包装好的而承运人又不得任意开封的货物,在箱内因性质抵触而发生损坏,由托运人负责;由此造成的承运人的损失,托运人应负赔偿责任。

（4）到达同一地点的适合配装的货物应尽可能一次积载。

（5）确定合理的堆码层次及方法。可根据车厢的尺寸、容积,货物外包装的尺寸来确定。

（6）积载时不允许超过车辆所允许的最大载重量,并且积载时车厢内货物重量应分布均匀,避免整箱货物的重心发生偏离,影响运输安全。

(7) 应防止车厢内货物之间碰撞、玷污。

配送车辆的载重能力和容积能否得到充分的利用,当然与货物本身的包装规格有很大关系。小包装的货物容易降低亏箱率,同类货物用纸箱比用木箱包装亏箱率要低一些。但是亏箱率的高低还与采用的积载方法有关,所以说,恰当的积载方法能使车厢内部的高度、长度、宽度都得到充分的利用。

车辆积载作业中为了充分利用车厢载重量、容积而必须采用的方法称为装车堆积。一般是根据所配送货物的性质和包装来确定堆积的行、列、层数及码放的规律。堆积的方式有行列式堆码方式和直立式堆码方式(一般适宜用花格木箱或木箱套装的瓶装液体物)。

装车堆积应注意堆码方式要有规律、整齐,堆码高度不能太高,而且货物堆积横向不能超过车厢宽度。因为车辆堆装高度受限于道路高度限制,并且道路运输法规规定大型货车的高度从地面起不得超过 4 米,载质量 1 000 公斤以上的小型货车不得超过 2.5 米;载质量 1 000 公斤以下的小型货车不得超过 2 米。堆积的货物前端不得超出车身,后端不得超出大货车车厢 2 米、1 000 公斤以上的小型货车不超过 1 米、1 000 公斤以下的小型货车不超过 50 厘米。按顺序堆码,先卸车的货物后码放。

三、车辆装载与卸载

车辆装载与卸载作业是指在同一地域范围进行的,以改变货物的储存状态及空间位置为主要内容和目的的活动。装卸作业是为运输服务的,是联结各种货物运输方式、进行多式联运的作业环节,也是各种运输方式运作中各类货物发生在运输的起点、中转和终点的作业活动。在配送作业过程中,车辆装载与卸载是货物出运的起始与终结作业。车辆装载与卸载的基本要求是"快速、安全、低成本"。"快速"是指车辆装载与卸载作业应迅速完成以保证配送作业的衔接性和配送中心场所的配送性;"安全"是指在车辆装载与卸载过程中仅要避免货损、货差,保证货物的安全,而且应注重对工作人员的安全保护;"低成本"是指减少无效作业,提高作业效率,节约车辆装载与卸载作业成本。为了实现车辆装载与卸载的基本要求,作业应采取一些合理化的措施。

第一,防止和消除无效作业。所谓无效作业是指在装卸作业活动中超出必要的装卸、搬运量的作业。显然,防止和消除无效作业对装卸作业的经济效益有重要作用。为了有效地防止和消除无效作业,可从以下几个方面入手。

(1)尽量减少装卸次数。要使装卸次数降低到最小,要避免没有物流效果的装卸作业。

(2)提高被装卸物料的纯度。物料的纯度,指物料中含有水分、杂质与物料本身使用无关的物质的多少。物料的纯度越高,则装卸作业的有效程度越高。反之,则无效作业就会增多。

(3)包装要适宜。包装是物流中不可缺少的辅助作业手段。包装的轻型化、简单化、实用化会不同程度地减少作用于包装上的无效劳动。

(4)缩短搬运作业的距离。物料在装卸、搬运当中,要实现水平和垂直两个方向的位移,选择最短的路线完成这一活动,就可避免超越这一最短路线以上的无效劳动。

第二,确定最恰当的装卸方式。在装卸过程中,应利用货物本身的重量,进行从上往下的装卸方法,如利用滑板、滑槽等。同时应考虑货物的性质及包装,选择最适当的装卸方法,以保证货物的完好。

第三,合理配置和使用装卸机具。根据工艺方案科学地选择并将装卸机具按一定的流程合理地布局,使流程线不至于出现交叉并使其搬运装卸的路径最短。

第四,力求减少装卸次数。物流过程中,发生货损货差的主要环节是装卸,而在整个物流过程中,装卸作业又是反复进行的,从发生的频数来看,超过任何其他环节。装卸作业环节不仅不增加货物的价值和使用价值,反而有可能增加货物破损的可能性和相应的物流成本。因此,过多的装卸次数必将导致货损的增加,而且装卸次数增加费用也随之增加。同时,它还将延缓整个物流的速度。所以应尽量采用成组、集装方式,防止无效装卸。

第五,防止货物装卸时的混杂、散落、漏损、砸撞。特别要注意有毒货物不得与食用类货物混装,性质相抵触的货物不能混装。

第六,装车的货物应数量准确,捆扎牢靠,做好防丢措施。卸货时应点交清楚,码放、堆放整齐,标志向外,箭头向上。

第七,提高货物集装化或散装化作业水平。成件货物集装化,粉粒状货物散装化是提高作业效率的重要方向。所以,成件货物尽可能集装成托盘系列集装箱、货捆、货架、网袋等货物单元再进行装卸作业。各种粉粒状货物尽可能采用散装化作业,直接装入专用的车、船、库。不宜大量化的粉粒状货物也可装入专用的托盘、集装箱、集装袋内,提高货物活性指数,便于采用机械设备进行装卸作业。

本章小结

配送作业是一项复杂的系统工程,开展配送作业是以客户的需求即以客户订单的表现形式为出发点,展开一系列的作业,包括进货/理货作业、搬运作业、储存作业、盘点作业、订单处理与配货/拣货作业。其中订单处理、拣货作业以及配送路线设计是配送作业的核心业务。

订单处理直接与客户联系沟通、拣货作业是快速、安全、准确地配送服务的保障。客户的订单包含多种不同的商品品种,拣货作业就是要按照订单的要求,用最短的时间和最少的作业将商品准备好。补货作业是为了保证拣货作业需要,从货物保管区将货物移到另一个作为订单拣取用的动管拣货区的作业过程,即将待配商品放在存取方便的位置的过程。合理制定配送路线决定能否提高配送效率,能否提高配送满意度,是客户评判企业配送成功的关键因素。本章重点介绍的节约里程法是一种较简单并实用的配送路线设计方法,实际工作中应用较为广泛。货物拣选完成、配送路线确定后,车辆积载与装卸作业是保证配送中心充分利用运输能力和运输安全的环节。

复习参考题

一、单项选择题

1. 订单分批按先到先处理的基本原则,当累计订单量到达设定的固定量时,再开始进行拣选作业,这是指以下哪种分批方法?
(　　)。

A. 总合计量分批　　　　　　B. 时窗分批

C. 固定订单量分批　　　　　D. 智能型分批

2. 补货作业采用的补货方式一般不包括下列哪种方式?(　　)。

A. 单件补货　　　　　　　　B. 整箱补货

C. 托盘补货　　　　　　　　D. 货架层向货架下层的补货

3. 下列哪项不属于电子订货方式的特点?(　　)。

A. 速度快　　　　　　　　　B. 可靠性好

C. 准确性低　　　　　　　　D. 前期投资大,运行成本低

4. 将订单分割为若干子订单,交由不同的拣货人员同时进行拣选
作业,这种拣选作业模式是指(　　)。

A. 复合拣选　　　　　　　　B. 分类式拣选

C. 接力拣选　　　　　　　　D. 订单分割拣选

5. 下列哪项是传统订货方式的特点?(　　)。

A. 速度快　　　　　　　　　B. 可靠性好

C. 准确性低　　　　　　　　D. 实施费用高

6. 当用户之间的共同需求不是主要的,而差异很大时,适用哪种
拣选作业模式?(　　)。

A. 直取式拣选作业　　　　　B. 订单别拣选

C. 批量拣选　　　　　　　　D. 复合拣选

7. 每天划分为数个时点,补货人员于时段内检查动管拣货区货架
上货品存量,若不足即马上将货架补满,这种补货被称
为(　　)。

A. 批次补货　　　　　　　　B. 定时补货

C. 定量补货　　　　　　　　D. 随时补货

8. 客户向配送中心订货,直接由供应商配送给客户的交易订单是
下列哪种订单?(　　)。

A. 现销式订单　　　　　　　B. 间接交易订单

C. 合约式订单　　　　　　　D. 寄存式订单

9. 客户因促销、降价等市场因素预先订购某种物品,然后视需要再决定出货时所下的订单是下列哪种订单?(　　)。

A. 现销式订单　　　　　　　B. 间接交易订单

C. 合约式订单　　　　　　　D. 寄存式订单

10. 联合配送组织模式的标准运作模式是在(　　)的统筹安排和统一调度下,各个配送企业分工协作,联合行动,共同对某一地区或某些用户进行配送。

A. 区域中的各个门店　　　　B. 各个配送中心

C. 核心企业　　　　　　　　D. 第三方运输企业

二、多项选择题

1. 独立配送与共同配送组织模式可以有以下哪几种形态?(　　)。

A. 独立配送组织模式　　　　B. 共同配送组织模式

C. 联合配送组织模式　　　　D. 集中协作配送模式

E. 集团配送模式

2. 传统订货方式的具体方法有(　　)。

A. 厂商补货　　　　　　　　B. 厂商巡货、隔日送货

C. 口头订货　　　　　　　　D. 传真订货

E. 邮寄订单

3. 订单处理过程是包含在客户订货周期中的诸多活动,具体包括(　　)。

A. 订单准备　　　　　　　　B. 订单信息传递

C. 订单履行　　　　　　　　D. 订单状况报告

E. 存货不足分配的处理

4. 拣货信息的传递形式主要有(　　)。

A. 订单传票　　　　　　　　B. 拣货单传递

C. 无线通信传递　　　　　　D. 条形码

E. 自动拣货系统传递

5. 分拣配送作业的类型主要包括( )。

    A. 拣货单制作   B. 拣选作业

    C. 补货作业   D. 流通加工作业

    E. 车辆配载

6. 以下哪几项是批次划分的常用方法?( )。

    A. 按接单时序   B. 按配送区域路径

    C. 按配送加工需求   D. 按车辆需求

    E. 按订单份额

7. 将拣选作业场地进行区域划分的主要方法有( )。

    A. 存储单位分区   B. 拣货单位分区

    C. 客户等级分区   D. 拣货方式分区

    E. 工作责任分区

8. 合理的订单分批可以更有效的提高批量拣选的工作效率。常用的订单分批方法有( )。

    A. 总合计量分批   B. 时窗分批

    C. 固定订单量分批   D. 智能型分批

    E. 优先等级分批

三、是非题

1. 单个处理作为订单处理方法之一,它的缺点是使订单处理的过程拖得很长,不利于形成规模作业。

2. 存货分配模式可分为单一订单分配及批次分配两种。

3. 订单处理过程中需要对订单处理进行质量追踪。

4. 集团配送形式可以同时满足不同用户的基本要求,还有利于节省运力和提高运输车辆的货物满载率。

5. 尽量减少装卸次数和提高被装卸物料的纯度是防止和消除无效作业的有效措施。

6. 独立配送可以以"自营配送"的形态出现。

7. 选择、实施集团配送模式的企业需要建立起庞大的信息网络,也要求建立层次性的管理系统。

8. 单件商品包装成独立单元,以该单元为拣取单位,是拣货的最小单位。

9. 出入库非常频繁和拆零作业、比例较大的连锁企业配送中心适合采用双面开放式货架。

10. 配送加工的目的在于完善其交换价值,并在不做大的改变情况下提高价值。

四、论述题

1. 订单处理的程序有哪些?
2. 拣货作业区域的布局模式有哪些?
3. 请列举拣货的作业模式。
4. 补货的方式和时机分别有哪些?
5. 影响车辆积载的因素有哪些? 车辆积载的原则是什么?

五、案例分析题

货物分拣系统提高顶峰公司的物流速度

顶峰电子公司位于亨茨维尔的仓库,采用自动识别技术改进货物分拣系统,从出货到装船,全部实现了自动化操作,显著改善了该公司的物流管理。这套系统在基于 Unix 的 HP9000 上运行美国 ORACLE 公司的数据库。服务器由 4 个 900 MHz 的 NorandRF 工作站组成,它连接各个基本区域,每个区域支持 20 个带有扫描器的手持式无线射频终端。订单从配送中心的商务系统(在另一 HP9000 上运行的)下载到仓储管理系统(WMS),管理系统的服务器根据订单大小、装船日期等信息对订单进行分类,实施根据订单分拣与两种分拣策略,并且指导分拣者选择最佳拣货路线。

根据订单分拣货物,如果订单订货数量比较大,可以根据订单,一个人一次提取大量订货。货物分拣者从无线射频终端进入服务器,选择订单上各种货物,系统会通过射频终端直接向货物分拣者发送货物位置信息,指导分拣者选择最优路径。货物分拣者在分拣前扫描货柜箱上的条形码标签,如果与订单相符,直接分拣。完成货物选择后,所有选择的货物经由传送设备运到打包地点。扫描货物目的地条码,对分拣出来的货物进行包装前检查,然后打印包装清单。完成包装以后,在包装箱外面打印订单号和条码(使用 CODE - 39 条码)。包装箱在 UPS 航运站称重,扫描条形码订单号,并且把它加入 UPS 的跟踪号和重量信息条码中,这些数据,加上目的地数据,构成跟踪记录的一部分,上报到 UPS。

小的订单的分拣或者单一路线物的分拣,则采用"零星分拣货物"的策略来处理。信号系统直接将订单分组派给货物分拣者,每个分拣者负责 3~4 个通道之间的区域。货物分拣者在所负责的区域内,携带取货小车进行货物分拣,取货小车上放置多个货箱,一个货箱盛入一个订单的货物。如果货架上的货物与订单相符,就把货物放进小车上的货箱,并且扫描货箱上条形码序列号。在货物包装站,打印的包装清单即包括货物条码与包装箱序列号。这一系统方案为顶峰电子公司遍及全美的服务区域提供了电视、录像装备,实现远程监控与订货,装船作业在接到订单 24~48 小时内完成,每日处理订单达到 2 000 份。同时,应用这一系统,顶峰公司绕过了美国国内 60 个、国外 90 个中间商,把产品直接输送到个人服务中心,缩短了产品供应链,大大降低产品的销售成本,显著提高了顶峰公司的市场竞争能力。

新的货物分拣系统使装船准确率增长到 99.9%,详细目录准确率保持在 99.9%,货物分拣比率显著提高。以前,货物分拣者平均每小时分拣 16 次,现在是 120 次。由于采用这一系统,劳动力减少到原来的 1/3,从事的业务量增加了 26%。尽管公司保证 48 小时内出货,实际上 99% 的 UPS 订货在当日发出。

(资料来源:http://www.argoxchina.com/jcal/fa14.htm)

请思考:

1. 顶峰电子公司的货物分拣系统的特点是什么?
2. 与传统货物分拣系统比较,顶峰电子公司的货物分拣系统优势体现在哪里?

3. 顶峰电子公司的货物分拣系统主要通过哪几个环节使整体的配送效率大大提高?

参 考 文 献

1. 袁长明、刘梅：《物流仓储与配送管理》，北京：北京大学出版社，2007 年。
2. 姚城：《物流配送中心——规划与运作管理》，广州：广东经济出版社，2004 年。
3. 李永生、郑文岭：《仓储与配送管理》，北京：机械工业出版社，2006 年。
4. 刘昌祺：《物流配送中心设计》，北京：机械工业出版社，2002 年。
5. 杨凤祥：《仓储管理实务》，北京：电子工业出版社，2006 年。
6. 于承新、赵莉：《物流设施与设备》，北京：经济科学出版社、中国铁道出版社，2007 年。
7. 高晓亮、伊俊敏、甘卫华：《仓储与配送管理》，北京：清华大学出版社、北京大学出版社，2006 年。
8. 张三省：《仓储与运输物流学》，广州：中山大学出版社，2007 年。
9. 丁立言、张铎：《仓储规划与技术》，北京：清华大学出版社，2002 年。
10. 王登清：《仓储与配送管理实务》，北京：北京大学出版社，2009 年。
11. 真虹、张婕姝：《物流企业仓储管理与实务》，北京：中国物资出版社，2007 年。
12. 赵家俊：《仓储与配送管理》，北京：科学出版社，2009 年。
13. 周盛世：《仓储与配送管理》，北京：中国铁道出版社、经济科学出版社,2008 年。

14. 郑克俊:《仓储与配送管理》,北京:科学出版社,2005 年。

15. 张念:《仓储与配送管理》,大连:东北财经大学出版社,2008 年。

16. 邬星根、李莅:《仓储与配送管理》,上海:复旦大学出版社,2005 年。

17. 陆超:《仓储管理实务》,北京:高等教育出版社,2007 年。

18. 孙宗虎、李世忠:《物流管理流程设计与工作标准》,北京:人民邮电出版社,2007 年。

19. 刘俐:《现代仓储管理与配送中心运营》,北京:北京大学出版社,2008 年。

20. 熊伟:《采购与仓储管理》,北京:高等教育出版社,2006 年。

21. 罗松涛:《配送和配送中心管理》,北京:对外经济贸易大学出版社,2008 年。

22. 殷延海:《配送中心规划与管理》,北京:高等教育出版社,2008 年。

23. 刘联辉:《配送实务》,北京:中国物资出版社,2004 年。

24. 谭刚、姚振美:《仓储与配送管理》,北京:中央广播电视大学出版社,2005 年。

部分习题答案

第一章

一、单项选择题

1. B；2. D；3. D；4. C；5. D；6. D；7. D；8. A；9. C；10. D

二、多项选择题

1. ACE；2. ABCD；3. AB；4. ABCDE；5. ABCDE；6. ABCE；7. ABCDE；8. ABCE；9. BC；10. BCD

三、是非题

1. 错；2. 错；3. 错；4. 错；5. 对；6. 对；7. 对；8. 对；9. 错；10. 错

第二章

一、单项选择题

1. B；2. A；3. D；4. C；5. D；6. C；7. A；8. B；9. B；10. D

二、多项选择题

1. ABCDE；2. BCDE；3. AD；4. ABCDE；5. ADE；
6. ABCDE；7. ABC；8. ABC；9. AB

三、是非题

1. 错；2. 对；3. 错；4. 错；5. 对；6. 对；7. 错；8. 对

第三章

一、单项选择题

1. B；2. A；3. D；4. C；5. B；6. B

二、多项选择题

1. AD；2. ABCDE；3. ACDE；4. BCE；5. ABCDE；6. BCE

三、是非题

1. 对；2. 错；3. 错；4. 错；5. 错；6. 对；7. 对；8. 对；9. 错；
10. 对

第四章

一、单项选择题

1. C；2. B；3. D；4. B；5. D；6. A；7. D；8. C；9. A；10. D

二、多项选择题

1. BD；2. BCE；3. ACDE；4. ABCE；5. ABDE；6. BCE；7. ABE

三、是非题

1. 对；2. 错；3. 对；4. 错；5. 错；6. 对；7. 错；8. 对；9. 对；10. 错

第五章

一、单项选择题

1. B；2. C；3. A；4. A；5. B；6. A；7. D；8. A；9. C

二、多项选择题

1. BCDE；2. ACD；3. BCD；4. ABCDE；5. ABCE

三、是非题

1. 错；2. 错；3. 对；4. 对；5. 错

第六章

一、单项选择题

1. C；2. B；3. D；4. C；5. C；6. D；7. B；8. A；9. B

二、多项选择题

1. ABCDE；2. ACDE；3. ABC；4. ABCD；5. ABCD；6. ABCE；7. ABC；8. AB；9. ABCDE；10. ABC

三、是非题

1. 对；2. 错；3. 对；4. 对；5. 对；6. 错；7. 对；8. 错；9. 对；10. 错；11. 错

第七章

一、单项选择题

1. C；2. A；3. B；4. A；5. B

二、多项选择题

1. CDE；2. ADE；3. ABCDE；4. DE；5. ACE；6. ABC；7. ABCD；8. ABC

三、是非题

1. 对；2. 对；3. 对；4. 错；5. 对；6. 错；7. 对；8. 错；9. 错；10. 对；11. 错；12. 错

第八章

一、单项选择题

1. D；2. B；3. A；4. C；5. B；6. B；7. A

二、多项选择题

1. ABCD；2. ACE；3. ACE；4. ABCDE；5. BCDE；6. AB；
7. ABCDE

三、是非题

1. 对；2. 对；3. 错；4. 错；5. 对；6. 错

第九章

一、单项选择题

1. D；2. C；3. B；4. D；5. B；6. C；7. B

二、多项选择题

1. BC；2. BCDE；3. ACE；4. CDE；5. BC；6. ABCDE；
7. ADE；8. ABCE；9. ABCE；10. ABCDE

三、是非题

1. 对；2. 对；3. 对；4. 对；5. 对；6. 错；7. 错；8. 错；9. 错；
10. 错

第十章

一、单项选择题

1. C；2. A；3. C；4. D；5. C；6. B；7. B；8. B；9. D；10. C

二、多项选择题

1. ABCDE；2. ABCDE；3. ABCDE；4. ABCDE；5. BCD；6. ABCD；7. ABDE；8. ABCD

三、是非题

1. 对；2. 对；3. 错；4. 错；5. 对；6. 错；7. 错；8. 对；9. 错；10. 错